上海渔阳里

中国共产党的初心孕育之地

中共上海市黄浦区委宣传部
上海市中共党史学会渔阳里历史文化研究会◎编　李瑊◎主编

上海渔阳里与中国共产党的创建研究丛书

上海人民出版社　学林出版社

本书为上海市哲社规划课题
“中国共产党‘渔阳里时期’（1920–1922）史料的收集、整理与研究”
（批准号：2018BDS007）的阶段性研究成果

环龙路老渔阳里 2 号（今南昌路 100 弄 2 号）

霞飞路新渔阳里 6 号外国语学社旧址
（今淮海中路 567 弄 6 号）

维经斯基（1893-1953）

陈独秀（1879-1942）

李汉俊（1890-1927）

俞秀松（1899-1939）

杨明斋（1882–1932）

陈望道（1891–1977）

陈望道译《共产党宣言》第一版

李达（1890–1966）

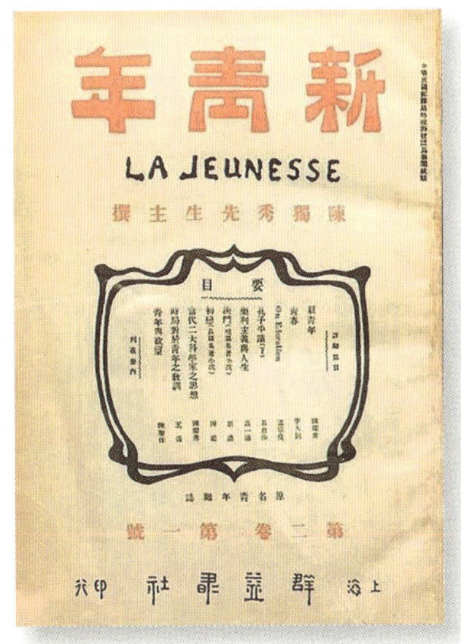

《新青年》

罗亦农（前排左）、俞秀松（后排中）等早期青年团员在外国语学社时合影

THE

COMMUNIST

共產黨

月刊 七日出版

第一號　一九二〇年十一月七日　實價一角

《共产党》月刊

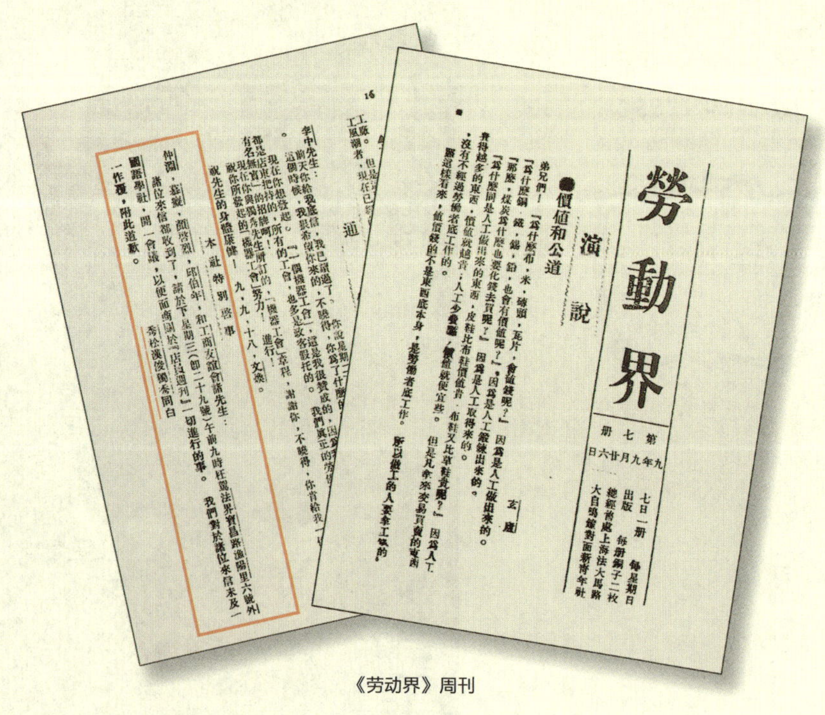

勞動界

第七冊

九年九月廿六日

七日一冊 每星期日出版 每冊銅子二枚

總經售處上海法大馬路大自鳴鐘對面新青年社

演說

●價値和公道

玄廬

弟兄們！「爲什麼布，米，磚頭，瓦片，會値錢呢？」因爲是人工做出來的。「爲什麼銅，鐵，錫，鉛，也會有價値呢？」，因爲是人工煅鍊出來的。「那麼，煤炭爲什麼也要化錢去買呢？」因爲是人工取得來的。「爲什麼同是人工做出來的東西，皮鞋比布鞋價値貴，布鞋又比草鞋貴呢？」因爲人工費得越多的東西，價値就越貴；人工少費些，價値就便宜些。但是凡拿來交易買賣的東西，沒有不經過勞働者底工作的。照這樣看來，値價錢的不是東西底本身，是勞働者底工作。所以做工的人要拿工錢的。

16

本社特別啓事

仲瀏，蕊凝，顏啓烈，邱伯年，和工商友誼會諸先生：

諸位來信都收到了，請於下星期三（即二十九號）午前九時在霞法界寶昌路漁陽里六號外國語學社，開一會議，以便面商關於『店員週刊』一切進行的事。我們對於諸位來信未及一一作覆，附此道歉。

秀松漢俊獨秀同白

《劳动界》周刊

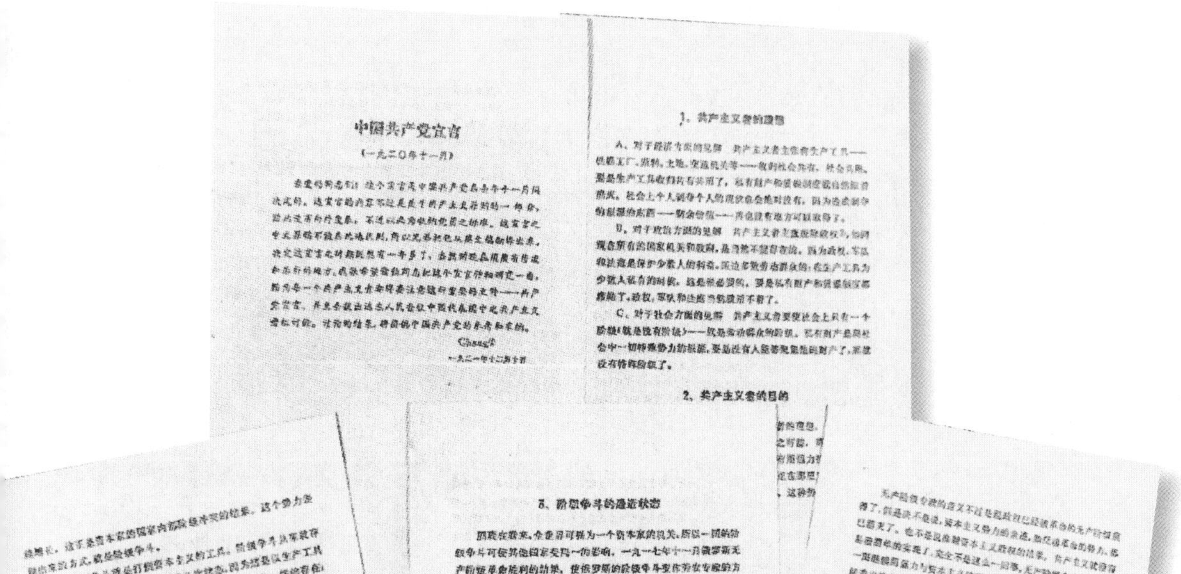

1920 年 11 月，中国共产党上海
发起组制定的《中国共产党宣言》

中國共產黨第一次全國代表大會決定成立中央工作部，領導當時黨的日常工作。一九二一——二三年，中國共產黨中央工作部在這裏辦公。毛澤東同志也曾一度在這裏工作。

悬挂于原老渔阳里 2 号（今南昌路 100 弄 2 号）陈独秀旧居内的铭牌

20 世纪 50 年代初期，陈毅、陈丕显、潘汉年、王尧山等上海市领导寻访老渔阳里 2 号

总　序

徐建刚

经过几年的努力，“上海渔阳里与中国共产党的创建研究丛书”这套令人期待的党史研究丛书，作为上海“党的诞生地挖掘宣传工程”的成果之一，将陆续出版，非常值得祝贺。

中国共产党的诞生，是近代中国一件“开天辟地的大事变”，深刻改变了近代以来中华民族发展的方向和进程，深刻改变了中国人民和中华民族的前途和命运，深刻改变了世界发展的趋势和格局。上海是中国共产党的诞生地，在中国共产党的孕育、诞生过程中，具有特殊的重要地位。近年来，随着国内外大量史料的挖掘公布，中国共产党的创建史研究，已取得了许多重要成果，厘清了许多历史谜团，使人们对中国共产党的创建史有了更加全面的了解，但就总体而言，囿于各方面的条件，中国共产党创建历史的研究，仍然是中国共产党历史研究中相对薄弱的一个环节，这也是李瑊教授主编这套研究丛书的意义所在。

冠以“渔阳里”，这套丛书当然是以渔阳里作为重点研究对象。同以往的中共创建史研究不同，其独特的价值就在于从一个新的视角，以具体的城市空间为切入点，把中国共产党的创建历史置于渔阳里这个上海城市具体区域开展研究。渔阳里是新老渔阳里的泛指，即是现在的南昌路100弄2号（老

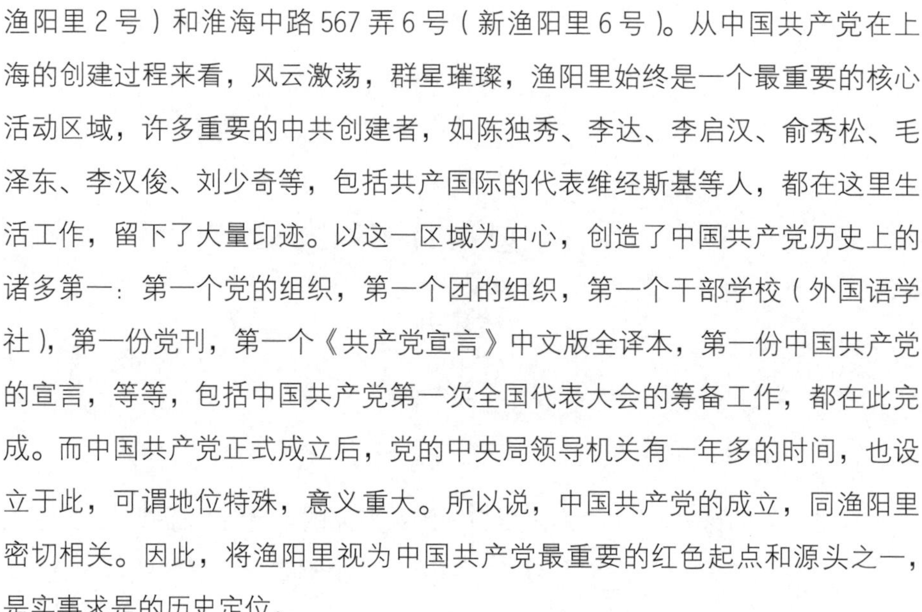

渔阳里 2 号）和淮海中路 567 弄 6 号（新渔阳里 6 号）。从中国共产党在上海的创建过程来看，风云激荡，群星璀璨，渔阳里始终是一个最重要的核心活动区域，许多重要的中共创建者，如陈独秀、李达、李启汉、俞秀松、毛泽东、李汉俊、刘少奇等，包括共产国际的代表维经斯基等人，都在这里生活工作，留下了大量印迹。以这一区域为中心，创造了中国共产党历史上的诸多第一：第一个党的组织，第一个团的组织，第一个干部学校（外国语学社），第一份党刊，第一个《共产党宣言》中文版全译本，第一份中国共产党的宣言，等等，包括中国共产党第一次全国代表大会的筹备工作，都在此完成。而中国共产党正式成立后，党的中央局领导机关有一年多的时间，也设立于此，可谓地位特殊，意义重大。所以说，中国共产党的成立，同渔阳里密切相关。因此，将渔阳里视为中国共产党最重要的红色起点和源头之一，是实事求是的历史定位。

李瑊教授近年来致力中国共产党创建史的研究，特别是渔阳里历史研究，制定了详细的研究计划，收集整理挖掘了大量相关资料，并在此过程中组建了一个精干务实的研究团队。由她领衔的上海市中共党史学会渔阳里历史文化研究会，自成立以来，举办各类学术论坛、讲座，大力研究和宣传渔阳里的历史，已产生比较大的社会影响，“上海渔阳里与中国共产党的创建研究丛书”，即是近年来研究成果的一次汇集。丛书包括《上海渔阳里：中国共产党的初心孕育之地》《中国共产党渔阳里时期（1920—1922）史料选编》《渔阳里研究文集》《渔阳里图志》《渔阳里人物故事》等。多位研究者从不同的角度，以渔阳里为中心，把人物和事件研究进行了很好地结合，围绕中国共产党的创建开展了深入研究，角度新颖独特，结论令人信服，无疑为深入研究这一课题起到了很好的推动作用。“渔阳里与中国共产党的创建”是多学科的综合研究，特别是将党史同城市史、区域史结合起来，极大地拓展了党史研究的空间和视角，对于新时代如何拓展党史研究的领域和方法，也很具启发意义。

2020 年是中共早期组织在渔阳里成立 100 周年，2021 年是中国共产党在上海正式成立 100 周年，期待李瑊教授和渔阳里研究团队能够再接再厉，不断有新的研究成果面世。

是为序。

（作者系中共上海市委党史研究室主任）

渔阳里：中国共产党在这里孕育初创[①]（代序）

20世纪初年，适逢中国社会转型时期，上海城市集聚展示的现代性、国际性，使其成为文明新知的荟萃之所，变革潮流的策源之地，也为中国共产党的成立提供了相应的社会环境。诸多因素和历史合力的综合作用，促使对中国社会历史产生深远影响的中国共产党在上海诞生，而“渔阳里”成为展演这“开天辟地”精彩序幕的历史舞台。

“渔阳里”是当年上海法租界的一条石库门弄堂，其间有两幢小楼，因建成年代不同，分别称为环龙路渔阳里2号（今南昌路100弄2号），及霞飞路渔阳里6号（今淮海中路567弄6号），这两处看似寻常的石库门建筑，却与中共的诞生及初期活动紧紧地维系在一起，“渔阳里”因此成为中国共产党的发源地。

1920年2月，为躲避北洋政府的追捕，陈独秀经李大钊秘密护送至天津，乘船悄然来到上海，随后入住法租界环龙路渔阳里2号（老渔阳里2号），开始了筹建一个新型先进政党的政治实践。近代以来，中国知识阶层由于历史传统和自身特质，以强烈的使命感与责任感，成为中国社会发展与变革的推动者。陈独秀既是“思想界的明星”，又是“五四运动的总司令”，他以在思

① 原载《新华网》2017年12月14日，作者李瑊。

想、文化、政治等多领域的巨大影响力，吸引了一批朝气蓬勃、富有理想的年轻人，其中包括从日本归来的李达、陈望道、李汉俊等人，毛泽东亦于此际途经上海，曾到老渔阳里 2 号拜访陈独秀。聚集在陈独秀周围的精英群体是“那批有志于搞政治而倾向于马列主义的新朋友”，他们构成了上海共产党早期组织的主要成员，其共同特点是，文化程度较高、年纪较轻、对新兴事物有着敏锐的观察力、富有革命朝气。

中国共产党发起组的诞生地

1920 年 4 月，俄共（布）远东局海参崴（即符拉迪沃斯托克）分局外国处代表维经斯基来华，经由北京来沪，在老渔阳里 2 号会见陈独秀，及陈望道、俞秀松、李汉俊等人，商讨创建共产党的问题。1920 年 5 月，陈独秀与沈雁冰、李汉俊、陈望道、邵力子等人成立马克思主义研究会；6 月，陈独秀、李汉俊、俞秀松、施存统、陈公培在老渔阳里 2 号开会，决定成立共产党，当时名为“社会共产党”，选举陈独秀为书记，并起草了具有党纲、党章性质的若干条文。8 月，陈独秀与李大钊商议决定，上海共产党早期组织正式定名为中国共产党，这是中国的第一个共产党组织，最初成员有陈独秀、杨明斋、李达、李汉俊、陈望道、俞秀松、沈玄庐等。

上海的共产党早期组织成立后，即致函各地，建议“组织支部”；联络有关人员；11 月拟订了《中国共产党宣言》。上海的共产党早期组织在筹建全国政党的过程中，发挥了重要的组织和发起作用，因此被称为“中国共产党发起组”。

宣传马克思主义的阵地

上海的共产党早期组织成员们深谙大众传媒在现代社会中的力量和作用，正如陈独秀曾说：“要改变思想，须创办杂志。”李汉俊也说：要搞社会革命，便不得不依靠宣传。1920 年陈独秀寓居上海，影响巨大深远的《新青年》的编辑部即设在老渔阳里 2 号陈家。1920 年 9 月，成立新青年社，这是上海的共产党早期组织建立的第一个出版机构，专事出版发行《新青年》，因此，《新青年》杂志从第八卷第一号开始，与群益书店脱离，正式成为上海的共产党早期组织的机关刊物，先后刊登了列宁的《民族自决》《过渡时期的经济》及苏俄《劳动法典》等；还特设“俄罗斯研究”专栏，开展社会主义讨论。该刊在全国各地拥有大量读者，销售量达“一万五六千本”，成为宣传马列主义理论和思想的重要阵地。

在“上海新学书报风行”的社会环境中，上海的共产党早期组织成员通过创办刊物，设立出版机构等多种途径，翻译和宣传马克思主义思想，加大宣传革命理论的广度和力度。1920 年 8 月 15 日，《劳动界》周刊创刊，这是最早向工人阶级宣传马克思主义的通俗刊物，李汉俊、陈独秀为发起人，并主持编辑；1920 年 11 月 7 日，创办《共产党》月刊，是上海共产党早期组织的内部理论刊物，李达担任主编；1920 年，成立又新印刷所，出版陈望道翻译的《共产党宣言》第一个中文全译本；1921 年 6 月，以望志路 106 号即树德里李书城寓所为通信处，组建新时代丛书社，出版《新时代丛书》，扩大马克思主义著作的出版渠道。这些刊物的编辑部和出版机构，大都设在渔阳里区域内，形成了一个以老渔阳里 2 号《新青年》编辑部为核心的具有全国影响的马克思主义宣传与出版中心。上海先进的出版发行机制、发达的通信网络，为《新青年》等报刊作为政治实践的“粮食供给”，起到了巨大的推助作用。“通过上海的印刷出版网络，源自西方的马克思主义思想更加深入地在各地传播开来，由此培育出中国的马克思主义者。”

培养青年人才的基地

20 世纪初年，以学生为核心的“青年”作为一种社会角色，被赋予了担负“救国使命”的特殊义务。陈独秀在新文化运动的宣言书《敬告青年》中明确宣示：“青年之于社会，犹新鲜活泼细胞之在身。”“渔阳里”也是上海的共产党早期组织培养青年人才的基地。新渔阳里6号，原为戴季陶寓所，后来为中俄通信社社址，1920年4月维经斯基来华后创办，负责人杨明斋，对外挂“外国语学社”的牌子，因此，外国语学社实际上是中国共产党早期组织建立的第一个培养青年干部的学校，由杨明斋任校长，俞秀松任秘书。外国语学社的办学目的，一为掩护团的工作，二为培养党团干部。学社表面上公开招生，实际上都由各地共产党早期组织推荐。1921年春起，学员分批派赴苏俄留学，其中有刘少奇、罗亦农、任弼时、萧劲光等人。

1920年8月22日，在陈独秀、杨明斋的指导下，俞秀松等人成立了全国第一个团组织——上海社会主义青年团，俞秀松担任书记，发起人有陈望道、李汉俊、俞秀松、沈玄庐、施存统、叶天底、袁振英、金家凤等8人。共产党早期组织成员不论年龄大小，都加入青年团，开展工人运动。上海社会主义青年团组织建立后，向各地分发团章和信件，要求建立团的组织，并经常与北京、广州、武汉等地互通情况，交流经验。上海社会主义青年团实际上起到了发动和组织成立青年团组织的作用。

开展工人运动的重地

阶级的规定性是政党的政治象征，也是政党动员民众、整合社会的“天然力量”。上海是近代中国民族工业的发祥地，1920年，全国工人数194.6万人，其中上海有51.38万人，占全国工人总数的四分之一。此时寓居沪上的陈独秀开始“转向工农劳苦大众方面”。1920年4月，陈独秀在出席由上海码头工人发起的船务栈房工界联合会成立大会上，发表了《劳动者底觉悟》的演讲，称颂“社会上各项人只有做工的是台柱子”，“做工的人最有用最贵重”。陈独秀、俞秀松、李汉俊等人通过调查、演讲、成立工会组织、创办工人刊物、开办工人学校等多种方式，“面向无产阶级，使之觉醒，使之振作，使之组织起来”。1920 年 8 月，上海共产党早期组织创办的《劳动界》在“发刊词”中阐明该刊的宗旨：是“教我们中国工人晓得他们应该晓得他们的事情”。《劳动界》以朴素的语言、生动的事例，深入浅出地向工人说明劳动创造世界、创造价值、工人阶级的历史使命，被工人称誉为自己的“喉舌”和“明星”。《劳动界》的出版发行深受工人的欢迎，还影响到其他城市，各地效仿上海，也相继创办了工人刊物，如北京的《劳动音》等。《新青年》第 7 卷第 6 号亦为《劳动节纪念号》专刊，不仅有孙中山、蔡元培的题字，还刊载了李大钊的《五一运动史》、陈独秀的《上海厚生纱厂湖南女工问题》等文章，并全文刊登苏俄第一次对华宣言，成为宣传工人、启发工人的好教材。

1920 年 11 月，上海机器工会在白克路 207 号（今凤阳路 186 号）上海公立学校召开成立大会。孙中山、陈独秀等到会发表演说，这是全国第一个由共产党早期组织领导的工会团体，从此上海工人阶级才真正有了自己的组织。中国工人在先进知识分子的宣传启发下，由自在阶级向自为阶级转变，工人阶级的觉悟觉醒，成为中国共产党成立的坚实阶级基础。

中共一大筹备之处

1921 年 6 月，上海的共产党早期组织以老渔阳里 2 号为联络处，由李达、李汉俊出面进行具体的筹备，确定会议地点和日程，致函各地的共产党早期组织委派代表到上海参加会议，起草并刻印有关文件。

1921 年 7 月 23 日，中国共产党第一次全国代表大会在望志路 106 号（今兴业路 76 号）召开。

7 月 30 日，中共一大会议因租界密探闯入而中断。当夜，李达、毛泽

东、周佛海等部分代表在老渔阳里 2 号商议继续会议的办法。

第一届中央局所在地

“渔阳里”是建党初期中央局所在地。中共一大选举成立了由陈独秀、张国焘、李达组成的中央局，陈独秀为书记。特别是 1921 年 9 月后，陈独秀由广东回到上海，专任党中央工作，仍居住在老渔阳里 2 号。当时，陈独秀、李达、张国焘三人常在此商量工作。“当时决定宣传工作，仍以《新青年》为公开宣传刊物，由陈自己主持。”李达编辑《共产党》月刊，作为秘密宣传刊物；张国焘主持劳动组合书记部的工作。中央局会议、会晤各地来沪的同志，亦在老渔阳里 2 号举行；《中央局议决通告》《中国共产党对于时局的主张》等重要文件，都由此发出；1922 年 7 月下旬至 10 月上旬，中国共产党第二次全国代表大会后，中共中央仍驻陈独秀寓所，老渔阳里 2 号成为中执委议事处。正如至今仍悬挂在南昌路 100 弄 2 号（即老渔阳里 2 号）① 陈独秀故居内的一块铭牌所写的：“中国共产党第一次全国大会决定成立中央工作部，领导当时党的日常工作，一九二一——二三年，中国共产党中央工作部在这里办公。”因此，老渔阳里 2 号实为中共创建初期的决策中心和党中央首脑机关所在地。

1921 年 10 月 4 日、1922 年 8 月 9 日，陈独秀两次在老渔阳里 2 号家里被捕，于是党的工作机构进一步隐蔽化。1922 年 10 月中旬党中央迁往北京，至此老渔阳里 2 号作为中共中央办事地点的历史任务结束。②

“渔阳豪侠地，击鼓吹笙竽”的古诗句，使人油然而生慷慨悲歌的豪迈

---

① 现为上海市文物保护单位，门口悬挂“《新青年》编辑部旧址”牌匾。

② 1951 年，党中央委托上海方面寻找中共一大会址及有关史迹。经查勘后，老渔阳里 2 号即修缮一新，不久辟为上海革命历史纪念馆第二馆。1959 年 5 月 26 日和 1980 年 8 月 26 日，两次被公布为上海市文物保护单位。但后来上海革命历史纪念馆第二馆因故关闭。新渔阳里 6 号，继 1959 年 5 月 26 日公布为上海市文物保护单位后，1961 年 3 月 4 日又公布为全国重点文物保护单位。

之意，而 20 世纪 20 年代的上海渔阳里，亦是风云际会、群英会集之地。辛亥革命后的中国，传统社会秩序处于分崩离析之中，文化的认同与整合、社会的失范与无序、精神的困惑与迷茫，多种危机同时迸发，使近代中国处于变局纷乱之中。极富使命感的革命志士亟须在组织化的基础上寻找一个动员民众的新形式，特定的社会政治环境促使了现代新型政党的出现。汇聚渔阳里的精英们指点江山，激扬文字，他们为天地立心，为生民立命，为灾难深重的民族开太平，为水深火热的众生谋福祉。在这片街区内，中国先进知识分子完成了精英集聚、理论宣传、阶级动员、人才培养、组织创建、筹建成立大会等项工作，“渔阳里”因此成为中国共产党孕育初心之地、红色征程原点。

“渔阳里”与中共党史上的“第一”

1920 年 6 月，成立上海的共产党早期组织，是中国第一个共产党早期组织；

1920 年 8 月 22 日，成立上海社会主义青年团，是中国第一个社会主义青年团组织；

1920 年，建立中俄通信社，是第一个同建党有关的无产阶级通信社；

1920 年 8 月 15 日，创办《劳动界》周刊，是最早向工人阶级宣传马克思主义的通俗刊物；

1920 年，成立又新印刷所，出版陈望道翻译的《共产党宣言》第一个中文全译本；

1920 年 9 月，成立外国语学社，是中国共产党第一个培养青年干部的学校；

1920 年 9 月，成立新青年社，专事出版发行《新青年》，是上海早期共产党组织建立的中共第一个出版机构，自此《新青年》正式成为上海的共产党

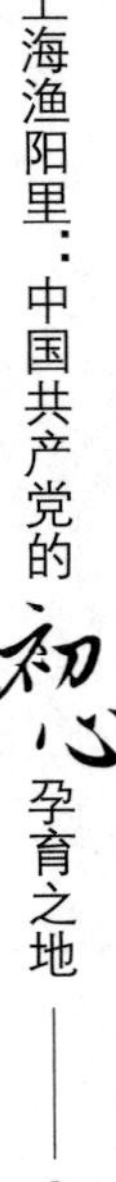

早期组织的机关刊物；

1920年10月，在新渔阳里6号召开上海机器工会发起会，11月7日，上海机器工会成立，这是全国第一个由共产党早期组织领导的工会组织；

1920年11月，创办《共产党》月刊，是上海中国共产党早期组织的内部理论刊物，也是在中国擎起的第一面共产党大旗。

目 录

渔阳星火

上海渔阳里：

中国共产党的初心孕育之地

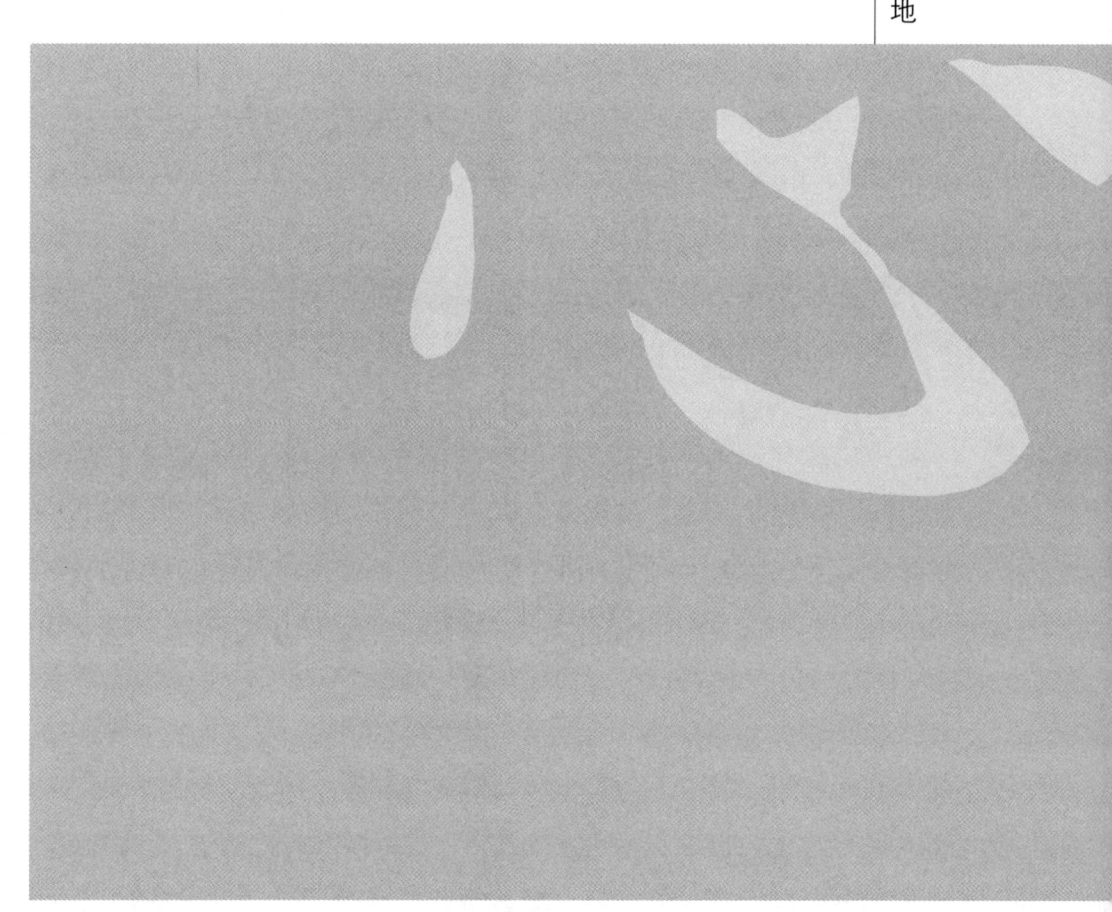

中国共产主义运动发祥地：上海老渔阳里 2 号[①]

徐云根

在今天，上海市黄浦区（原卢湾区）南昌路和淮海中路之间，有一片旧式石库门里弄建筑被称作渔阳里，在渔阳里有一条南北贯通的弄堂，它一头连着淮海中路（原霞飞路），一头连着南昌路（原环龙路），靠近淮海中路的一段街坊被称为新渔阳里，靠近南昌路的一段街坊被称为老渔阳里。这一南一北两个渔阳里在中共革命历史上都不同凡响，蕴藏着重要的史迹。在新渔阳里曾经设有第一个社会主义青年团机关，第一所培养共产主义知识分子的学校——外国语学社，中国共产党早期组织的第一个通信社——中俄通信社。而本文要说的是誉为中国共产主义运动发祥地的老渔阳里 2 号（今南昌路 100 弄 2 号）。为什么这么说呢？因为这里曾经是：

中国共产主义运动先驱陈独秀的寓所

老渔阳里始建于 1912 年，内有砖木结构两层石库门楼房 8 幢，其中的 2 号坐北朝南，为二层砖木结构的旧式石库门住宅，原为辛亥革命时期安徽都督柏文蔚的私宅，人称“柏公馆”。那么“柏公馆”又何以成了陈

① 原载《炎黄春秋》2018 年第 7 期。

独秀的住所呢？这要从柏、陈二人的历史交往和革命友谊说起。

陈独秀是安徽安庆人，柏文蔚是安徽寿县人，是辛亥革命的大潮将分居安徽一南一北的二人联系了起来。1904 年，陈独秀在安徽芜湖组建了反清革命团体岳王会，并自任总会长，成为安徽地区资产阶级革命领袖。柏文蔚则是岳王会南京分部会长，两人的革命友谊初步形成。1911 年，武昌起义爆发后，安徽于 11 月 8 日宣布光复。首任都督朱家宝治皖无方，革命党人孙毓筠取而代之，并邀陈独秀为都督府秘书长。辛亥革命失败后，孙旋即脱离同盟会并离开安徽，北上投靠袁世凯，时任南京临时政府第一军军长的柏文蔚奉命接任安徽都督兼民政长。柏因陈独秀“学识优长，宗旨纯一”，任命其为都督府秘书长，对陈言听计从，十分信任。在柏的支持下，陈则大刀阔斧整顿弊政。两人合作默契，曾有“武有柏、文有陈”之谓。当袁世凯倒行逆施，孙中山发动“二次革命”时，两人迅即响应，宣布安徽独立，组织讨袁军。陈为此不仅以第一名要犯之身遭到北洋政府通缉，被迫逃亡上海，且惨遭袁世凯爪牙抄家，还曾被首鼠两端的驻军首领龚振鹏扣押，险些丧命。经此大难，这对本已志同道合的老友，其关系自然更深一层。

五四运动中，陈独秀成了思想界的明星，同时，也遭到了北大保守势力的憎恨、排挤和北洋军阀政府的逮捕、迫害，被迫于 1920 年 2 月在李大钊的护送下离京赴沪。2 月 19 日，逃离了北洋政府控制，从北京来到上海后的陈独秀因无处安身，不得已先下榻于惠中旅舍。惊魂未定时，又遭疾病缠身，后被好友汪孟邹接到亚东图书馆养病并暂住。看到曾经患难与共的辛亥老友陈独秀一直居无定所，柏文蔚恰逢另有重任离沪（一说迁居新渔阳里），便将老渔阳里 2 号这栋宅邸交由陈独秀一家居住。约在 4 月间，陈独秀，接受了柏的邀请，迁居老渔阳里 2 号的“柏公馆”，自此开始一段传奇的岁月。

据考证，陈独秀从 1920 年 4 月正式移居老渔阳里 2 号，至 1922 年 9 月下旬离开上海前往北京转赴莫斯科参加共产国际第四次代表大会，其间，陈本人曾经四度离开或被迫离开。一是 1920 年 12 月至 1921 年 8 月应邀赴广州任广东省教育委员会委员长；二是 1921 年 10 月 4 日至 26 日被法租界巡捕房逮捕；三是 1922 年 8 月 9 日至 18 日被巡捕房第二次逮捕；四是 1922 年 8 月 29 日至 30 日曾秘密去浙江杭州主持召开中共中央西湖特别会议。

中国第一个共产党早期组织成立之地

1920 年 2 月，为躲避反动军阀政府的迫害，陈独秀从北京秘密迁移上海，在护送陈独秀离京的途中，李大钊和陈独秀商讨了建立中国共产党组织的问题。李大钊认为："凡为一个团体，必须有明确的主义"，"旗帜要举得鲜明"。这时的陈独秀也已经将关注的目光从青年学生转向工人大众，从思想文化的传播转向建立共产党组织。

与此同时，我国无产阶级的英勇斗争和马列主义的广泛传播也引起了共产国际的重视。1920 年 4 月，俄国远东局的维经斯基以记者身份到中国来了解情况。随同前来的还有他的夫人和秘书马迈耶夫以及翻译杨明斋等。他们到达北京后，通过苏俄驻中国使馆的关系，找到一位在北京大学教授俄文的俄侨鲍立维，由他介绍他们同李大钊会晤，并在李大钊主持下，同一些倾向马克思主义的青年学生和进步人士进行过几次座谈。随后，经李大钊的介绍，他们又到上海会晤了陈独秀。

维经斯基等到上海后，在陈独秀主持下，同《新青年》的编辑和撰稿人李汉俊、陈望道、沈雁冰；《民国日报》副刊《觉悟》的编辑邵力子；《星期评论》的主编戴季陶、沈玄庐；《时事新报》的编辑张东荪等人，进

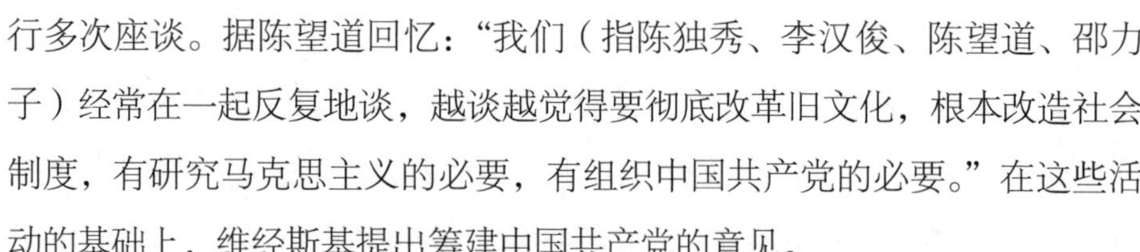

行多次座谈。据陈望道回忆：“我们（指陈独秀、李汉俊、陈望道、邵力子）经常在一起反复地谈，越谈越觉得要彻底改革旧文化，根本改造社会制度，有研究马克思主义的必要，有组织中国共产党的必要。”在这些活动的基础上，维经斯基提出筹建中国共产党的意见。

1920 年 5 月，在维经斯基的帮助下，陈独秀先建立了马克思主义研究会，邀请邵力子、陈望道、李汉俊、戴季陶、沈玄庐、俞秀松、沈仲九、刘大白等参加，组织学习和研究马克思主义的理论，同时酝酿建党的问题。以后陈独秀多次开会，商讨建党问题，当时参加马克思主义研究会的人，态度并不一致。1920 年 6 月，他同李汉俊、俞秀松、施存统、陈公培等人经过两次开会商议，决定成立共产党组织。经过充分酝酿和准备，在陈独秀的主持下，中共上海早期组织在上海法租界老渔阳里 2 号陈独秀的寓所正式成立，选举陈独秀为书记，这是中国成立的第一个共产党组织。这个组织开始定名为“社会共产党”，还起草了党的纲领。《党纲》草案共有 10 条，其中包括运用劳工专政、生产合作等手段达到社会革命的目的。此后不久，围绕是用“社会党”还是用“共产党”命名的问题，陈独秀征求了李大钊的意见。李大钊主张定名为“共产党”，陈独秀表示完全同意。

中共上海早期组织成立以后，通过各种方式积极推动各地共产党早期组织的建立。1920 年 8 月，陈独秀写信给北京的李大钊、张申府，建议他们在北方发起建立组织。北京的基础较好，早在 1920 年 3 月已经成立了以五四运动骨干和积极分子为主的马克思主义研究会，经过一系列的准备，北京的共产党早期组织于 1920 年 10 月在北京大学图书馆李大钊的办公室正式成立，当时取名为“共产党小组”。

之后，又相继推动了武汉、长沙、济南、广州以及旅日、旅法共产党早期组织的建立，中共上海早期组织起到了“临时中央”的作用，所以又被称作“中共上海发起组”。参加过我党早期革命活动的葛萨廖夫在其所著《中国共产党简史》中说：“上海小组为建立全中国性质的共产党打下了真实的基础，上海成为中国共产党的真正中心。”

中共上海发起组机关刊物编辑之处

1920 年 4 月，陈独秀从北京回到上海后，《新青年》杂志也迁回上海，编辑部也随之设在陈独秀寓所老渔阳里 2 号。这时《新青年》经历了一个思想上的重大转型，因为从 1920 年 9 月 1 日起，《新青年》从第八卷第一号起，正式改组成为上海共产党早期组织领导的社会主义刊物。改组后的《新青年》，设有新论、通信、随感录等栏目，而且注重宣传马克思主义，并特设“俄罗斯研究”，用社会主义和马克思主义的思想来引导读者。在《新青年》编辑部工作的有陈独秀、李汉俊、李达、陈望道、袁振英、沈雁冰等人。1921 年 1 月，法租界以《新青年》为“过激派”刊物为由，宣布“不准在上海印刷”，《新青年》才从第八卷第六号起改在广州出版。陈独秀将自己苦心经营 5 年、视为生命的《新青年》作为社会主义刊物，说明陈独秀已义无反顾，成了一个彻底的马克思主义者和坚定的中国共产党人。

同时，为了推动和加快建党的舆论思想准备工作，更直接更全面地向进步知识青年进行社会主义和党建理论教育，做好建党的舆论宣传工作，1920 年 11 月 7 日，由李达主持创办了半公开的大型机关刊物——《共产党》月刊，编辑部就设在他所住的老渔阳里 2 号，后来随李达搬往南成都路辅德里 625 号（今成都北路 7 弄 30 号）。1920 年 8 月，李达为“找同志干社会革命”从日本回国投奔陈独秀时，陈独秀就留李达在家住了下来，还为李达和王会悟操办了婚礼。后来，李达和王会悟的新房也就成了《共产党》月刊的编辑部所在地。《共产党》月刊由李达担任主编一职，由于该刊适应了建党的迫切需要，受到各地共产党早期组织的热烈欢迎，将其作为必读物，甚至远在海外勤工俭学的学生也将其作为不可或缺的读物，争相传阅，从 1920 年 11 月 7 日创刊，至 1921 年 7 月党的一大后停刊，共出版六期，最高发行量达到五千份。当时，共产国际代表马林认为《共产党》月刊和《新青年》在内容上有所重复，建议两刊合并，代之以一份新的周报。尽管月刊存在时间不长，但它传播了马克思主义建党学说，进行了党的基本知识的教育，从思想上统一了各地共产党早期组织的认识，进而达到组织上的统一，为正式创建中国共产党奠定了思想基础，做出了重大贡献，毛泽东同志高度赞扬月刊不愧为“旗帜鲜明”四个大字。

1920 年 8 月，上海共产党早期组织还在老渔阳里 2 号创办了中国最早的宣传马克思主义的工人刊物——《劳动界》。该刊由李汉俊、陈独秀为发起人，并主持编辑，该工人刊物用通俗的语言宣传马克思主义，启发工人组织起来进行斗争。1921 年 1 月停刊。

中共第一个中央局机关办公场所

1921 年 7 月 23 日，中国共产党第一次全国代表大会在上海望志路 106 号（今兴业路 76 号）召开，7 月 30 日会议遭租界巡捕干扰，最后一次会议被迫转移至浙江嘉兴举行，会上通过了党的第一个纲领和决议，选举了中央局领导机构，尽管陈独秀当时在广东忙于筹备办校，没能出席中共一大，但是由于他的威望和资历，还是众望所归地被推选担任党的中央局书记，此外，北京代表张国焘被选为组织主任、上海代表李达被选为宣传主任。

中共一大后，因陈独秀尚在广州，书记一职暂由周佛海代理。1921 年

9月，陈独秀返回上海主持中央工作，中共中央工作部就设在他的家里。李达曾经回忆说："九月间，陈独秀辞去广东教育厅长，回到上海来任中央局书记，他住在老渔阳里二号（他家住楼上的）。中央三人的集会，是在老渔阳里二号的楼下客堂，或厢房举行的。"

1920年10月4日，法租界巡捕闯入陈独秀寓所，以"出售《新青年》"和"公然煽动他人"两罪逮捕了陈独秀，同时被捕的还有陈妻高君曼、包惠僧、杨明斋、柯庆施等人。后经由马林等尽力营救获释。1921年11月，陈独秀在老渔阳里2号第一次以"中央局书记"（英文署名为T.S.Chen）的名义，向各地党组织发出了《中国共产党中央局通告》，对党的组织、宣传工作作了部署。要求各区全力组织铁路工会，特别强调上海、北京、广州、武汉、长沙五区，1922年7月前发展党员至30人；各区成立执行委员会；同时发展青年团组织，在1922年7月前团员超过2000名；建立铁路工会，注意开展青年及妇女运动等，以便1922年7月召开二大时成立中央执行委员会。

除了主持开展中央日常工作外，主要就是筹备召开中共二大，陈独秀是中共二大各种文件的主要起草人，他被中共二大推举为起草委员会负责人，与张国焘、蔡和森共同负责起草《中国共产党第二次全国代表大会宣言》和其他决议案。这些中共二大的宣言和决议，既是全党集体智慧的结晶，也是陈独秀对中国革命与党的纲领问题的认识和理解的集中体现。中共二大是陈独秀亲自主待召开的党的全国代表大会，不仅是他作为党的主要领导人期间主持召开的唯一一次没有共产国际代表列席的党的全国代表大会，也是共产国际存续24年（1919—1943年）间唯一一次没有共产国际代表列席的党的全国代表大会。中共二大被认为是中国共产党创建过程真正完成的会议，其具有重要的里程碑意义。

1921 年 10 月，尤其次年 8 月陈独秀连续两次在老渔阳里 2 号被捕，此事引起共产国际和中共中央的注意，决定让陈独秀单独隐蔽起来，其地址不告诉任何人。

1922 年 10 月中旬，中共中央迁往北京，陈独秀本人也奉命前往苏俄出席共产国际第四次代表大会。至此，老渔阳里 2 号作为陈独秀住所和中共中央领导机关的历史使命就此结束。

第一批中国共产党人在此确立信仰

陈独秀入住老渔阳里 2 号以后，这里不仅成了中国第一批共产党人聚会学习交流马克思主义和孕育发起中国共产党的重要场所。同时，在陈独秀的影响下，很多共产党人在此确立了马克思主义信仰，走上了为共产主义奋斗的道路。

1920 年 4 月，维经斯基来上海找到陈独秀后，在老渔阳里组织过几次座谈，由于多次的座谈，一些当时的马克思主义者，更加明白了苏俄和俄共的情况，得到了一致的结论："走俄国人的路。"

1920 年 5 月，陈独秀计划组织马克思主义研究会，他首先找了星期评论社的李汉俊、由浙江来的陈望道、主编《民国日报》副刊《觉悟》的邵力子，还有星期评论社的施存统、俞秀松、刘大白、沈仲九等，经常座谈讨论社会主义和改造中国的问题，陈望道回忆说："大家住得近，经常在一起，反复地谈，越谈越觉得有组织中国共产党的必要，便组织了马克思主义研究会。""那时候，我们时常在环龙路渔阳里开会，陈独秀住在这里，我后来也搬到这里来住。"

1920 年 6 月，第三次来上海的毛泽东前往环龙路老渔阳里 2 号陈独秀寓所，一起探讨马克思主义和马列书籍。毛泽东回忆说："在那里我再次见到了陈独秀。我第一次同他见面是在北京。当时我在国立北京大学，他对我的影响也许比其他任何人的影响都大。”“到 1920 年夏，在理论上，而且在某种程度的行动上，我已成为一个马克思主义者，而且从此我也认为自己是一个马克思主义者了。”

张国焘回忆：1920 年 7 月，他从北京来到上海，前往老渔阳里 2 号拜访陈独秀，陈独秀大为高兴，表示正要找他商谈共产主义运动的事情，热忱邀请他住在自己家里，以便从长计议。

1920 年 8 月，李达从日本来到上海，找到陈独秀，陈独秀让其住在老渔阳里 2 号，参与编辑《新青年》，一起发起组织共产党。

林伯渠也回忆说：“1920 年 12 月，我到了上海会见陈独秀，遂加入当时的上海的共产主义研究小组。”

时任商务印书馆编译所英文部、国文部编辑的沈雁冰的才干、思想和文学主张，一直颇受陈独秀等人的关注。马克思主义研究会在上海成立时陈独秀即邀请他参加，并嘱其为《新青年》等刊物撰稿。后经李达、李汉俊介绍，沈雁冰加入上海共产党早期组织，成了中共最早党员之一。

来自湖南的李中也是在陈独秀的影响下，开始接受马克思主义。他热心从事工人运动，在上海江南造船厂做工期间，通过同乡和知心朋友的工友，广泛联络工人群众。陈独秀对李中非常赏识，随后邀请他搬到自己家里居住。正是在陈独秀居处，李中结识了李达、陈望道、李汉俊、李启汉、俞秀松等同志。在与这批马克思主义知识分子的接触中，李中的思想理论水平不断提高，1920 年 8 月，首批加入上海社会主义青年团，不久又加入中共上海早期组织。

（徐云根：中共一大会址纪念馆副馆长、研究馆员）

建党伟业，1920年从渔阳里开始[①]

俞亮鑫

随着上海开展“党的诞生地发掘宣传工程”，渔阳里的历史地位日益显现。尤其是被称为“秘密摇篮”的老渔阳里2号对于上海作为党的诞生地是一份重要的红色资源，把它的历史内涵充分挖掘出来具有重要意义。历史资料证明，早期共产党人包括党的创始人陈独秀、李大钊，党的一大代表毛泽东、董必武等在内，都认为建党于1920年的上海。

如果说，兴业路76号召开的中共一大宣告了中国共产党正式成立的话；那么，在这“一朝分娩”前，其实还有一个建党的完整过程，这就要追寻到渔阳里这条百年老弄堂……

党的一大前是空白吗？

渔阳里在我党的创建史上发挥了极为重要的作用，它诞生了我党历史上许多个“第一”，如第一个党组织、第一个团组织、第一个工会、第一个干部学校……这里是多种进步刊物的创办地，马克思主义研究会的组织地，中共一大的筹划地、秘书处，第一、二届党中央的办公地，在中共党

① 原载《浦江纵横》2018年第10期。

史中具有举足轻重的历史地位。

我认为，从渔阳里建党开始起步到中共第一次代表大会的召开，这是一个完整的建党过程。没有渔阳里的开始建党，就没有中国共产党的正式诞生。我们唯有不忘初心，才能真正告慰当年参与建党的早期共产党人。

最近看了一些我党早期档案和回忆文章，发现对于当年在渔阳里建立的党组织有不同的说法，以前都说是上海共产主义小组，现在说是上海共产党创建组；有的说是上海共产党早期组织，也有的说是共产党上海发起组；有的说是中国共产党发起组或中国共产党创建组……实际上，这些不同的说法都是后人的理解或猜测。否则，这些称呼就不会这么纷杂错乱，始终没有定论。

这些纷杂错乱说法的最大问题，是有悖事实本身，并有极大认识上的误区：一是让人错觉它只是个上海的地方组织，与各地小组是并列的；二是误以为各地都是自发组织，全国没有一个领导中心；三是当年建立的只是些小组或发起组、创建组，而不是共产党本身。换句话说，在渔阳里只是建组，而不是建党。

有这么一句标语，说中国共产党的历史是从一大召开才开始。如果说一大之前党的历史都是一片空白的话，这其实也否定了“南陈北李，相约建党”，否定了在渔阳里的秘密建党，否定了在渔阳里诞生的许多党史上的“第一”。由此，我们怎么理解一大之前会有 53 名党员（有说是 58 位党员）已拥有党籍？出席一大的 13 位代表又是通过什么组织程序产生的呢？“南陈北李”这两位党的创始人都没来参加一大，他们又是怎么被公认为党的创始人的呢？

事实上，1920 年 4 月，共产国际代表维经斯基来华，他先在北京找到了李大钊，然后带着李大钊的信来到上海渔阳里找到了陈独秀，并要求他筹建中国共产党。由此，建党伟业就在渔阳里拉开了帷幕。如果尊重历史，我们就应该充分重视渔阳里开始的建党伟业。筹办党的一大、二大，其实都与老渔阳里 2 号有关。这里是建党的秘书处，中国共产党就是在这里筹建的；这里还是中共一大举行后中央局机关的所在地。但它的重要性远远没有被人们所认识，这一点，可以从它数十年来始终都是民居，没有作为重大红色遗址开发利用就足以证明。

早期共产党人的说法

在渔阳里，我们难道真的只是建了一个组，而不是在建一个党吗？让我们回顾建党的历史，看看当年共产党人的初心，他们是怎么说的。

中共一大的组织者李达 1954 年在写给上海革命历史博物馆的信中明确指出："1920 年夏，中国共产党在上海发起。"

李达 1958 年在他的《七一回忆》一文中说得更明确："一九二〇年八月，陈独秀等 7 人在上海发起了中国共产党。截至一九二一年六月为止，共有上海、北京、武汉、长沙、济南、广州、东京、巴黎 8 个中国共产党发起组。"

一大代表包惠僧说："中国共产党是 1920 年夏秋之交在上海成立的……"包惠僧还指出："我记得当年没有小组这个名词，凡经中央组织起来的地方都叫支部。"

一大代表刘仁静指出："在党成立以前，并没有共产主义小组这个名称，是后来人加上去的。"

党的早期组织成员邵力子也指出："当时似没有明确的'共产主义小组'这一名称。"

中共早期党员张申府回忆道："中国共产党于 1920 年 8 月开始创

建……关于党的名称叫什么，是叫社会党还是叫共产党，陈独秀写信给我……我和守常研究，就叫共产党，这才是第三国际的意思。”如果当时上海成立的仅仅是个地方党组织，陈独秀为何要征求在北京的李大钊、张申府意见？况且，在陈独秀等 7 人中，也没有一人来自上海本地，何来的上海地方小组？

瞿秋白 1928 年在苏联作《中国革命与共产党》的讲演时说：“党孕育在五四运动中，以 1920 年为其开端。”

蔡和森 1926 年在莫斯科作《中国共产党党史的发展》讲演时指出：“1920 年成立中国共产党。”

邓中夏 1930 年在莫斯科著的《中国职工运动简史》写道：“1920 年中国共产党成立。”

1921 年 5 月 4 日，朝鲜共产党代表大会开幕式在伊尔库茨克举行。张太雷致辞，他说：“我很荣幸以中国共产党中央的名义在大会上发言。”

对于 1920 年建党，最重要的创始人陈独秀、李大钊是怎么说的呢？

李大钊 1927 年在苏联驻北京使馆存放的《中国共产党简明历史》载明：“1920 年初在上海成立中国共产党。”

陈独秀本人 1929 年在《告全党同志书》中说：“我自从 1920 年（民国九年）随诸同志之后创立本党以来……”而且，1920 年 9 月 1 日，陈独秀在《新青年》发表《对于时局的我见》一文，他多次使用了“吾党”一词。无论是本党，还是“吾党”，毋庸置疑，都是中国共产党。

可见，这些早期共产党人都明确无误地指出，1920 年在渔阳里建立的是中国共产党，而不是什么共产主义小组等其他名称。

那么，共产主义小组是怎么来的呢？据考证，“共产主义小组”这一名称是列宁和共产国际最先提出的。1919 年 3 月，在莫斯科召开共产国

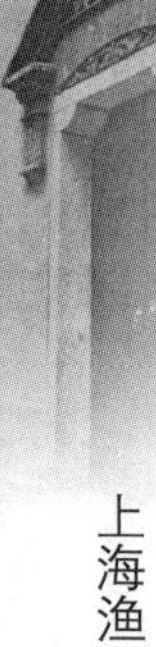

际第一次代表大会，出席既有各国共产党代表，又有各国共产主义小组代表。两者区别是，加入了共产国际后的共产党组织，如俄国共产党是正式代表，共产国际才承认它们是共产党；而当时捷克、保加利亚等“共产主义小组”还没有加入共产国际，只是列席代表，只有发言权，没有表决权，这表现出与共产党的差别。中国共产党同样如此。

据查，最早把中共称为“共产主义小组”，是1922年5月22日，苏俄在华工作全权代表利金在给共产国际的报告中，他称：“在中国的许多地方都有共产主义小组，与上海共产主义小组有组织上的联系，上海小组被认为是中国共产主义组织中央局。”1922年7月11日，共产国际代表马林在《给共产国际执行委员会的报告》中也把中共称为共产主义小组。这两份报告的时间点都早于中共二大决定加入共产国际的日期之前。后来，他们对于“共产主义小组”这一提法一直沿用至今。同样，也造成了以后人们对于建党时间的误会。

权威历史档案的证明

最有分量的历史文献当属共产国际保存的《中国共产党第一次代表大会》。这一报告是李汉俊、董必武写于1921年。它是最早、最有权威详细记录中共一大的珍贵文件。文献开门见山地写道：“中国共产主义组织是去年年中成立的。起初，在上海该组织一共只有五个人。领导人是享有威望的《新青年》的主编陈同志。这个组织逐渐扩大其活动范围，现在已有六个小组，有五十三个成员。代表大会定于六月二十日召开，可是来自北京、汉口、广州、长沙、济南和日本的代表，直到七月二十三日才到达上海，于是代表大会开幕了。参加大会的有十二名代表，他们来自七个地方，包括上海在内……”

今天，我们采用的“中共一大召开于 1921 年 7 月 23 日”“他们代表着 53 位党员”，其权威证据就是来自于此。这份 1921 年报告党的一大的文件共 2300 多字，明确指出“中国共产主义组织是去年年中成立的”。去年年中（即 1920 年），但到现在这一说法还没有被采用，被有些专家说成是党的早期组织或上海地方小组，这其实是在建组，而不是建党。

另一个文件也保存在共产国际档案中，是写于渔阳里的《中国共产党宣言》，档案注明：该宣言写于 1920 年 11 月。同时，1920 年 11 月 7 日在渔阳里出版的党刊《共产党》月刊第 1 期，其发刊词公开声明：我们的组织叫“共产党”。

如果当年在渔阳里只是建组而不是建党的话，那么，我们问，是谁在发表《中国共产党宣言》？是谁在出版《共产党》月刊？又是谁能让这么多早期共产党人共同认定建党开始于 1920 年呢？又是谁让 53 位党员在一大前就已经入党？这一系列事实证明，它的组织就叫中国共产党。

我认为，从老渔阳里开始建立中共的党组织，到党的一大召开时正式宣布成立，这其实是一个完整的建党过程。渔阳里是建党的秘密中心，一封封要求各地相继成立党组织的信件、要求各地代表前来上海召开党的一大通知书，都是悄悄从老渔阳里 2 号寄出的。可以说，渔阳里对于建党伟业是功不可没。

把渔阳里成立的党组织，称其为共产党早期组织、上海共产主义小组、共产党创建组、共产党发起组，我认为，这些说法其实都是后人的理解或猜测。我们应该不忘初心，尊重早期共产党人的历史贡献，当年叫什么就应该是什么。

连毛泽东、董必武两位登上天安门建国大典的领袖人物，他们都认为 1920 年对于建党是非常重要的。

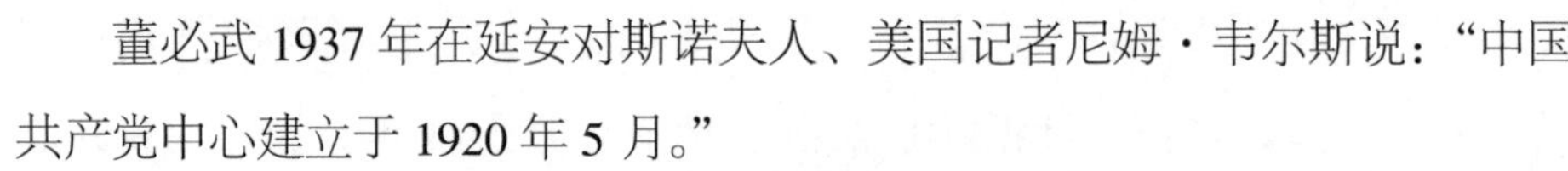

董必武 1937 年在延安对斯诺夫人、美国记者尼姆·韦尔斯说：“中国共产党中心建立于 1920 年 5 月。”

1920 年 8 月 13 日正在法国留学的蔡和森写信给毛泽东说：“我以为先要组织党——共产党。”当年 9 月 16 日蔡和森写信更明确提出：“明目张胆正式成立一个中国共产党。”对此，毛泽东在 1921 年 1 月 21 日回信指出：“党一层，陈仲甫先生等已在进行组织。”“陈仲甫”即陈独秀。毛泽东信中回应蔡和森的，也正是指陈独秀已在渔阳里成立的中国共产党。

这么多的早期共产党人包括毛泽东在内，都说是建党于 1920 年，我们更不应该回避渔阳里的这段建党历史。毛泽东还在党的八大举行前填写表格时，写明自己就是 1920 年入党的。如果 1920 年中国共产党还尚未成立，他的入党怎么可能提前呢？可见，无论是陈独秀和李大钊，还是毛泽东和董必武，不论是中共一大代表们，还是早期共产党人，他们都是认同建党开始于 1920 年。

“南陈北李”为何不参加一大？

中国国民党的创建史或可给我们以启发。

我们看到，国民党建党到今年已是建党 124 周年。它创立于 1894 年 11 月 24 日美国夏威夷的檀香山，成立时名称叫兴中会，是国民党最早的源头，当时只有 20 多位旅美华侨，完全是一个在境外成立的政治团体。1905 年，兴中会与华兴会合并成立为中国同盟会。1914 年又改称中华革命党。1924 年，中国国民党在广州举行了第一次代表大会，1894 年国民党的成立与 1924 年国民党的一大，中间时隔整整 30 年。中国国民党也没有因为屡次更名、改组，就把它的建党变成了国民党的一大。

马克思创建的第一国际于 1864 年举行成立大会，1865 年召开了第一次代表大会。

由此可见，党的第一次代表大会与党的成立，其实并不是一回事，两者不应该简单等同。

党的创始人陈独秀和李大钊为何没有出席党的一大，也值得我们探究。当时，共产国际代表特意指示要陈独秀出席一大，他依然没有前去参加。① 表面理由是，陈独秀作为广东政府教育委员会委员长兼大学预科校长，正在争取一笔款子以修建校舍；李大钊当时也是兼任了北京国立大专院校教职员代表联席会议主席，在为北京 8 所高校忙着催款，由此难以脱身。但这些筹款的具体事宜，对于视信仰为自己生命的共产党人来说，其轻重缓急是无法相提并论的，因为，没有比建党伟业更为重要的了。他们之所以没有亲自去参加党的一大，也许在他们心中，中国共产党去年已经成立了。

从刘仁静在《一大琐忆》的回忆中，我们也可得到证明。刘仁静说："没有谁想到是出席一个重大历史意义的会议，也没有谁想争当这个代表。""我记得会上没有选李大钊。""既然会议不是很重要就没有必要去惊动李大钊这个小组的重要人物，因为李大钊要利用假期时间忙于索薪斗争这样的大事。"而且，当时比刘仁静资格更老的还有邓中夏、罗章龙两位党员，他们都是刘仁静的入党介绍人，但他们也都未去参加党的一大。邓中夏去南京参加了中国少年学会，而罗章龙则去了二七机车车辆厂开个座谈会。参加这两个会议的理由与建党的重要性根本不能相提并论。中国共产党北京支部之所以选出了资格尚嫩、19 岁的刘仁静当上一大代表，其

① 包惠僧：《共产党第一次全国代表会议前后的回忆》，中国社会科学院现代史研究室　中国革命博物馆党史研究室选编：《"一大"前后》(二)，人民出版社 1980 年，第 305 页。

本身就证明了，在李大钊、邓中夏、罗章龙等党员看来，党的一大就是一个全国代表大会。作为党代会的代表，其实就是去上海参加一次会议，而不是去创建一个伟大政党。在他们眼中，党已经秘密建立起来，使命没有建党那么重大。

对此，2016 年 6 月中共中央党史研究室编辑的《中国共产党的九十年》一书，它的说法也证明了这一点，它指出："上海的组织一开始就叫中国共产党，北京的组织则称为中国共产党北京支部。"①

"一大"前建党已初见成效

我们可以清晰地看到，在中国共产党在上海召开第一次代表大会之前，中国共产党已具备了一个政党所必须具备的基本条件，并初见成效：即拥有了中国共产党的正式名称，有了党纲——《中国共产党宣言》，有了党刊——公开对外发行的《新青年》杂志和内部秘密出版的《共产党》月刊，有了在上海的临时中央和临时书记陈独秀，有了北京、湖南、湖北、广东、山东、日本、留欧等各个支部，有了外围组织——马克思主义研究会、中国社会主义青年团、上海机器工会、第一个干部学校（外国语学社），有了我党驻共产国际的代表张太雷，有了 53 位（另一说法是 58 位）党员，并得到了共产国际代表维经斯基的帮助指导。

如果这些建党的基本条件，在 1921 年 7 月中共一大举办前都没有具备的话，那么，中国的革命历史走向就可能改变。因为，1921 年 6 月，当上海正在紧锣密鼓地筹备中共一大时，远在万里之遥的莫斯科正在召开共产国际第三次代表大会，张太雷、俞秀松等中国共产党人肩负着千钧压

---

① 中共中央党史研究室著：《中国共产党的九十年（新民主主义革命时期）》，中央党史出版社 2016 年，第 28 页。

力，为襁褓中的中国共产党进行了一场生死较量。当时，已有两家自称是中国“共产主义”组织的代表获得了共产国际大会的代表证。

一家是由姚作宾等组织的所谓“中国共产党”，他曾参加过五四运动，担任过全国学联负责人；另一家是由江亢虎组织的中国社会党，自称党员数达到 52 万之多。江亢虎是北大名教授，当时社会影响并不亚于李大钊和陈独秀，他写过《列宁小传》等，还受过列宁的接见。如果江亢虎代表的“社会党”、姚作宾代表的“共产党”当时先被共产国际所承认，中国的革命就会面临严重局面。姚作宾、江亢虎后来都成为汉奸，前者是伪青岛市长被枪毙，后者任伪考试院副院长，死在上海的提篮桥监狱。

如果我们的党在一大前还没有成立的话，那么，张太雷、俞秀松又是代表谁在进行生死较量？他们又怎能代表中共在与另两个自称是“共产主义组织”的斗争中夺取胜利并最终赢得共产国际的承认呢？正是他们向共产国际第三次代表大会提交了抗议书、工作报告和在大会上的发言等，才力挽狂澜，改变局面，使得共产国际排除了另外两个组织，一举奠定了中国共产党在共产国际的正统地位，使中国革命避免了多个党派纷争倾轧的曲折道路。1921 年 6 月 10 日，张太雷成功登上了共产国际大会并做报告，他自豪地说：“截至今年 5 月 1 日，中国共产党已有 7 个省级地方党组织。”

所有这些建党的历史风云，其实都与上海的渔阳里有关。可以这么说，中国共产党的名字、中国共产党的旗帜，都是在渔阳里开始出现的。如果没有渔阳里开始的建党伟业，中国的革命历史至少会徒增更多艰难曲折。

建党是一个完整过程

应该指出，由于中国共产党的早期创建活动是在秘密状态中进行的。

因此，对于早期建党的表述和理解会有不同。

如在渔阳里参与最早建党的共产党人俞秀松，他在1930年写的自传中指出："1920年春，我们曾想成立中国共产党，但在第一次会议上我们之间未达成一致的意见，这第一次努力未能成功。过了一段时间，在第二次会议上，我们宣布了我们党的存在（当然我们党正式存在是1921年第一次代表大会以后的事情），并选举陈独秀为临时书记。"这里，我们可以看到，俞秀松指出中国共产党是1920年成立的；同时有个说明，把党的正式存在说成了在中共一大之后，陈独秀当时是临时书记，党的一大后才正式选为书记。

对于1920年在渔阳里的建党，张国焘也在《我的回忆》中予以确认："这就是中国共产党的诞生经过，也即是中共上海小组由一九二〇年五六月间开始集会商谈，经过筹备，直到当年八月下旬正式组成的大体情形。"他夫人、早期党员杨子烈在《张国焘先生的略历》一文中说："一九二〇年夏，陈独秀先生、李大钊先生等与张先生策划并发起组织中国共产党，随即展开建党工作和职工运动。"但同时，张国焘也指出："一九二一年七月一日下午三时，中国共产党第一次代表大会开幕了。我被推为主席，首先宣布了中国共产党的正式成立……"这些说法虽有为张国焘评功摆好之嫌，但也透露出1920年建党和1921年正式宣布成立这两个概念。

可见，早期共产党人都知道中国共产党成立于1920年；但同时，1921年中共一大宣布了党的"正式成立"。对此，党的创始人陈独秀也表示："我们不必做中国的马克思和恩格斯，一开始就发表一个《共产党宣言》；我们只是要做边学边干的马克思主义的学生，现在可以先将中国共产党组织起来，党纲和政纲留待正式成立以后再去决定。"这里，陈独秀也区分了先把党组织起来与党的正式成立两个概念。

因此，我们可以从 1920 年在渔阳里开始秘密建党，到 1921 年中共一大召开时宣布“正式成立”，把它视为一个完整的建党过程，这不违背早期共产党人的历史认知。而且，党的一大对于建党来说，也绝非仅仅是一个宣布仪式，它的重要性同样毋庸置疑：一是建党初期党还处于秘密状态，它是首次通过全国代表大会形式向各地正式宣布；二是，共产国际代表也是首次参加并认可了党的正式成立；三是，由全国代表们首次选举了党中央机构，并通过了《中国共产党党纲》《关于当前实际工作的决议》。这把建党伟业推向了一个新高潮。

综上所述，整个建党过程可以视为从渔阳里“秘密成立”开始起步，一直到党的一大召开时宣布“正式成立”。我认为，这比将渔阳里的秘密建党一概称为“共产主义小组”、共产党早期组织，或中国共产党创建组、发起组等，更符合于当时的历史真实。我们这样说，就像今天从历史档案中认识到，党的一大其实不是 1921 年 7 月 1 日召开的，而是 7 月 23 日召开的，但这并不妨碍我们依然把 7 月 1 日作为建党的纪念日。同样道理，我们认识到 1920 年在渔阳里秘密建党的重要性，也不会妨碍我们把党的一大作为纪念建党的重要时刻。

前不久，传来一个喜讯，说渔阳里要造纪念广场了。但这一消息喜中有忧。渔阳里其实是分新、老两条百年老弄堂的，但我们现在似乎有点把新、老两条弄堂的重要性搞颠倒了。1920 年夏，陈独秀在老渔阳里秘密建党后，派出了最年轻的党员俞秀松前去新渔阳里建团。但现在，建团的新渔阳里是全国重点文物保护单位，被称为团中央旧址；而建党的老渔阳里则仅仅作为市级保护单位，还不能称党中央旧址；新渔阳里的组织称中国社会主义青年团，老渔阳里的组织则不称中国共产党，只称上海小组、创建组或发起组。这次，渔阳里纪念广场也是以团中央的内容为视角，而不是以建党的重大主题为主……所有这些，让我们看到，新、老渔阳里的党团关系已严重错位，历史没有恢复本来面貌，这就淹没和削弱了上海作为建党圣地这份红色资源的重要性、独特性和稀缺性。

为此，我们应该尊重历史真实，充分挖掘老渔阳里建党伟业的深厚内涵，为上海“党的诞生地发掘宣传工程”做出贡献，并向中共建党 100 周年献礼。可以说，老渔阳里 2 号与我党的创建过程密不可分，它曾是中国革命的红色起点，是指引中国革命前行的一面旗帜，更是上海红色文化的历史源头。在茫茫黑夜中，是它组建了中国共产党，组织召集了中共一大的成功召开，并点燃了中国革命的星星之火。

（俞亮鑫,《新民晚报》原首席记者、高级记者，现任上海华夏文化经济促进会副会长、上海视觉艺术学院客座教授、研究员）

老渔阳里 2 号，一个被遗忘近百年的革命圣地[①]

钱厚贵

中国的第一个共产党组织是在什么时候，什么地点组建的？1921 年 7 月召开的中国共产党第一次全国代表大会是在什么地点、由谁策划和组织实施的？这里要讲一讲渔阳里的故事。

1920 年 4 月间，陈独秀迁居到法租界环龙路老渔阳里 2 号。这幢房子是辛亥革命时安徽都督柏文蔚让给他的，时称“柏公馆”。

老渔阳里 2 号是 1915 年前后建成的老式石库门房子（因大门用三根长石条搭成而得此名），砖木结构，二层楼房，进大门有天井，中间是客堂，陈设沙发四只、椅子数把，壁间挂大理石嵌屏四幅。客堂后有小天井，再后是灶间，有后门通向弄堂。客堂的左边是前、中、后三个厢房。楼上，前面是统厢房，即陈独秀的卧室兼书房，室内有写字台、转椅、大钢床、皮沙发、茶几、缝纫机等。厢房的隔壁是客堂楼，后有晒台。全部建筑面积约 140 多平方米。这里就是陈独秀的住处，也是《新青年》的编辑部所在地和中国共产党发起组的诞生地。

① 原载《党史信息报》，2014 年 8 月 27 日。

老渔阳里2号——中国共产党的发起地

1920年2月，当李大钊护送陈独秀离京南下之时，两人曾在途中“商议‘建党’事宜”，而共产国际所给予的协助，又大大地加快了建党的进程。

1920年春，俄共（布）远东局海参崴外国处全权代表维经斯基率代表团来华，在北京会见李大钊，由李大钊介绍维经斯基等人“到上海去见陈独秀，要陈独秀建党”。

4月，维经斯基到达上海后，在老渔阳里2号，首先会见陈独秀，又由陈独秀的介绍会见了当时宣传社会主义的《星期评论》编辑戴季陶、李汉俊、沈玄庐，以及研究系的报纸《时事新报》的负责人张东荪，他们举行了多次座谈会，参加座谈会的还有陈望道、俞秀松等。经过座谈了解中国革命情况和十月革命后的苏俄现状，商讨发起建立共产党的问题。于是在5月间便先组织了一个秘密团体——马克思主义研究会。研究会的负责人是陈独秀，会员有沈雁冰、李汉俊、陈望道、邵力子等。当时一度以社会主义相标榜的戴季陶和张东荪也参加过几次活动，但不久便退出了。

6月间，陈独秀、俞秀松、李汉俊、施存统、陈公培五人开会，筹备成立共产党，选举陈独秀为书记，并起草《党纲》十余条，明确提出“用劳农专政和生产合作社为革命手段”。

8月，中国共产党上海党组织正式成立。据李达自传记载：“这时的发起人，一共是8人，即：陈独秀、李汉俊、沈玄庐、陈望道、俞秀松、施存统（时在日本）、杨明斋和李达。每次开会时，吴廷康（维经斯基化名）都来参加。”开会地点在陈独秀的住处——老渔阳里2号。上海发起组会议“首次决议推陈独秀担任书记，函约各地社会主义分子组织支部”。

由中共中央党史研究室所著的《中国共产党历史第一卷（1921—1949）》中，明确记载：

> 经过酝酿和准备，在陈独秀主持下，上海的共产党早期组织于1920年8月在上海法租界老渔阳里2号《新青年》编辑部正式成立。当时取名为“中国共产党”。这是中国的第一个共产党组织，其成员主要是马克思主义研究会的骨干，陈独秀为书记。在党的一大召开之前，先后参加上海的共产党早期组织的有：陈独秀、俞秀松、李汉俊、陈公培、陈望道、沈玄庐、杨明斋、施存统（后改名施复亮）、李达、邵力子、沈雁冰、林祖涵、李启汉、袁振英、李中、沈泽民、周佛海等。1920年12月，陈独秀由上海赴广州后，李汉俊和李达先后代理过书记的职务。上海的共产党早期组织通过写信联系、派人指导或具体组织等方式，积极推动各地共产党早期组织的建立，实际上起着中国共产党发起组的作用。

这期间，陈独秀派遣刘伯垂回武汉建立共产党组织。他还分别致信北京的李大钊、济南的王乐平、广州的陈公博、长沙的毛泽东、法国的张申府、日本的施存统，要他们尽快在当地建立共产党组织。

是陈独秀，在中国点燃了“共产主义”之火。毛泽东谈起陈独秀曾说：“他是五四运动总司令。”在1945年4月21日的“七大”预备会议上，毛泽东又一次谈到陈独秀，深情地说：“他创造了党，有功劳。”“关于陈独秀，将来修党史的时候还是要讲到他。”

渔阳里的历史贡献

在老渔阳里2号，成立了中国共产党第一个共产党组织，起着中国共产党发起组的作用。中国共产党上海发起组，大力开拓革命事业，做了大量工作。

一、改组《新青年》，创办新刊物，宣传社会主义

1.《新青年》改为发起组机关刊物，全面介绍苏俄现状

中国共产党上海发起组成立以后，即大力介绍苏俄社会制度，广泛宣传科学社会主义。因此就必须有宣传机关和宣传阵地。当时一个现成的而且卓有声望的宣传阵地是《新青年》月刊，它在国内43个城市有94个代派处。《新青年》是陈独秀创办和主编的，因而《新青年》的基本内容及其思想格调，也随着陈独秀的思想转变而转变。从1920年9月1日《新青年》出版第八卷第一号起，便成了中国共产党上海发起组的机关刊物，总发行所设在法租界大马路（今金陵东路）279号，编辑部仍设在陈独秀的住处老渔阳里2号。把思想界的泰斗《新青年》改为发起组的机关刊物，这是陈独秀对传播马克思主义的一大贡献。

第八卷《新青年》特辟《俄罗斯研究》专栏，先后刊登了33篇文章，全面地介绍苏俄各方面情况，同时陆续发表了一些非马克思主义，或反马克思主义的作品，并信心百倍地同假社会主义、无政府主义展开了大规模的论战。

2. 翻译出版马克思主义经典著作

陈独秀在筹建共产党时，深感缺乏马克思主义著作的中文译本。因此，在1920年初，他就委托恽代英翻译考茨基的早期著作《阶级斗争》。同年8月，陈望道“费了平生译书的五倍工夫”将《共产党宣言》全文译

出，经陈独秀、李汉俊“校对”后出版。9月，李汉俊翻译了介绍马克思经济学说的《马格思资本论入门》一书。11月，出版“新青年”丛书第一种，即李季译的克卡朴《社会主义史》这些著作，对于当时的共产党员、青年团员确立对马克思主义的信仰，树立共产主义世界观，起了极大的作用。毛泽东曾对斯诺说：“有三本书特别深地铭刻在我的心中，建立起我对马克思主义的信仰。”这三本书就是《共产党宣言》《阶级斗争》和《社会主义史》。

3. 创办《共产党》月刊

《共产党》月刊是中国共产党上海发起组在中国树立起的第一面共产党大旗。它创刊于1920年11月7日，由李达主编。此时李达就居住在老渔阳里2号，编辑部也设在此，共出了六期。《共产党》月刊对提高党员共产主义觉悟，认清党的性质与任务，发挥了很大的作用。第一期第一篇，就是陈独秀写的“发刊词”。

4. 筹办工人刊物，向工人宣传马列

陈独秀在创办《新青年》时，他宣传的是民主主义，他的教育对象主要是青年知识分子，强调的是伦理觉悟；现在他宣传社会主义，自觉地把教育对象扩大到工人群众，认为最高的觉悟是阶级觉悟。陈独秀在筹办工人刊物上，主要做了两件事：

（1）深入调查研究，编辑《劳动节纪念号》。

给工人办刊物，首先需要了解工人，调查上海的一些工会团体。陈独秀从北京一到上海，便开始对中华工业协会、中华总工会等团体进行了调查。1920年3月，他“决计”将5月1日出版的《新青年》第七卷六号编辑成《劳动节纪念号》。

《劳动节纪念号》内容丰富、新颖，共约400页，相当原来《新青年》

一期的两倍多。有孙中山、蔡元培等16人的题字，其中有9人是名不见经传的劳苦工人。《劳动节纪念号》刊登了陈独秀的两篇文章：《劳动者底觉悟》和《上海厚生纱厂湖南女工问题》。陈独秀主编的《劳动节纪念号》是中国共产主义知识分子与中国工人运动开始相结合的产物。

（2）创办两个工人刊物，《劳动界》和《上海伙友》。《劳动界》(周刊)1920年8月15日创刊，1921年1月23日停刊，共出版了二十四期。《上海伙友》周刊10月10日创刊，新青年社发行，由陈独秀、俞秀松、李汉俊与工商友谊会联合创办。

1920年，陈独秀在上述工人刊物及其他报刊上发表了约20篇关于工人运动的文章。综合这些文章的内容，他着重进行了以下几个方面的宣传。

一是，宣传工人的重要地位。世界上“只有做工的人最有用，最贵重。”他们是社会的“台柱子”，“因为他们的力量才把社会撑住，若是没有做工的人，我们便没有衣、食、住和交通，我们便不能存在”。

二是，宣传剩余价值学说，揭示资本主义剥削的秘密。

三是，宣传工人阶级的历史使命。

四是，批评资产阶级言论。

五是，揭露招牌工会，号召工人组织自己的工会。

二、筹建革命组织

1. 建立社会主义青年团，开办外国语学社

上海是新文化运动的发源地，也是传播社会主义思想的中心地，多年来一直为各地进步青年所向往。上海发起组为了指引这批青年走上革命道路于1920年8月22日成立了社会主义青年团，地点设在新渔阳里6号。陈独秀指派中国共产党上海发起组中最年轻的党员俞秀松担任青年团的

书记。

中国共产党上海发起组为了选送优秀青年到俄国学习，培养革命干部，在 1920 年 9 月开办了党的第一所学校——外国语学社（校址设在新渔阳里 6 号），以公开办学的名义掩护革命工作。学校的负责人是杨明斋，教授俄文，李达、李汉俊、袁振英分别教授日文、法文、英文。有时陈独秀也来校讲课。学生的来源是由陈独秀等及外埠党员同志直接或间接地介绍来的，学生最多时有五六十人。先后在外国语学社学习的有罗亦农、王一飞、萧劲光、刘少奇、任弼时、何今亮（汪寿华）、柯怪君（柯庆施）、蒋光慈、陈为人等。1921 年 4 月间，有二三十名团员赴俄国深造。他们学满回国后都为发展革命事业做出了很大的贡献，有的成长为中国第一代著名的无产阶级革命家。

2. 组织真正工会

工人有了初步的觉悟以后，便要求组织起来，成立工会。1920 年秋，上海发起组指派李启汉开办工人半日学校（次年 8 月改为上海第一补习学校）。10 月 3 日，上海机器工会借新渔阳里 6 号召开发起会，各厂代表 80 人到会。会议主席李中报告发起会的宗旨是“谋会员之利益，除会员之痛苦”。组织真正的工会。陈独秀、杨明斋、李汉俊等人到会，被接纳为名誉会员。陈独秀被推举为工会经募处主任，在会上发表演说，明确指出矿工、铁道工、机器工工会是世界上三个“很有势力”的团体，如能“彻底联络”，那么“社会上的一切物件，都要受他的支配，就是政府也不得不受其支配”。会议讨论了机器工会的章程，并由李中和陈独秀起草。11 月 21 日，上海机器工会召开成立大会，到会约 1000 人。陈独秀在会上再次指出工人团体，须完全由工人组织，“万勿资本家厕身其间，不然仅一资本家式的假工会而已”。上海机器工会是中国共产党上海发起组领导的第

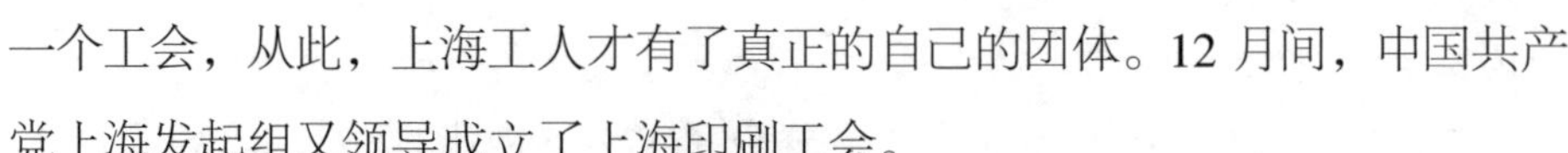

一个工会，从此，上海工人才有了真正的自己的团体。12 月间，中国共产党上海发起组又领导成立了上海印刷工会。

1920 年，是中国工人由自在阶段向自为阶段转变的一年，1921 年中国共产党成立后，各地党组织首先致力于工人工作，到 1922 年便兴起了第一次工运高潮。

三、“一大”以后，老渔阳里 2 号成了中央局办公地

1921 年 6 月 3 日，共产国际执行委员会代表马林来到上海。马林到达上海之后不久，共产国际远东书记处派遣接替维经斯基工作的尼科尔斯基也来到了上海。他们同李达商议，建议“应当及早召开全国代表大会，宣告党的成立”。于是，李达“发信给各地党小组，各派代表二人到上海开会”。国际代表的到来，加快了中国共产党的正式成立。

陈独秀在广州接到李达信以后，表示他不能去上海，而指派陈公博和包惠僧去上海出席会议。

1921 年 7 月 23 日，中国共产党在上海举行第一次全国代表大会，出席大会的有毛泽东、董必武、陈潭秋、何叔衡、李达、李汉俊、王尽美、邓恩铭、张国焘、刘仁静、包惠僧、周佛海和陈公博 13 人，代表全国 50 多名党员。马林和尼科尔斯基也出席了会议。大会通过了《中国共产党第一个纲领》和《中国共产党第一个决议》，并推举“陈独秀任书记、李达任宣传主任、张国焘任组织主任，三人组成中央局”。

一大会议是在李汉俊哥哥李书城家开的，代表住宿在博文女校，而老渔阳里 2 号则是大会秘书处、联络处。外地代表到上海后先到老渔阳里 2 号报到，再由李达、李汉俊安排他们到博文女校住宿。

7 月 30 日晚上，一大会议被法租界密探冲击后，代表们听从马林吩咐，立即分散，并约定再到老渔阳里 2 号集合，大约 2 个小时以后，大家

聚在老渔阳里2号，商议下一次会议在何处开，最后由李达夫人王会悟建议，定在嘉兴南湖。

1921年9月中旬，陈独秀回到上海老渔阳里2号。此时，在中央工作的只有他和李达、张国焘三人，别无工作人员。三人聚会常在陈的卧室楼下的客堂间或统厢房里。“当时决定宣传工作，仍以《新青年》为公开宣传刊物，由陈自己主持。”李达编辑《共产党》月刊，作为秘密宣传刊物。张国焘主持劳动组合书记部的工作。中央局还决定成立人民出版社，出版15种共产主义读物。

中国共产党第二次全国代表大会后，1922年7月下旬至10月上旬，中共中央机关仍驻上海陈独秀住所，老渔阳里2号成为中执委议事处。由于陈独秀1921年、1922年两次在老渔阳里2号家里被捕，此事引起了党中央的注意：需要加强保密和保卫工作，于是党的工作机构进一步隐蔽化。特别是对陈独秀，决定让他单独隐蔽起来，其住址不告诉任何人，并于1922年10月中旬将党中央迁往北京。至此老渔阳里2号作为中央办事地点历史任务结束。1923年陈独秀在中共第三次全国代表大会作报告时讲到“当上海加紧进行迫害时，北京的局势还可以使我们到那里去工作，因而中央委员会迁到北京”。

吁请把老渔阳里2号辟为纪念馆

作为中国共产党第一个党组织诞生地，作为中国共产党最早的宣传基地、组织基地、教育基地、中国工人运动的发端地，作为中国共产党第一个中央局办公地的老渔阳里2号今在何处？它就是今天的南昌路100弄2号。

中华人民共和国成立后，上海百废待兴，中共上海市委于1950年9

月组织专人积极寻访一大召开的会址，确定了三个地方：“一大”召开的会址（兴业路 76 号）、“一大”代表宿舍（博文女校）以及党中央第一个领导机关所在地（老渔阳里 2 号），并最终予以确认和布置复原，犹如点亮了一把精神的火炬，照耀后人奋发前行。

1951 年 7 月 3 日，中央致电上海市委说，兴业路 76 号一大会址，蒲柏路（现太仓路）127 号旧博文女校，以及老渔阳里 2 号党中央领导机关所在地，“中央认为这几个地方如属实可靠，即可用适当方式保存留作纪念”。

1952 年 9 月经上海市委宣传部审查同意，一大会址开始内部开放，接待一些外宾和领导参观，当时被称为“上海革命历史纪念馆第一馆”。另外两处，老渔阳里 2 号中央局机关称为第二馆，一大代表宿舍博文女校为第三馆，也同时开放。但后来有领导同志参观后，提出二馆、三馆并不那么重要，遂于 1955 年 1 月后停止开放。

历经百年风雨，老渔阳里 2 号房子还在。经过一番周折，我们终于找到了这个隐藏在里弄深处的老石库门院落，但已经全然没有当年“柏公馆”的气派。弄堂门口摆着修自行车的摊位。弄堂里的水泥地凹凸不平，墙角边放着几辆助动车，使得两米宽的弄堂更显狭窄。墙体斑驳陆离，挂着一根根电线，紧闭的大门已经看不出油漆的颜色，只有水泥覆盖的山墙和青石板门框依稀可见当年的影子。大门左侧墙上有一大一小两块牌子，白色的大牌子上写有“《新青年》编辑部旧址”，绿色小牌子显然是后来加上去的，上写“陈独秀曾在此居住”。但大门上却张贴着“私人住宅，请勿打扰”的告示。这里目前住着三户人家。推开宅门，当年不算宽敞的天井里，又搭了一间屋子和一间厨房，门口和墙角下堆满了杂物，必须侧着身子才能走到里边的木板楼梯。登上狭窄、光线灰暗的楼梯，会发出“嘎嘎”声响。突然，一只老鼠从横梁上窜过……

望着这幅破败不堪的景象，不禁让人感慨万分！

谁能想到，就是在这幢楼房里，近百年前，曾风云际会，群贤毕至，诞生了中国共产党第一个党组织。当年经常出入此间的邵力子、戴季陶、李汉俊、陈望道、沈玄庐、张东荪、沈雁冰、俞秀松、施存统、陈公培、李达、周佛海、张国焘、张申府、毛泽东等，历经风雨、大浪淘沙，或金子，或沙砾，在中国近代史上留下了或深或浅的痕迹。尤其是毛泽东，他在 1920 年拜访老渔阳里 2 号的日子，正是他确立马克思主义信仰的关键时期。1936 年，毛泽东向斯诺讲了陈独秀此处谈话对他的影响：“我第二次到上海去的时候曾经和陈独秀讨论过我读过的马克思主义书籍，陈独秀谈他自己的信仰的那些话，在我的一生中可能是关键性的这个时期，对我产生了深刻的印象。陈独秀对我的影响也许超过其他任何人。”毛泽东还说：“到了 1920 年夏天，在理论上，而且在某种程度的行动上，我已经成为一个马克思主义者了。”老渔阳里 2 号成了毛泽东世界观转变的大学校。

这样一块中国共产党创建时的“圣地”，难道就如此沉寂消萎下去？

我们这些离退休老党员组织的民间志愿者，本着以史鉴今、资政育人的理念，萌发了对渔阳里历史文化研究的兴趣，四年来努力追寻历史踪迹，挖掘珍贵史料，以达传承革命经典、启迪今世后人、坚定理想信念之目的，特吁请各级领导及有关部门，开发这块“圣地”，把老渔阳里 2 号辟为中国共产党第一个党组织诞生地纪念馆。

（钱厚贵，上海轻工业局党校原副校长，渔阳里历史文化研究会顾问）

中国近代大变革中的第一弄：新老渔阳里[①]

许洪新

话说上海老弄堂，首推新老渔阳里，在中国近代的历史大变动中，新老渔阳里的影响实在太大了，地位实在太重要了。

合二而一的同名弄堂

新老渔阳里，是两条极普通的石库门弄堂。也可以说是一条，因为同名又相通，只是为了区别它们，人们才分称新老。

老渔阳里，曾为环龙路34弄，今南昌路100弄，1912年建成，旧式石库门里弄。占地面积1754平方米，建筑总面积1542平方米，共有两层住宅楼8幢，砖木结构。20世纪50年代末，弄口和弄内2号、5号分别将通道搭建为屋，即今南昌路100号甲、2号甲和5号甲，遂封堵了至淮海路的通道，同时拆除了与南昌路102弄间的隔墙，而与102弄合并出入。

新渔阳里，曾为霞飞路307弄，今淮海中路567弄，位于老渔阳里弄北通淮海路小道的西侧，1917年建成，新式石库门里弄。占地面积2960

① 原载《上海老弄堂》，上海科技文献出版社2005年版，以"卢志新"笔名发表；又以《伟大的开端》篇名，载《上海画报》2001年第6期。

平方米，建筑总面积 4005 平方米，共有两层住宅楼 33 幢，砖木结构。其南侧有门与南昌路 102 弄相通，90 年代中叶被封。

始建时，两弄正式弄名均为“渔阳里”，1917 年新弄建成后始在口头上以新老别之，此有商务印书馆 1920 年前各版《上海指南》与今南昌路 100 弄 5 号甲北墙，即该弄原北口上方尚存的“渔阳里”坊额为证。因老渔阳里弄北距霞飞路仅数十米，有小道相通，该小道在 1920 年地图上没标弄号，但夹在 307 弄与 301 号之间；1932 年 11 月起标为霞飞路 565 弄。在 1917 年新弄建成前，今南昌路 100 弄即老渔阳里有俗称“霞飞路渔阳里”。之后，该俗称遂为新弄之专用矣。

1921 年，两弄产权易归陈铭德，遂同时改名“铭德里”，于是又以南北别之，俗呼为铭德南里和铭德北里，或南铭德里、北铭德里，再或为铭德里南弄、铭德里北弄，今南昌路 100 弄 2 号门前西侧地上尚嵌“铭德里南弄”额石一方。30 年代中，两弄居民曾发起要求降低房租的诉求，《申报》有过报道。

1957 年，北铭德里复称渔阳里。

就在这合二而一的极普通的弄堂里，有两幢极普通的小楼：老渔阳里 2 号和新渔阳里 6 号，却与中国共产党的诞生及初期活动紧紧地维系在一起。

孕育中国共产党的圣地

众所周知，中国共产党是在 1921 年 7 月 23 日于望志路 106 号（今兴业路 76 号）召开的第一次全国代表大会上正式成立的。但在这“一朝分娩”之前，尚有一个“十月怀胎”的过程，这儿就是孕育中国共产党诞生的圣地。

一、宣传马克思主义的坚强堡垒

在共产党成立前后，国内最有影响的刊物是1915年9月由陈独秀创办的《新青年》。老渔阳里2号，就是共产党成立前后的《新青年》编辑部。

1920年2月19日，陈独秀返回上海。初住汉口路惠中旅馆和亚东图书馆，不久，经许德珩安排，住进了老朋友柏文蔚的老渔阳里2号。这位被毛泽东誉为“五四运动总司令”的《新青年》主编，一到上海，就邀请在上海宣传马克思主义的几位同道，《星期评论》和《民国日报》副刊《觉悟》的编辑李汉俊、邵力子、沈玄庐等商量《新青年》复刊。编辑部就设在陈宅楼下客堂间。不久，李达从日本回国，也受邀协助编辑，并与妻王会悟入住楼上亭子间。5月，又邀请陈望道加入编辑部。9月，《新青年》与原承发行的群益书店脱离，改由新青年社出版，正式成为上海共产党早期组织的机关刊物。12月17日，陈独秀应陈炯明之邀，南下就任广东省教育委员会委员长，陈望道接任主编。

在上海复刊的《新青年》，大力宣传马克思主义，先后刊登了列宁的《民族自决》《过渡时期的经济》及苏俄《劳动法典》等，开展了对无政府主义和张东荪等歪曲社会主义的批判，成为关于社会主义论战的最重要的阵地，这正是成立中共的理论准备。

二、孕育了中国共产党的雏形

1920年5月，上海马克思主义研究会成立。8月上旬，又成立上海共产党早期组织，这两个组织的负责人都是陈独秀；又都成立于老渔阳里2号，并以此为活动地点；成员大多交叉重复，主要有李达、李汉俊、陈望道、施存统、邵力子、沈玄庐、俞秀松、李中等。继上海之后，北京、长沙、武汉、济南、广州和日本东京、法国巴黎等地，也都陆续建立马克思主义研究会和共产党早期组织。这些共产党早期组织正是中国共产党的前身和雏形，是成立中国共产党的重要组织准备。

上海共产党早期组织成立后，即将学习与宣传马克思主义、建党和开展工人运动列为主要工作。8 月 15 日，创办向工人宣传马克思主义的通俗刊物《劳动者》周刊，主编李汉俊。9 月，成立新青年社，次年 5 月，又成立新时代丛书社，扩大马克思主义著作出版渠道。其间，出版了陈望道译《共产党宣言》，这是该书最早的中文全译本；李汉俊译马尔西《马克思〈资本论〉入门》，译名为《经济漫话》；恽代英译考茨基《阶级争斗》；李达译《唯物史观解说》《社会问题总览》等等。1920 年 11 月 7 日，创办《共产党》月刊，这是共产党早期组织内部的机关理论刊物，主编李达。这些刊物编辑部和出版机构，除新时代丛书社址为望志路（今兴业路）李汉俊寓所外，其余都设在老渔阳里 2 号。上海共产党早期组织还曾由李汉俊起草制订过党章，11 月间，还拟订了《中国共产党宣言》，交共产国际。

陈独秀和上海共产党早期组织还通过各种形式，与各地共产党早期组织及志同道合者广泛联络，商讨宣传马克思主义和建党事。1920 年五六月间，毛泽东到老渔阳里 2 号拜会了陈独秀，讨教马克思主义、建党和组织湖南改造联盟等问题。张申府、林伯渠、张国焘及共产国际代表维经斯基等，也都来过老渔阳里 2 号，甚至留宿于此，商讨建党等事。陈独秀还以通信形式，与李大钊、包惠僧以及远在法国的蔡和森等人讨论建党。上海组成员施存统、陈公培还将上海所拟的党纲分别带到东京和欧洲。这些正是中共成立的酝酿过程。

三、最早的社会主义青年团和团中央机关

1920 年 8 月 22 日，在上海共产党早期组织领导下，俞秀松等在新渔

阳里6号发起成立上海社会主义青年团，书记俞秀松。1921年3月，中国社会主义青年团临时中央执行委员会在此成立。

新渔阳里6号，原为戴季陶寓所，时为中俄通信社社址。中俄通信社，是沟通中俄新闻交流的机构。1920年4月共产国际代表维经斯基来华时创办。负责人杨明斋，是在俄国加入共产党的中国人。该社成立后，即向上海各报提供新闻稿。介绍苏俄情况，7月2日，《民国日报》刊出介绍俄国合作社的报道，为上海报刊采用该社新闻稿之始。上海共产党早期组织和社会主义青年团还在这里举行了纪念国际妇女节和劳动节的活动。

四、中共第一所干部学校——外国语学社

1920年9月，以中俄通信社名义创设了外国语学社，社址为新渔阳里6号，校长杨明斋。办学目的一为掩护团的工作，二为培养党团干部，让学员学习后选派赴苏俄进一步学习。

学社表面上公开招生，实际上都由各地共产党早期组织推荐。在该社学习过的学员约有五六十人，1921年春起分批派赴苏俄留学。其中有刘少奇、罗亦农、任弼时、萧劲光、王一飞、汪寿华、许之桢、柯庆施、梁柏台、任作民、谢文锦等。这些学员，后来大多成为中共领导人或重要干部。

五、筹备上海机器工会

上海共产党早期组织从成立日起，就将关注工人教育、组织工人团体、开展工人运动列为工作的重点。1920年4月2日，陈独秀、李汉俊、沈玄庐等参加上海船务栈房工界联合会成立大会，陈在大会上作了《劳动者的觉悟》的演讲；5月《新青年》第7卷6号，即名《劳动节纪念专号》。

上海共产党早期组织派员深入工人群众，发动组织工会。在江南造船所当锻工的李中，曾参加过毛泽东创办的新民学会，《劳动者》刊出了他的文章《一个工人的宣言》。他被吸收为上海共产党早期组织成员后，入住老渔阳里2号，在陈独秀、李达、李汉俊等人直接指导下，受命筹组工会。1920年10月3日，由李中任书记的上海机器工会筹备会，于新渔阳里6号举行发起会。11月21日，正式成立工会，并出版刊物《机器工人》。这是全国第一个由共产党早期组织领导的工会组织。

1921年4月17日，上海共产党早期组织成员李启汉在新渔阳里6号，与上海工界各团体组成纪念五一国际劳动节筹备会，大型纪念活动虽因29日遭法租界捕房查抄而未能举行，但仍分散开展了许多纪念活动。

六、中共一大的筹备处和一大期间的“秘书处”

1921年6月3日，共产国际代表马林到沪，经商议后决定于7月召开第一次全国代表大会，正式成立中国共产党。上海共产党早期组织即以老渔阳2号为联络处，由李达、李汉俊出面进行了具体的筹备，致函各地共产党早期组织委派代表，确定会议地点和日程，起草并刻印有关文件，如沈雁冰翻译了《俄国共产党党章》供作大会参考文件。李汉俊去了武汉，让董必武给北大黄侃写信，由黄侃告其夫人、博文女校校长黄绍兰，将校舍借给以“北大暑期旅行团”名义的各地会议代表。心领神会的黄绍兰便让教职员全体离校，只安排一位不识字的工役任厨师兼门房，接待代表入住。李达则委妻子王会悟具体负责代表食宿。

1921年7月23日，中共一大在望志路106号（今兴业路76号）如期召开了。

会议期间，博文女校和老渔阳里2号都是代表们酝酿、交流和讨论问题，起草和修改文件的场所。李达、李汉俊、张国焘等于全体会议之外，又多在老渔阳里2号研究和处理会务。特别是7月30日，会议因密探闯入而中断。当夜，李达、毛泽东、周佛海等部分代表，在老渔阳里2号研商继续会议的办法。之后，旋由李达委王会悟赶次晨早车去嘉兴南湖安排，使会议得以完满成功。

七、最早的党中央所在地

中共一大，选举成立了由陈独秀、张国焘、李达组成的中央局，书记陈独秀。9月陈独秀返沪，专任党中央工作。自此，举凡中央局会议、会晤各地来沪汇报或请求指示的同志，都在老渔阳里2号。

因1921年10月4日和次年8月9日，陈独秀于此两次被法租界巡捕逮捕。1922年，张国焘去京后又赴俄，中央局才另租他处。

渔阳里有幸，得有如此两处史迹，成为中国历史大变动伟大开端的红色起点。这是渔阳里的光荣，更是上海的光荣。

1951年上半年，党中央委托上海寻找中共一大会址及有关史迹。经查勘后，老渔阳里2号即修缮一新，不久辟为上海革命历史纪念馆第二馆。1959年5月26日和1980年8月26日，两次公布为上海市文物保护单位。新渔阳里6号，继1959年5月26日公布为上海市文物保护单位后，1961年3月4日，又公布为全国重点文物保护单位。

发动反袁武装起义

早在酝酿成立中国共产党之前，这儿已经有革命者在活动着，其中最重要的是1915年12月中华革命党在此设立上海总机关部，领导发动了反袁世凯的武装起义。

袁世凯窃得辛亥革命胜利成果后，反革命面目日露，镇压革命派，实行独裁，进而复辟帝制。孙中山为首的革命派继二次革命失败后，1914年7月，在日本成立中华革命党，坚持斗争。9月20日，负责上海与东南方面党务及军事的范鸿仙被刺身亡，1915年夏，陈其美来沪，经吴忠信恳请，孙中山委陈主持上海与东南方面工作。时陈其美入住老渔阳里5号，先与叶楚伧谋划出版《民国日报》，10月底又组设上海总机关部，并在萨坡赛路14号（今中海大厦东侧）设立用于高层会议的秘密机关，在宝康里34号（今瑞安广场）等多处设立实行部机关，匿居行动队员，部署新的反袁军事斗争。

陈其美制订了在沪袭取海军，攻打上海镇守使署和驻沪海军司令部所在地上海制造局，占领吴淞要塞，控制上海，进而向南京、杭州发展的计划。经过精心安排，11月10日，由孙祥夫指挥，王晓峰、王铭山执行，尹神武策应，在外白渡桥一举击毙上海镇守使郑汝成。当时，8月下旬开始营建的新渔阳里，刚建成最南端的二排，遂租为仓库，储备军械弹药。12月初，孙中山批准该计划，任命黄鸣球为海军司令，陈其美为淞沪司令长，吴忠信为参谋长，杨虎、孙祥夫为海军陆战队正副司令。旋经具体部署，由杨、孙各率一部分占肇和、应瑞、通济各舰，炮击上海制造局，并以此炮声为号，夏之屿、薄子明、陆学文、阚钧等各从陆路分攻警察局、第一警察署、南市工程总局、电话局、电厂等处，陈率吴忠信、蒋介石、徐朗西、丁仁杰、周应时、俞信大等进据南市工程总局，以该局为前线指挥所指挥，周淡游、杨庶堪、邵元冲留守总机关部，负责后勤。发动不久，孙祥夫一路为租界巡捕所阻，进袭应瑞、通济未果，陆上各路亦攻占不利，陈、蒋诸人正在总部商议办法之际，法捕房大批巡捕涌来。原来连日人员进出频繁，引起注意，为6号一名法侨举报，棘陈果夫等在楼下拦阻巡捕，诸人才得隙从阳台翻墙越屋而去。而周旷生、丁锦良、丁仁生、吴祝三四人刚出弄口，还未走到霞飞路，即被守候着的捕探抓走。陈其美离去后，避匿于白尔部路新民里11号（重庆中路35弄，已拆，今金陵西路、南北高架路东南绿地）蒋介石宅。杨虎一路独木难支，亦告败绩，总机关部随即撤销。此举虽败，却打响了护国战争第一枪，功不可没，史称肇和起义。

名人史迹多多

此外，新老渔阳里的史迹及名人旧居尚多，如在1919年上海五四运动中影响巨大的上海学生联合会，曾于6月9日由静安寺路迁新渔阳里14号，其《上海学生联合会日刊》编辑部设同里20号。还有1919年9月，上海各界联合会发行的《正义周刊》，1925年五卅运动中的《救国日报》，都曾设新渔阳里内。曾寓的历史名人如安徽辛亥革命领导人柏文蔚、北京五四爱国运动学生领袖许德珩，先后住老渔阳里2号；国民政府外交特派员、外交家郭泰祺曾住老渔阳里5号；国民政府中央研究院总干事、后为军统杀害的杨杏佛住老渔阳里7号；国民党元老叶楚伧住老渔阳里8号；国民党元老戴季陶、沈卓吾曾分住新渔阳里6号和8号等。韩国独立运动领导人，曾任临时政府法务总长、代总理兼外务总长申奎植和他女婿闵石麟曾住老渔阳里5号。韩国独立运动另一位领导人朴殷植领导的自由馆和金元庆领导的爱国妇人团，也曾设新渔阳里。20世纪30年代，钱币学家张季量也曾居住老渔阳里2号，后来成为我国钱币学泰斗的马定祥就是在这里师从他的。他的儿子张开济是著名建筑设计师，北京天安门观礼台、钓鱼台国宾馆、北京天文馆、中国历史博物馆、中国革命军事博物馆等重大建筑就是由他任总设计师担纲建设的。

一点建议

新老渔阳里的历史地位，众所周知，但一直没有得到应有的重视。穷根溯源，就是因为老渔阳里 2 号是陈独秀的寓所。陈独秀是中国的普罗米修斯，因为他的入住带来了《新青年》编辑部，团起了一大群先进的中国人，组建了马克思主义研究会、共产党早期组织和社会主义青年团，成立了中国共产党，并在此设立了中央局，成为最早的党中央所在地。陈独秀在此居住了一年多，撰写了大量的文章，在此会见过无数中外人士，在历史上留下了极为深刻的印记。于今，该到了进一步正确评判他历史功过的时光。老渔阳里 2 号，自 1958 年后一直用作出版系统下属单位的职工宿舍，改革开放后，前排房屋又办起了韩国餐馆，污水排放于门前，建筑更日趋旧圮。近年，革命遗址大多得到开发与利用，陈独秀在安庆的墓葬也已修复，新渔阳里正在进行维修和开发，而此处依旧无人过问，实在太不公正。特借此一角作一呼吁，希望尽快将新老渔阳里统一规划，切实维修保护，认真开发利用，使之成为上海一处进行爱国主义教育和革命传统教育的基地和旅游基地。

（许洪新，渔阳里历史文化研究会常务理事）

百年风雨渔阳里

李　瑊

老渔阳里 2 号，今天的南昌路 100 弄 2 号，是陈独秀在上海的一处寓所，也是当年影响深远的《新青年》编辑部所在地，还是中国第一个共产党早期组织的创建地、中国共产党第一届中央局所在地。陈独秀被称为新文化运动时期“思想界的明星”“五四运动的总司令”，他于 1920 年春——1922 年底居住于此，使得这幢看似普通的民宅，又平添了些许浓重的、不平凡的历史印迹。

“三馆”合一的隆重纪念

中华人民共和国成立后，为迎接建党 30 周年纪念日，中央指示，对建党初期的历史遗迹进行寻访调查。1950 年 9 月中旬开始，在中共中央指示下，中共上海市委非常重视对中共一大会址及有关建党初期史迹的勘实工作，指示市委宣传部负责进行此事。时任市委宣传部副部长的姚溱具体负责这项工作，上海市文化局社会文化事业管理处处长沈之瑜和宣传部干部杨重光等人具体落实。

沈之瑜、杨重光接受这一任务后，深知这项任务的重要，立即全身心地投入寻访工作。沈之瑜通过上海市公安局局长扬帆了解到，中共一大代表之一周佛海的儿子周之友（原名周幼海）就在扬帆手下工作。于是他们找到周之友，周向沈之瑜等提供了寻找中共一大会址的重要线索：第一，他的母亲杨淑慧现在上海。中共一大召开期间，周佛海曾带杨淑慧去过开会的那座房子，也曾叫她往那里送过信；第二，周佛海写过一本《往矣集》，其中谈及出席中共一大的情形。于是，沈、杨等人找到杨淑慧，开始找寻中共一大会址及相关红色史迹。

杨淑慧领着沈之瑜等人去寻觅当年的旧址时，她首先找到的是老渔阳里 2 号。当年陈独秀的夫人高君曼为她介绍认识了周佛海，因此常至其地，对这幢石库门房子极为熟悉。南昌路原称环龙路，虽然时易势移，几十年过去了，但这里没有特别大的变化，外观基本保持当年的模样，虽然时隔多年，杨淑慧还是一眼就认了出来。

老渔阳里 2 号不仅是陈独秀的寓所，还是当年影响巨大的《新青年》杂志的编辑部，这幢石库门建筑一楼一底，一个小天井，天井四周是围墙，杨淑慧回忆：1921 年，在召开中共一大的时候，陈独秀不在上海，而在广州。他的夫人高君曼带着两个孩子住在楼上。开会期间，李达和夫人王会悟也住在这里。她和周佛海结婚以后，也曾经住过这里的亭子间，所以印象很深。她说："这房子两上两下，从大门一进来是客堂间——陈独秀的会客室。我印象很深的是，客堂间里挂着一块小黑板，上面写着'会客谈话以 15 分钟为限'。客堂间里还有一只皮面靠背摇椅，陈独秀常常坐在这只摇椅上。"又说："这里原先有一个水泥的水斗，上面有个自来水龙头，平常是用来洗拖把的。有时，我们用木塞塞住水斗的出水口，放满了水，用来浸西瓜……"①

① 叶永烈：《红色的起点：中国共产党建党始末》，四川人民出版社 2016 年版，第 9 页。

根据几个月缜密细致的查证，至 1951 年 4 月，分别核实了兴业路 76 号是召开中国共产党第一次全国代表大会的会址所在地（简称中共一大会址），南昌路铭德里 100 弄 2 号是中共成立后的中央工作部（即《新青年》编辑部）旧址，太仓路 127 号则为中共一大会议期间代表们的住宿之地。中共上海市委派人将兴业路的一大会址、《新青年》编辑部、博文女校等处拍了照片。其间还专门派杨重光携带三个馆的照片，到北京征询请示有关方面的意见，又专门邀请了李达来沪帮助勘察工作。

上海找到这三处富有纪念意义的重要革命史迹后，立即向中央做了报告。中央对此高度重视，多次顾问此事，并就开发利用作出指示。1951 年 7 月 3 日，中央致电上海市委："中央认为这几个地方如属可靠，即可用适当方式保存留作纪念。但据报告这些房屋都极破旧，恐不易久存，望你处研究一下，这些地址是否确实，及是否可能保存，保存下如何利用，如何布置，并望将你们的意见电告。"据此，上海方面随即又对此三处房屋进行了仔细的勘察和调查。认为："以上三处房屋，均保持卅年前之原形。"兴业路 76 号"房龄三十余年，尚牢固，很可保存。现有居民数家，均为小工商业从业员"。老渔阳里 2 号，"房屋尚新，相当牢固，可保存"。太仓路博文女校，"房屋较破落，但经修筑后也可保存"。因此，"鉴于这三处地方，均有重要历史意义，故亟应迅速修筑，辟为革命历史博物馆，我们拟组织一专门委员会，进行修筑、整理、布置工作"①，并在修缮后作为永久性的革命纪念馆，对外开放利用。

从 1951 年 7 月开始，上海市政府对这三处部分建筑的居民实施了动员搬迁。7 月 25 日，中央致电华东局转上海市委，指示搬迁工作必须体

① 老当：《上海最早确认的三处革命遗址》，《上海城市发展》2014 年第 3 期。

谅群众的难处："必须待原住户真正同意后再办，万勿急躁勉强，引起群众反感。"据此精神，有关方面在附近准备了适当的房源，以便原住户调换，并尽量满足住户的合理要求。一般来说，住户调换的房子大都比原来大，解决了拥挤的问题；对部分生活比较困难的家庭，搬家时补贴了搬运费；对无法承担新房租金的家庭，酌情予减免租金；住户原来自己搭建的阁楼，要求拆除的，代为拆除后发还材料，不愿的补偿其材料费；部分可迁移的店铺，尽快帮其办理电表、电话的迁移工作。可谓细致周详，考虑极其周到。居民也因为自己居住的房屋是革命纪念地，感到十分光荣，积极服从大局，主动搬迁。这次置换工作很成功，群众很满意。① 置换动迁工作结束后，又对三馆进行了修缮工程。

1951 年 10 月 8 日，中共上海市委决定，将中共一大会址（原望志路 106 号，现兴业路 76 号），南昌路铭德里二号（即原环龙路渔阳里 2 号，现南昌路 100 弄 2 号）中共成立后的中央工作部旧址，太仓路 127 号（原蒲柏路一二七号）中共一大代表宿舍三处史迹联合组成上海市革命历史纪念馆，即第一馆——中国共产党成立时举行第一次代表大会的建筑物，当时是李书城和李汉俊的住宅；第二馆——党成立后第一个工作中心，当时是陈独秀的住宅；第三馆——党的第一次代表大会时，部分代表（毛泽东、董必武等同志）的临时住宅，当时是博文女校。以"三馆合一"的形式，隆重纪念中国共产党成立这一"开天辟地"的历史大事。

1951 年 10 月 22 日，中共上海市委宣传部决定，上海革命历史纪念馆第一馆即中共一大会址，以展览党的史料和毛泽东著作为主，第二馆即中央工作部旧址，以展览工人运动史料为主；第三馆一大代表宿舍，以展

① 老当：《上海最早确认的三处革命遗址》，《上海城市发展》2014 年第 3 期。

览毛泽东生平事迹为主。[①]1952年1月初，成立了上海革命历史馆纪念筹备处，隶属上海市文化局。随之决定成立上海革命历史纪念馆管理委员会，设计并领导上海革命历史纪念馆的工作，以夏衍、陈虞孙、方行、沈之瑜、杨重光组成上海市革命历史纪念馆管理委员会，并草拟《上海革命历史纪念馆建设计划与说明文字》，送呈中央宣传部审核。

到1952年5月，上海革命历史纪念馆第一、第二、第三馆修缮一新，第一、第二馆补充陈列展品初步就绪，第三馆恢复原状布置亦大体完成。6月3日，上海革命历史纪念馆第一、第二、第三馆首次接待参观瞻仰，首位参观者是中国人民解放军福建军区司令员叶飞。

7月1日《解放日报》刊登杨重光的文章《"星星之火，可以燎原"——记上海三个革命历史纪念馆》，同时发表专题报道：《上海革命历史纪念馆经一年修建已初步完成》。[②]

为纪念中国共产党第一次全国代表大会而成立的上海市革命历史纪念馆，经过近一年修建，已经初步修建完毕。该馆共分三部分，第一部分是中共第一次全国代表大会的会议室，第二部分是党成立后第一个总部的办公室，第三部分是会后毛泽东及其他出席会议的代表居住的地方，太仓路127号。正式成立了上海革命历史纪念馆第一馆、第二馆和第三馆。

1952年7月2日，上海市市长陈毅、副市长潘汉年及上海市委、市政府领导方毅、刘长胜、陈丕显、王尧山等前往参观瞻仰。以后陆续有中外宾客及各界代表前往三馆参观。

---

① 上海市档案馆：《中共上海市委宣传部关于上海革命历史纪念馆建设计划向市委、中宣部的请示》1951年10月22日，上海档案馆卷宗号：A22-1-32。

② 杨重光：《"星星之火　可以燎原"——记上海三个革命历史纪念馆》，1952年7月1日《解放日报》。

1952 年 9 月，中共上海市委宣传部批准了《上海革命历史纪念馆参观暂行办法》，其要点是：（1）暂作有限制的内部开放；（2）参观批准权暂属市委宣传部；（3）每次参观一般不超过 50 人。同时还要求印制中、俄、英、法四种文字的《上海革命历史纪念馆》简介纪念册，内容主要介绍纪念馆三个馆的历史情况，可作为外宾、首长参观后赠送的纪念品。[①]

其间，各馆的内部陈列布置进一步完善，1952 年 6 月 18 日，上海革命历史纪念馆管理委员会委员沈之瑜、杨重光等人向市委建言，制作三个纪念馆的大理石说明牌。1953 年 11 月，上革筹备处编写完成三个馆的讲解稿初稿及陈列资料说明，同时还编写了讲解注意事项、参观暂定办法和规则等。

湮没市尘的革命史迹

1953 年 2 月，根据文化部《修缮革命建筑及成立革命纪念馆应以恢复原状为原则》的通知精神，上海革命历史纪念馆筹备处开始制作三个纪念馆的模型。6 月 19 日，上海市委宣传部派上革筹备处沈子丞副主任将纪念馆三个馆的模型送达中央宣传部审查。

中共一大代表、时任国务院参事的包惠僧于 1953 年 9 月 15 日致函中央宣传部，回忆了有关中共一大会址、团中央机关旧址的情况。1954 年 3 月，包惠僧及李书城夫人薛文淑在上海革命历史纪念馆筹备处工作人员陪同下，专程从北京来到上海。包惠僧在沪期间察看了三个纪念馆，并提出了自己的意见，还协助调查了新渔阳里 6 号，即当时中共的第一个干部学校——外国语学社原址（今淮海中路 567 弄 6 号）和辅德里六二五号办事

① 中共一大会址纪念馆编：《中共一大会址纪念馆 60 年大事记（1952—2012）》，上海辞书出版社 2011 年版，第 5 页。

处（即当时的人民出版社原址，也是中共二大会址，李达寓所，今老成都北路7弄辅德里30号），以及北成都路劳动组合书记部的原址。①

包惠僧于1954年3月17日又撰写了《勘察上海革命历史纪念馆的几点意见和几点回忆》及后续的补充记录，详尽记述了老渔阳里2号和新渔阳里6号在中国共产党第一次全国代表会议召开前后所发生的情况。1957年6月，上海革命历史纪念馆工作人员再次前往北京走访了李达、包惠僧、薛文淑、刘仁静等当事人，并向国家文物局领导汇报了调查情况。

50年代初，根据中央指示，上海市委确定了一大会址、中央工作部暨《新青年》编辑部、博文女校三个地点作为上海革命历史纪念馆，“三馆”互为补充，相得益彰，构成了中国共产党创建诞生的全貌，应该是有着全局考虑和整体规划。

第一馆是1921年中国共产党全国代表大会开会的地点，对此，各方人士没有大的异议，但对于位于老渔阳里2号的中央工作部暨《新青年》编辑部却有不同的意见，文化部社会文化事业管理局有关领导审查后认为：陈独秀、李汉俊二人的房间似可不必恢复原状；即使纪念馆布置好，恐亦只能对内开放，一则房屋不牢固，观众太多，必定损坏，二来，纪念馆的布置对观众影响很大，在未确认定型之前，实不宜对外开放。②中共中央宣传部有关领导看过三个馆的模型及调查记录后提出：最初的中共中央机关设在老渔阳里2号的时期究竟有多久？因为1921年10月陈独秀在老渔阳里2号家中被捕，“在出事之后，中共中央是否还能设在该处，实

---

① 上海市档案馆：《关于上海革命历史纪念馆筹备工作的经过情况和初步意见》1954年4月12日，卷宗号：A22-1-184。

② 上海市档案馆：《报告》，卷宗号：A22-1-127。

属疑问。如果在该处只有一两星期的时间，那纪念性就不大”。[①]1954年2月，该领导等视察后指示：“三个馆布置方针未确定前，尽量以不开放为宜。”[②]而且鉴于当年的历史背景，在对外介绍时，往往只说此处是党中央的第一个领导机关，即中央机关局所在地，而不提中央局书记是陈独秀。[③]

1954年11月20日，中共上海市委宣传部又向市委呈报了《关于上海革命历史纪念馆问题的请示》提出：三年来，曾有许多负责同志、有关人士以及少数外宾作了参观。他们一致认为：认真地办好革命历史纪念馆，不仅对了解上海革命历史有极大作用，而且对于了解和研究中国革命历史亦有很大作用。因此对纪念馆的建馆方针、办法及加强领导等问题，亟须明确决定。报告向市委提出几点建议：（1）迅速着手将第一馆恢复原状，并计划在周围修建一个完备的革命历史纪念馆。（2）第二、第三馆可暂封闭，不再开放，注意保管，供专门研究之用。（3）新渔阳里6号应根据现有资料恢复原状布置。[④]

12月10日，中央宣传部亦向中共中央报送了《关于上海革命历史纪念馆布置问题》的报告，指出：目前“这三个纪念馆的房屋都很狭小，在布置上也有困难，如第一馆有李汉俊卧室，第二馆有陈独秀卧室，第三馆有原博文女校教室等，如把这些私人卧室和教室都恢复原状，既无可观，亦难讲解”。报告认为：“一大是值得纪念的，会场可完全恢复原状，其他

① 中共一大会址纪念馆编：《中共一大会址纪念馆60年大事记（1952—2012）》，第6页。

② 《上海文物博物馆志》编纂委员会编：《上海文物博物馆志》，上海社会科学院出版社1997年版，第16页。

③ 老当：《上海最早确认的三处革命遗址》，《上海城市发展》2014年第3期。

④ 上海市档案馆：《关于上海革命历史纪念馆问题的请示》1954年11月20日，卷宗号：A22-1-184；《中共一大会址纪念馆60年大事记（1952—2012）》，第7页。

部分及中央工作部所在地、代表宿舍，和其他地点的纪念意义不大，均可不恢复，但如只就大会原址布置革命历史纪念馆，显然是不够的，必须在附近适当地点另建一座革命历史纪念馆，将一大会址作为附属于它的一部分。”“目前三个纪念馆可暂不开放，由上海市委与中央文化部联系着手制订分期实现的详细计划，送中央批准后执行。”①

1955 年 1 月 15 日，上海市委将市委宣传部《关于上海革命历史纪念馆问题的请示》转报中共中央宣传部，并表示关于上海革命历史纪念馆问题，中共上海市委基本同意宣传部意见，即第一馆中共一大会址和新渔阳里 6 号团中央机关可布置为纪念馆，第二、第三馆可以封闭，作为纪念馆办公用。自此以后，除第一馆中共一大会址仍继续开放外，第二、第三馆停止参观。博文女校旧址改为上海市京剧团职员宿舍，“文革”期间一度收回，1977 年，修缮后重新公布为市级文物保护单位。

原本与中共一大会址、博文女校组合成为上海革命历史纪念馆的第二馆老渔阳里 2 号，1959 年 5 月 26 日、1980 年 8 月 26 日，两次被公布为上海市文物保护单位。其后改为市文化局下属单位宿舍，后又为上海美术设计公司宿舍。70 年代后有居民入住。自此，老渔阳里 2 号一直作为民居，这一曾历经风雨的石库门建筑，宠辱不惊，默然矗立在喧嚣的闹市之中，静观人间世事的沧桑变迁……

渔阳里的红色记忆

“渔阳里”是当年上海法租界的一条石库门弄堂，老渔阳里 2 号位于渔阳里南端，1912 年建成。这处看似寻常的石库门建筑，却与中共的诞

① 《中共一大会址纪念馆 60 年大事记（1952—2012）》，第 8 页。

生及初期活动紧紧地维系在一起，当年，新老渔阳里相距不过几百米，有一条小道南北相通，渔阳里精英们指点江山，激扬文字，为灾难深重的民族开太平，为水深火热的众生谋福祉。在这里完成了建党伟业的筹建工作，“渔阳里”因此成为中国共产党的发源地。

1950年初，老渔阳里2号跻身上海革命历史纪念馆三馆之一，是因为这里被定位为“中国共产党成立以后的第一个‘总部’”。① 当时的许多调查资料也都有着共同的“指向”：1921—1923年中国共产党中央书记处在这里办公。据李达回忆：“1921年7月，党成立代表大会开会以后，成立了中央工作部……九月间，陈独秀辞去广东教育厅长，回到上海专任党中央书记，他住在渔阳里二号（他的家是住在楼上的），中央三人的集会是在老渔阳里2号楼下客堂或统厢房举行的。”李达明确认为：“由以上所述看来，我们把第一次代表大会以后成立的中央工作部，确定为老渔阳里二号，是合乎实际的。”

1952年7月1日《解放日报》刊文记载：

上海革命历史纪念馆第二馆在南昌路铭德里二号。1921—1923年，中国共产党中央书记处在这里办公。当时毛泽东同志曾经一度在这里工作。这期间，中国共产党集中力量领导了中国的工人运动。在党的第一次全国代表大会闭幕之后，党就成立了一个公开做工人运动的总机关——中国劳动组合书记部。书记部出版了自己的《劳动周刊》。自1921年1月起到1923年2月止，由于党的有效活动，掀起了中国第一个罢工运动的高潮。这一时期，罢工共逾百次以上，罢工人数

① 上海市档案馆：《上海革命历史纪念馆建设计划与说明文字》，卷宗号：A22-1-32。

三十余万人，而党对工人运动的领导，都是由这个党的中央总部来指挥的。

实际上，老渔阳里 2 号的历史作用和影响还不止如此，位于法租界新区的“渔阳里”，由于其区位优势、功能特点、人文环境，中国共产党酝酿、筹备等许多活动都在这里进行，在这片街区内，中国先进知识分子完成了精英集聚、理论宣传、阶级动员、人才培养、组织创建、筹建全国代表大会等项工作，因此，此地实可谓中国共产党的发源地，中国共产主义运动的策源地。

1954 年 2 月，李达对于上海革命历史纪念馆来函承询当年党中央工作部地址和党第二次代表大会开会地点的问题，回复该馆负责同志说：一九二〇年夏季，中国共产党（不是共产主义小组）在上海发起以后，经常在老渔阳里 2 号新青年社内开会，到会的人数，包括国际代表维经斯基（化名吴廷康）在内，约有七八人，讨论的项目是党的工作和工人运动问题（当时在杨树浦组织了一个机器工会）“党的集会，一直是在老渔阳里二号举行的”。1957 年 6 月 7 日，上海革命历史纪念馆筹备处工作人员访问李达时，他又强调：党的中心应由博文女校和老渔阳里 2 号为中心。①

包惠僧在《勘察革命历史纪念馆的几点意见和几点回忆》中说道：第二馆是陈独秀的住宅，“在陈独秀没有去广东之前，这个地方是经常集会之所”②。陈望道也回忆：我们时常在环龙路渔阳里二号开会（现在改为纪念馆），陈独秀住在这里，我后来也搬到这里来住。

---

① 1954 年 2 月 23 日李达给上海革命历史纪念馆筹备处的复信。《党史资料丛刊》1980 年第 1 辑，第 20、22 页。

② 包惠僧：《勘察革命历史纪念馆的几点意见和几点回忆》，1954 年 3 月 17 日。

在50年代初期，老渔阳里2号被确定为上海革命历史纪念馆第二馆后，从100弄2号开始，动迁了一些民居。据1952年即在此居住的宋瑛女士说：当年有一道围墙隔在100弄和102弄之间，102弄的门柱上刻有“园村”两个字，其门柱要比100弄口往街外延伸1米多。100弄门口还有一口井。后来为了解决上海的住房问题，南昌路100弄的过街弄被用来建造一排房子，所以水井也被填没了。宋女士的父亲是南下干部，曾担任上海铁路局局长，因此当时他们入住的102弄4号是铁路局的招待所。

宋女士回忆说：她1952年随父母入住102弄4号时，因为老渔阳里2号是为了纪念中国共产党成立的三个革命历史纪念馆之一，因此，100弄2号和4号弄口每天有两个解放军战士站岗，他们家有一个从北方来的保姆，对解放军很有好感，还与其中的一位战士谈恋爱。到50年代中期老渔阳里2号闭馆后，站岗的解放军战士才撤离。

曾住在附近的居民王先生也说，他的父亲是50年代在此看管房子的工作人员，因此他对这一地区也非常熟悉。弄堂口的水井上方有个佛龛；在渔阳里100弄靠近淮海路之处，有一个供应早点心的馒头店。100弄过街弄有一段路是鹅卵石铺成的弹格路，其余路段都是水泥地。

1978年，赵文来、陈莉芳夫妇因为原住房太过窄小，与老父亲从自忠路一间9平方米的亭子间搬到了老渔阳里2号。房子是陈莉芳的工作单位上海美术设计公司分给住房困难户的。老赵回忆道：“这幢楼一共有2层，分给我们的是底楼，搬来的时候就知道，50年代，这里做过上海革命历史纪念馆第二馆，后来作为文化局的单身宿舍。”以后老渔阳里2号又陆续搬进了三户人家。

赵文来所住的房子是一楼的客房间，当年就是《新青年》杂志的编辑部，50年代初改为革命历史纪念馆后，曾在东面墙上挂有一块镶木边的玻璃镜框，上面写着：一九二一——二三年中国共产党中央工作部在这里办公，领导当时党的日常工作，毛泽东也曾一度在这里工作。

当年，卢湾区文物保护所的工作人员告诉赵文来夫妇，这里的房屋有特殊意义，所以不能擅自改动，悬挂在卧室墙上的那块镜框，后来改为汉白玉的石牌，也不能移除，更不能让家具遮挡。赵文来夫妇俩信守承诺，寓居老渔阳里 2 号的四十多年里，他们没有对房屋结构进行过任何装修，家里也不敢购置大体量的家具，甚至因为年代久远，门窗多有缝隙，他们也不敢修缮，生怕破坏了房子结构，所以寒冬腊月，也只能任由瑟瑟寒风从外面灌进来，这是住在这个特殊的房子里的代价，但是赵文来夫妇顾全大局，毫无怨言。

2015 年 6 月，上海市中共党史学会成立了二级组织渔阳里历史文化研究会，专门从事有关渔阳里的研究宣传工作。研究会通过举办学术论坛、讲座，印制散发宣传小册子等各种方式，宣传“渔阳里”在中国革命史上的光辉业绩。在社会各界的积极努力下，这处“湮没市尘人未识”的革命纪念地被越来越多的人所知晓，许多本地、外地甚至许多外国研究者及游客闻名而至。2018 年 6 月 12 日黄浦区正式实行了“革命遗址保护项目”，对南昌路 100 弄 2 号（老渔阳里 2 号）进行置换，原住的居民另外安排住所，老渔阳里 2 号将恢复其革命历史纪念馆的功能。2018 年 10 月，老渔阳里 2 号正式完成搬迁任务。

百年风霜在这里留下了一抹沧桑，但渔阳里这个初心之地却依然熠熠生辉，老渔阳里 2 号，这幢百年石库门建筑即将迎来新生！

（李瑊，历史学博士，上海市中共党史学会渔阳里历史文化研究会会长）

人物风采

上海渔阳里：中国共产党的初心孕育之地

陈独秀坐镇老渔阳里 2 号

徐光寿

中国共产党的诞生是一个完整的历史过程，经历了从 1920 年 8 月中国共产党第一个早期组织的创立，经 1921 年 7 月中共一大的召开，终至 1922 年 7 月中共二大的召开，历时两年之久。这个过程恰恰都发生在陈独秀居住在上海法租界环龙路老渔阳里 2 号（今南昌路 100 弄 2 号）的 1920 年 4 月至 1922 年 9 月期间，可以说，是在老渔阳里完成了开天辟地的建党伟业。老渔阳里 2 号不仅是《新青年》编辑部和陈独秀故居，而且是中国早期共产主义者的聚集地，中国共产党的筹备处和中共中央机关所在地。

在上海，陈独秀有了第一个稳定住所

20 世纪 20 年代，上海法租界有条名为渔阳里南北走向的旧式里弄，一段朝向环龙路（今南昌路），称老渔阳里。另一段通向霞飞路（今淮海中路），叫新渔阳里。老渔阳里建于 1912 年至 1936 年，内有砖木结构两层石库门楼房 8 幢，其中的 2 号坐北朝南，为二层砖木结构的旧式石库门住宅，原为辛亥革命时期安徽都督柏文蔚的私宅，人称“柏公馆”。

关于“柏公馆”的内部结构。改革开放以来，著名学者、上海社会科

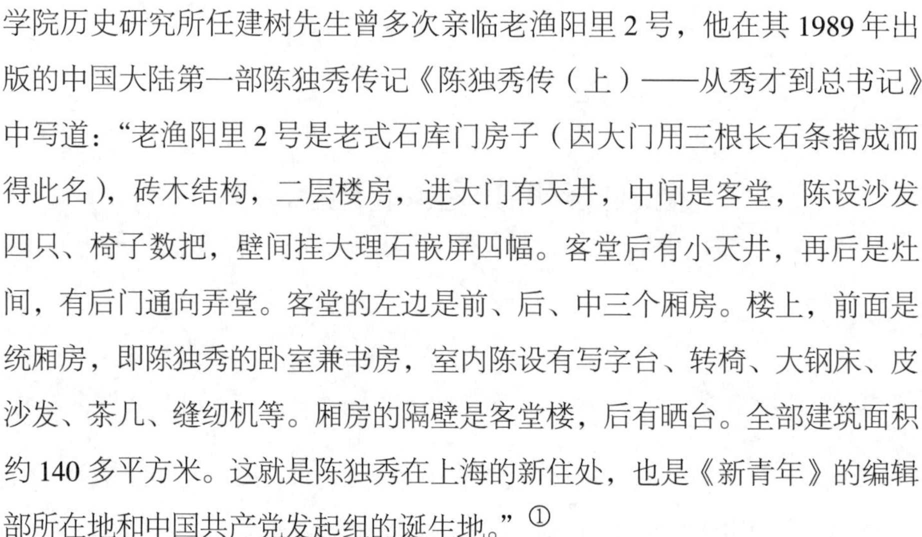

学院历史研究所任建树先生曾多次亲临老渔阳里2号，他在其1989年出版的中国大陆第一部陈独秀传记《陈独秀传（上）——从秀才到总书记》中写道："老渔阳里2号是老式石库门房子（因大门用三根长石条搭成而得此名），砖木结构，二层楼房，进大门有天井，中间是客堂，陈设沙发四只、椅子数把，壁间挂大理石嵌屏四幅。客堂后有小天井，再后是灶间，有后门通向弄堂。客堂的左边是前、后、中三个厢房。楼上，前面是统厢房，即陈独秀的卧室兼书房，室内陈设有写字台、转椅、大钢床、皮沙发、茶几、缝纫机等。厢房的隔壁是客堂楼，后有晒台。全部建筑面积约140多平方米。这就是陈独秀在上海的新住处，也是《新青年》的编辑部所在地和中国共产党发起组的诞生地。"①

至于"柏公馆"的舍内陈设。据中共一大前后曾在此地逗留一年之久的包惠僧1954年回忆："楼下的堂屋是堆满了《新青年》杂志和新青年社出版的丛书，统厢房前半间有一张假红木的八仙桌，有几把椅子，也有几张凳子，没有什么红木家具。楼上的统厢房是陈独秀夫妇的卧室，统楼是陈独秀的书房，书柜书架，堆满了书，排列在东北二方，靠南的窗下有张写字台，写字台的两边都有椅子，另有一方靠壁有张小圆桌，圆桌靠壁的南北各有椅子一张，我记得家具都是很普通的，并不是什么红木家具，不过照乡下人看起来，说是假红木的家具也可以。陈独秀夫妇的卧室在当时的眼光看起来算是很漂亮，有铜床、有沙发、有梳妆台、有写字台，壁上还挂了几张精致的字画。"②

"柏公馆"何以成为陈独秀的住所？这要从柏文蔚、陈独秀二人长期

---

① 任建树：《陈独秀传（上）——从秀才到总书记》，上海人民出版社1989年版，第178页。

② 包惠僧：《勘察革命历史纪念馆的几点意见和几点回忆》（1954年3月17日）。

的历史交往和深厚的革命友谊说起。

陈独秀是安徽安庆人，柏文蔚是安徽寿县人。同为书香门第的出身（均为1896年的秀才）、鄙视科举的心态使得二人有着相似的人生态度。是辛亥革命大潮将安徽南北两地的陈、柏二人联系起来。柏虽年长陈3岁，但1903年5月曾以安徽大学堂学生的身份听取留日学生陈独秀在安庆爱国会的拒俄演说，并因此被开除学籍，陈亦因此遭到通缉亡命日本。1904年，陈独秀在安徽芜湖组建反清革命团体岳王会自任总会长，成为安徽地区资产阶级革命领袖。柏、陈二人不仅是安徽公学的同事，又是岳王会的战友，但陈是柏的上级，二人相约于1905年暑期前往柏的家乡寿县联络革命同志以壮大革命力量。柏随后投奔江苏新军，兼任岳王会南京分部会长，旋任第三十三标二营管带，得以率南京分部成员集体加入中国同盟会从而转入革命的主流，而陈则因种种原因终未加入[①]。这虽导致了二人后来不同的人生走向，但其革命友谊已然形成。

随着资产阶级革命形势的发展，柏、陈二人的革命友谊不断加深。1911年武昌起义爆发后，安徽于11月8日宣布光复。首任都督朱家宝治皖无方，革命党人孙毓筠取而代之，并邀陈独秀为都督府秘书长。但孙出身淮上名门，原为纨绔子弟，留日期间倾向革命，曾捐私产10多万充作革命经费而获同盟会领袖的信赖。辛亥革命失败后，孙即脱离同盟会并离开安徽北上投靠袁世凯，时任南京临时政府第一军军长柏文蔚1912年4月奉命接任安徽都督兼民政长。柏以陈独秀“学识优长，宗旨纯一”，任命为都督府秘书长，并对陈言听计从，十分信任。在柏的支持下，陈大刀

① 参见沈寂：《辛亥革命时期的岳王会》，《历史研究》1979年第10期。

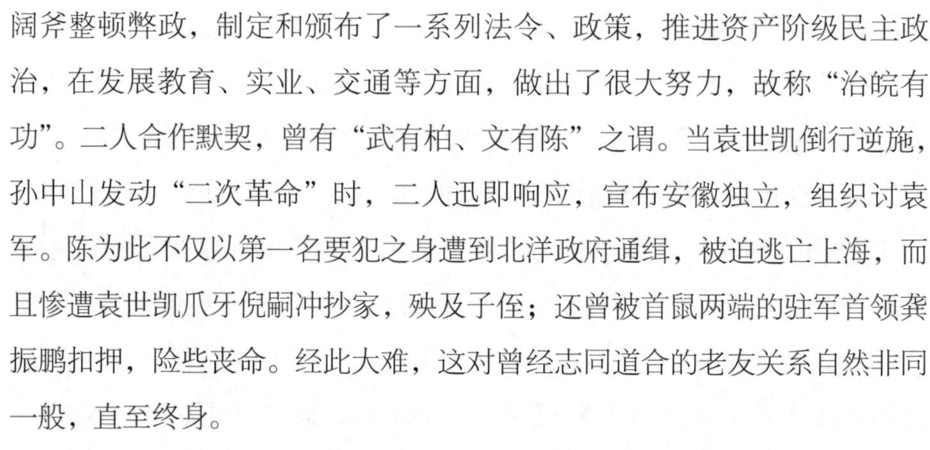

阔斧整顿弊政，制定和颁布了一系列法令、政策，推进资产阶级民主政治，在发展教育、实业、交通等方面，做出了很大努力，故称“治皖有功”。二人合作默契，曾有“武有柏、文有陈”之谓。当袁世凯倒行逆施，孙中山发动“二次革命”时，二人迅即响应，宣布安徽独立，组织讨袁军。陈为此不仅以第一名要犯之身遭到北洋政府通缉，被迫逃亡上海，而且惨遭袁世凯爪牙倪嗣冲抄家，殃及子侄；还曾被首鼠两端的驻军首领龚振鹏扣押，险些丧命。经此大难，这对曾经志同道合的老友关系自然非同一般，直至终身。

此次亡命上海，陈独秀仍然居无定所，随即第五次亦即最后一次奔赴日本，进入雅典娜法语学校刻苦学习法语，同时襄助章士钊编辑《甲寅》杂志，结识了三个以后对他的人生有深刻影响的朋友：李大钊、吴虞、易白沙。1915 年 6 月 20 日，陈独秀从日本再返上海，其皖籍老友、亚东图书馆老板汪孟邹为他洗尘。陈独秀接上病中的妻子高君曼和两个年幼的儿女，一家四口租住在法租界嵩山路吉谊里 21 号一楼一底砖木结构的楼房。

此次返沪，陈独秀更加坚信报纸杂志在思想启蒙方面的巨大价值，并曾自信满满地对友人表示：“欲使共和名副其实，必须改变人的思想，要改变思想，须办杂志。”[①] 据汪孟邹回忆：“民国四年（1915 年）仲甫亡命到上海来，他没有事，常要到我们店里来。他想出一本杂志，说只要十年、八年的工夫，一定会发生很大的影响，叫我认真想法。我实在没有力量做。”[②]7 月 5 日，经汪引见，陈独秀与汪的同业好友陈子沛、陈子寿兄弟开办的上海群益书社商定：稿件由陈独秀编辑，交群益书社出版、印

---

① 任卓宣：《陈独秀先生的生平与我的评论》，台湾《传记文学》第 30 卷 5 号。

② 汪原放：《亚东图书馆与陈独秀》，学林出版社 2006 年版，第 33 页。

刷、发行，每月出一本，编辑和稿费200元。9月15日，《青年杂志》(第二卷起改名《新青年》）正式创刊，揭开了资产阶级思想文化运动——五四新文化运动的序幕。如此，陈独秀在法租界嵩山路吉谊里21号的住所就成了《新青年》最初的编辑部。

主编《新青年》，领导新文化运动，使陈独秀真正成为中国思想界的精英。北大学子看到《新青年》，“一眼就觉得它的名字合乎我的口味，看了它的内容，觉得的确符合当时一班青年的需要，登时喜出望外，热烈欢迎，并常与反对者展开争论”①。这个效应早在1917年1月陈独秀接受北大校长蔡元培邀请就任北大文科学长时即已显现，“当消息传出后，全校震动。青年学生无不热烈欢迎，奔走相告”②。陈在北大的教育改革也因此获得了多数学子的欢迎和拥护。然而，在主持北大文科改革取得初步成效之际，五四前后，陈因遭北大保守势力的憎恨、排挤和北洋军阀政府的逮捕、迫害，被迫于1920年2月在李大钊的护送下离京返沪，离开了迁居北京不到三年的家，再次面临着无家可归的日子。

1920年2月19日（旧历除夕），逃离北洋政府控制的陈独秀乘坐海轮从天津抵达上海，依然无处安身。他先下榻惠中旅舍，惊魂未定，且生病五六日，后被老友汪孟邹接到亚东图书馆养病并暂住。眼见曾患难与共的老友陈独秀一直居无定所，柏文蔚恰逢另有重任离沪（一说迁居新渔阳里6号——今淮海中路567弄6号），便将老渔阳里2号（今南昌路100弄2号）这栋宅邸交由陈独秀居住。约在4月间，陈接受柏的邀请，迁居老渔阳里2号的“柏公馆”。

---

① 张国焘:《我的回忆》第一卷，东方出版社1998年版，第40页。

② 罗章龙:《陈独秀先生在红楼的日子》，转引自童宗盛主编《中国百位名人学者忆名师》，延边大学出版社1990年版，第55—56页。

在这里，陈独秀广泛传播马克思主义

陈独秀约从 1920 年 4 月正式移居老渔阳里 2 号，至 1922 年 9 月下旬离开上海前往北京转赴莫斯科，其间，陈本人曾经四度离开或被迫离开。一是 1920 年 12 月至 1921 年 8 月应邀赴广州任广东省教育委员会委员长，二是 1921 年 10 月 4 日至 26 日被法租界巡捕房逮捕，三是 1922 年 8 月 29 日至 30 日曾秘密去浙江杭州主持召开中共中央西湖特别会议，四是 1922 年 8 月 9 日被巡捕房再次逮捕，至 8 月 18 日获释后仍回到老渔阳里 2 号。直到 9 月中下旬离开上海到北京，陈独秀奉命前往莫斯科参加共产国际第四次代表大会（11 月 5 日至 12 月 5 日召开），也是从这里出发的。

需要说明的是，陈独秀本人虽然四度离开，但他的朋友们一直居住在老渔阳里 2 号开展工作。即便是 1922 年 9 月离沪赴京后再也没有回来居住，但老渔阳里 2 号仍然是中央执行委员会议事处，直到 1922 年 10 月中旬将党中央迁往北京，陈独秀本人也往苏联参加第四次代表大会。至此，老渔阳里 2 号作为陈独秀住所和中共中央领导机关的历史使命已全部结束。也就是说，陈独秀转变为马克思主义者、组建中国共产党的第一个组织——上海发起组、担任中共中央局书记、主持召开党的二大等组建中国共产党、领导中共中央早期工作等重要活动，基本都是在老渔阳里 2 号期间完成的。陈独秀在老渔阳里 2 号完成了组建中国共产党的重要使命，老渔阳里 2 号升起了中国革命的第一缕红色曙光。

陈独秀何时离开老渔阳里 2 号？ 1921 年 10 月，尤其次年 8 月陈独秀连续两次在老渔阳里 2 号被捕，此事引起共产国际和中共中央的警惕，决定让陈独秀单独隐蔽起来，其地址不告诉任何人。茅盾在《我走过的路》一书中回忆：自从 1922 年 8 月，陈独秀第二次被法租界巡捕房逮捕旋又被释放、渔阳里2号被搜查后，就另外租了房子作为党中央组织、宣传等各部的秘密办公地点。但陈独秀仍时常出入老渔阳里2号，这里仍然客人很多，实际是以此来迷惑法捕房的包探[①]。可见，陈独秀搬离老渔阳里完全是出于安全考虑的。

陈独秀二度被释放回到老渔阳里2号家中时，李大钊已在此等候，正准备商量之后的国共合作事宜。两人两年多未曾见面，这次见面分外高兴，李大钊笑谓他“真的出了研究室就入监狱了”。

入住老渔阳里2号的两年多时光，是陈独秀一生中最重要的岁月。

一到上海，养病数日后的陈独秀立即开始指导、支持组织工人运动，投身到向工人阶级传播马克思列宁主义的工作中。上海是近代中国民族资本和产业工人的集中地，工人阶级在五四运动中已显示出强大的政治力量。陈独秀对此印象深刻。避居上海期间，陈独秀马不停蹄，积极投身工人运动：2月27日，携张国焘等作为发起人参加了全国各界联合会召开的上海工读互助团筹备会，给予指导。4月2日，应邀出席上海船务栈房工界联合会成立大会并发表《劳动者底觉悟》的演讲，主张在开展工人运动的过程中提高工人阶级的觉悟。4月16日与18日，又应邀先后出席中华工业协会等工会组织的会议，每每即席发表演讲上海工界现状，强调注重工人义务教育，自愿担任义务教授。

陈独秀入住老渔阳里2号，《新青年》编辑部随即迁入，其内容主旨开始转向宣传马克思主义。当时在上海宣传马克思主义的报刊，除却《新青年》外，较著名的还有《星期评论》和《时事新报》及其副刊《学灯》，以及部分无政府主义者的报刊。陈独秀相继发表《新文化运动是什么？》

① 茅盾：《我走过的路》（上），人民文学出版社1997年版，第302页。

《五四运动的精神是什么？》等文章，盘点了五四以前的新文化运动，分析了科学的广狭二义，表示要从关注思想转为关注实际生活。其主旨有三：未来的新文化运动要注重团体的活动，注重创造的精神，要影响别的运动；五四运动的精神有二：直接行动和牺牲的精神；“将来恐怕非有一种新宗教不可”。在这种思想转变时期，陈独秀不仅总结新文化运动，总结五四运动的精神，还倡导“一种新宗教”，这是具有明显的区分阶段、指点未来的意蕴。结合此间他提出的“世界上没有万世师表的圣人，推诸万事而皆准的制度和包医百病的学说”①。这分明暗示着一次大的思想转变正在发生，一个崭新的政党正在酝酿。

陈独秀坐镇上海老渔阳里 2 号筹备劳动节纪念大会，出版《新青年》“劳动节纪念号”，最终转变为马克思主义者②。

他开展工人运动情况调查。对于陈独秀而言，推动马克思主义与工人运动相结合，是一件重要而又生疏的工作，需要以既积极又慎重的态度进行，必先开展情况调查。他亲自或委托朋友及受《新青年》影响的青年人，深入到上海、太原、南京、天津、唐山、长沙、芜湖、北京、香港及巴黎（华工）等地工人群众中调查工人阶级状况，内容包括工人人数、工作时间、工资、家庭生活、受资本家工头剥削欺压程度、工人来源、文化程度、帮会组织等。经《新青年》调查，当时上海已有工人 58 万，近半数是产业工人，其中又有 15 万在 500 人以上的大厂做工，几乎占了产业工人数的三分之二。调查表明，在全国范围内，上海已是工人阶级最为集

① 任建树主编：《陈独秀著作选编》第二卷，上海人民出版社 2009 年版，第 220、201 页。

② 徐光寿：《论陈独秀五四时期转变为马克思主义者的心路历程》，《中共创建史研究》第 1 辑，上海人民出版社 2016 年版，第 28 页。

中的地方；在上海地区，工人阶级已是最大的城市群体。这些调查结果均刊登于 1920 年 5 月 1 日《新青年》的“劳动节纪念号”。

他积极筹备劳动节纪念大会。根据每逢五一欧美各国劳动界常有盛大纪念活动的传统，陈独秀在中华工业协会等七个工人团体中发起召集由他亲自确定名称的“世界劳动节纪念大会”，并任筹备会顾问，发表《劳工要旨》的演讲，提出减少劳动时间、增加工资等诉求，为大会确立“改善中国工人的生活，增进中国工人的知识，表现中国工人的人格”[①]的活动口号。“五一节”庆祝大会发表宣言，抗议军阀压迫，并致函答谢苏俄政府对华宣言，扩大了十月革命的影响。大会的口号和宣言，都是在陈独秀的指导下提出的。

他开辟了“劳动节纪念号”。在著名刊物《新青年》上编辑、出版工人阶级色彩鲜明的“劳动节纪念号”，是陈独秀提前策划、精心组织的推动马克思主义与中国工人运动开始结合的一项杰作。“劳动节纪念号”含有鲜明的马克思主义元素：不仅刊登了李大钊的《五一运动史》，陈独秀的《劳动者底觉悟》和《上海厚生纱厂湖南女工问题》，还全文刊登《俄罗斯苏维埃联邦共和国劳动法典》和第一次对华宣言全文。也具有浓厚的工人阶级色彩：不仅刊登了《上海劳动状况》、《山西劳动状况》、巴黎华工、香港工人罢工和国内其他城市的工人劳动状况，较全面地反映了当时中国工人阶级的现状，也刊登了美、英、日等国的劳动状况，还史无前例地将 9 名普通工人的题词与孙中山、蔡元培等社会名流的题词共同展示，并刊登了 33 幅工人劳动状况的照片，一时博得进步报刊的如潮好评。在为上海厚生纱厂湖南女工改善待遇的要求中，陈独秀不仅引导工人斗争水

① 《时报》1920 年 4 月 20 日。

平从改善待遇的经济斗争上升到要求管理权的政治斗争的高度，而且揭示了资本主义剥削的秘密，以通俗的道理三次向工人宣传了马克思的剩余价值学说。

"劳动节纪念号"有力宣传了俄国十月革命，传播了马克思列宁主义，加快了马克思主义与中国工人运动相结合的步伐。1920年5月1日《新青年》杂志"劳动节纪念号"的成功开辟和"世界劳动节纪念大会"的胜利召开等重要事件，则成为陈独秀在实践层面上接受马克思主义、转变为马克思主义者的标志性事件。

中国革命的新曙光从这里升起

有了老渔阳里2号这个稳定住所，陈独秀既可以编辑《新青年》，还可联络沪上和外地慕名来沪的志同道合者共同开展革命工作。"在陈独秀没有去广东以前，这个地方是经常集会之所。"①此后，他坐镇老渔阳里2号，并以此为据点，勇敢地迈出了许多个第一步：自己转变为马克思主义者，开始了组建中国共产党的伟大事业，领导了中共中央早期的工作，从而升起了中国革命的新曙光，度过了中国共产党孕育期和哺乳期。

首先，在这里，陈独秀开始向工人群众宣传马克思主义，并转变为马克思主义者。

1920年2月陈独秀从北京返回上海，他开始走进工人群众，宣传马克思主义，推动马克思主义与中国工人运动相结合。在为上海厚生纱厂湖南女工改善待遇的要求中，陈独秀不仅引导工人斗争水平从改善待遇的经济斗争上升到要求管理权的政治斗争的高度，而且揭示了资本主义剥削的

---

① 包惠僧：《勘察革命历史纪念馆的几点意见和几点回忆》（1954年3月17日）。

秘密，以通俗的道理三次向工人宣传了马克思的剩余价值学说[①]。

此外，他于1920年8月以“社会主义研究社”名义出版了《共产党宣言》第一个完整的中译本（陈望道译），陈独秀也参与了校译工作[②]。《共产党宣言》是马克思主义纲领性文献，它运用“透彻而鲜明的语言描述了新的世界观，即把社会生活领域也包括在内的彻底的唯物主义作为最全面最深刻的发展学说的辩证法，以及关于阶级斗争和共产主义新社会创造者无产阶级肩负的世界历史性的革命使命的理论”[③]。它的全文翻译，意义重大而深远。正如蔡和森所说：“《新青年》以前是美国思想宣传机关，到了仲甫同志倾向社会主义以后，就由美国思想变为俄国思想了，宣传社会主义了。”“一直到1920年‘五一’劳动节特刊问题，才完全把美国思想赶跑了。”[④]到1920年《新青年》杂志刊出五一“劳动节纪念号”和“五一节”庆祝大会的召开，标志着陈独秀完成了向马克思主义者的转变[⑤]。

其次，陈独秀在这里组建了中国最早的马克思主义研究团体——马克思主义研究会。

他不仅联络了上海的一批马克思主义者，而且接纳了来自全国各地的有志青年。早在入住前的1920年3月，陈独秀就在上海亚东图书馆多次

① 任建树主编：《陈独秀著作选编》第二卷，上海人民出版社2009年版，第228、229、234页。

② 《共产党宣言》全书翻译工作完成于1920年4月，5月李汉俊、陈独秀完成校对，8月才出版。参见《望道先生的望慕之道——专访陈望道之子陈振新教授》，《档案春秋》2016年第7期，第12页。

③ 《列宁选集》第二卷，人民出版社1995年版，第416页。

④ 《蔡和森的十二篇文章》，人民出版社1980年版，第7页。

⑤ 徐光寿：《论陈独秀五四时期转变为马克思主义者的心路历程》，《中共创建史研究》第1辑，上海人民出版社2016年版，第28页。

会见北京学生联合会代表，正式表示中国必须走俄国革命的道路，彻底推翻军阀主义。他对来访者表示“痛恨北京政府，认为非彻底革命推翻军阀统治不可”，“常向人高谈马克思主义，表示中国必须走俄国革命的道路”①。革命意志十分坚定。

据陈望道回忆，当时“大家住得很近（都在法租界），经常在一起，反复地谈，越谈越觉得有组织中国共产党的必要。于是，便组织了‘马克思主义研究会’，这是一个秘密的组织，没有纲领，会员入会也没有成文的手续（参加者有：陈独秀、沈雁冰、李达、李汉俊、陈望道、邵力子等）”。研究会主要进行了下列几项工作：一是办了一个平民女校，二是办了三个工会，三是办了一个青年学校（社会主义青年团），四是宣传工作方面，1921 年元旦在贺年片背后印上宣传共产主义的口号，到处分发，颇有新意②。

1920 年 6 月，从北京转来上海的毛泽东前往老渔阳里 2 号，与陈独秀探讨自己读过的马克思主义学说和马列主义书籍。对此经历，毛泽东后来曾对美国记者埃德加·斯诺深情回忆：“有三本书特别深刻地铭记在我心中，使我树立起对马克思主义的信仰。我接受马克思主义，认为它是对历史的正确解释，以后，就一直没有动摇过。”这是他“一生中最关键时刻”，“到 1920 年夏，在理论上，而且在某种程度的行动上，我已成为一个马克思主义者，而且从此我也认为自己是一个马克思主义者了”③。

又据田子渝著《李汉俊》一书介绍，陈独秀从北京一到上海后，立即

---

① 张国焘：《我的回忆》第一册，东方出版社 1998 年版，第 81—82 页。

② 陈望道：《党成立时期的一些情况》（1954 年 6 月 17 日）。

③ ［美］埃德加·斯诺：《西行漫记》，董乐山译，人民出版社 1979 年版，第 27 页。

到白尔路三益里与李汉俊联系，并成为《星期评论》的常客[1]。这个说法反映出陈独秀急于联络马克思主义者的迫切心情和果断行动。而组建马克思主义研究会，则是陈独秀组建中国共产党组织的第一步。

再次，在这里，陈独秀组建了中国第一个共产主义组织——上海发起组，开始了组建中国共产党的步伐。

无论是档案资料还是个人回忆，无不证实他在老渔阳里 2 号组建中国共产党的历史事实。随着陈独秀与《新青年》入住老渔阳里 2 号，这里很快就聚集了李汉俊、俞秀松、邵力子、袁振英、沈玄庐、陈望道、李达、柯庆施等一批新知识分子和早期共产主义者。可见，早在俄共（布）中央代表维经斯基奉命来华之前，经与李大钊商量，陈独秀就在中国开始组建中国共产党，即所谓“南陈北李相约建党”。1920 年 4 月维经斯基经李大钊介绍从北京来到上海，便住了下来，与陈独秀多次会晤。根据档案资料及张国焘、李达、袁振英、包惠僧、周佛海和沈雁冰等多位当事人回忆，维经斯基曾多次来老渔阳里 2 号拜访陈独秀，参与中国共产党上海发起组的活动。

当事人回忆录很多。据当时自京来沪、曾长期寄居老渔阳里 2 号的张国焘回忆：“约在八月二十日左右的一个晚上，我从外面回到陈家，听见陈先生在楼上书房里和一位外国客人及一位带山东口音的中国人谈话。他们大概在我入睡后才离去，后来才知道就是威金斯基和杨明斋，这是我在陈先生家里发现他们唯一的一次聚谈。”[2]

据在上海多次参与马克思主义宣传并会见了维经斯基的李达回忆：“一九二〇年夏季，中国共产党（不是共产主义小组）在上海发起以后，

① 田子渝：《李汉俊》，河北人民出版社 1997 年版，第 52 页。

② 张国焘：《我的回忆》第一卷，东方出版社 1998 年版，第 100 页。

经常地在老渔阳里2号新青年社内开会，到会的人数，包括国际代表威丁斯克（译名吴廷康，即魏金斯基——原注）在内，约有七八人，讨论的项目是党的工作和工人运动问题（当时在杨树浦组织了一个机器工会）。十一月间，书记陈独秀应孙中山之邀，前往广东做教育厅长，书记的职务交李汉俊代理……但党的集会，一直是在老渔阳里二号举行的。”1922年8月，“陈独秀出狱以后仍住在老渔阳里二号……在原寓所还住了一个多月”①。

时任商务印书馆编译所英文部、国文部编辑的沈雁冰，其才华、思想和文学主张，一直颇受陈独秀等人的关注。马克思主义研究会在上海成立时陈独秀即邀请他参加，并嘱为《新青年》等刊物撰稿。1921年春，经李达、李汉俊介绍，沈雁冰加入上海共产主义小组，是中共最早党员之一。他参加了党中央的支部会议和各种学习会。据沈回忆：陈（独秀）定居在法租界环龙路渔阳里2号，我们的支部会议地点就在陈独秀家里。支部会议每星期一次，是在晚8时后开始，直到11时以后。我还依稀记得当时参加老渔阳里2号支部的党员，有杨明斋、邵力子、陈望道、张国焘，SY（社会主义青年团）书记俞秀松等人，又有共产国际远东局代表魏庭康（即吴廷康，维经斯基）。讨论事项，大抵是发展党员、发展工人运动、加强党员的马克思主义学习等。除了各人自己阅读外，每周有一次学习会，时间从下午2时到5时乃至6时。学习会采取一人讲解，大家讨论的形式。担任讲解者，李达和杨明斋。杨明斋是山东人，刚从苏联回来。他们临时编写的讲义一般有三种：马克思主义浅说、阶级斗争、帝国主义。这都是随编随讲，大家笔记。直到三四年后，杨明斋把他当时的草稿改定

① 李达：《回忆老渔阳里2号和党的“一大”、“二大”》（1954年2月23日）。

付印成册，书名现在记不起来了[1]。

又据当时与陈独秀过从甚密且久居老渔阳里 2 号的包惠僧回忆：维经斯基一行“经过李大钊同志的介绍，他又到上海会见了陈独秀，维经斯基与陈独秀一见如故，又由陈独秀介绍他会见了上海《星期评论》的主编人戴季陶、李汉俊、沈玄庐和《时事新报》的负责人张东荪……维经斯基与他们会谈过好几次，他们曾经有过这样的打算：把《新青年》《星期评论》《时事新报》结合起来，建立一个新中国革命同盟，并由这几个刊物的主持人联合发起组织中国共产党或是中国社会党”[2]。

1920 年 9 月，《新青年》从第 8 卷第 1 号起，改组成为中共上海发起组领导的社会主义刊物。中共上海发起组成员李汉俊、陈望道等也加入编辑部，成为编撰骨干。改组后的《新青年》，刷新论说、通信、随感录等栏目，用社会主义、马克思主义的思想政治方向来引导读者。甘将自己苦心经营 5 年、视为生命的《新青年》作为马克思主义宣传刊物，说明陈独秀已义无反顾，成了一个彻底的马克思主义者和坚定的中国共产党人。

复次，陈独秀在这里推动国内各地成立共产主义组织，组建全国性的中国共产党。

以陈独秀为书记的上海发起组，开创了中国共产党历史上的诸多“第一”：1920 年 8 月 15 日创办了发刊最早、出版时间最长、影响最大的工人刊物《劳动界》；创办了党的第一个出版机构“社会主义研究社”；开办了第一所干部学校“外国语学社”；8 月 22 日，在新渔阳里 6 号（今淮海中路 567 弄）成立中国社会主义青年团，陈独秀指定俞秀松为书记；10 月 3 日，在新渔阳里 6 号成立了第一个产业工会“上海机器工会”，尤其是

① 茅盾：《我走过的路》（上），人民文学出版社 1997 年版，第 199—200 页。

② 包惠僧：《包惠僧回忆录》，人民出版社 1983 年版，第 17 页。

创办了第一个秘密理论刊物《共产党》月刊，制定了第一个《中国共产党宣言》。11 月 7 日，创办了第一份党刊《共产党》，响亮地喊出了“共产党万岁”的口号，不仅其创刊号的卷首《短语》出自陈独秀手笔，被毛泽东誉为“‘旗帜鲜明’四个大字”①。它的创办，亮出“共产党”旗帜，为先进分子指明了前进的方向。在《共产党》月刊发刊号上，陈独秀与其他党员共同起草的《中国共产党宣言》，兼有党的纲领的性质。宣言虽未散发到社会，但第一次比较系统地表达了中国共产主义者的理想和主张。

中共一大召开前，在全部 8 个共产主义小组中，经陈独秀亲手创建，或指导建立，或重新建立的有上海、广州（联系谭平山、谭植棠、陈公博等北大毕业生对原小组进行改组）两个小组，由他亲自指定人员创建的有武汉（他先后派出李汉俊和刘伯垂回武汉发展党员，建立组织）、长沙（亲自函约毛泽东在湖南建党）和留日学生（指定施存统负责）三个小组，推动创建的有北京（托张申府转告李大钊建党）、济南（亲自致函王尽美、邓恩铭建党）和留欧学生（分别致函赵世炎和陈公培与张申府联系建党）三个小组。大多数小组都派出代表参加了中共一大，仅旅欧小组没来得及派出代表参会。此外，陈独秀还曾委托沈定一、施存统、俞秀松在杭州，高语罕在安徽建党，均未实现。

1921 年 7 月 23 日，中共一大在上海法租界望志路 106 号，（即兴业路 76 号）召开。陈独秀虽然因故未能出席大会，但他关于党的中央机构领导体制的意见却被大会接受。其实，早在中共一大召开之前，陈独秀就设想，未来的中国共产党应“采用较民主的委员制，从委员中推举一个书

① 《毛泽东年谱》修订本（一八九三——一九四九）上卷，中央文献出版社 2013 年版，第 79 页。

记出来负责联络之责，其他委员负责宣传、组织方面的工作”[①]。中共一大正是按照他的想法组建了委员制的中央领导机构——中央局。可见，陈独秀对中共一大起到了精神领袖作用。

中共一大后，陈独秀返回老渔阳里 2 号主持中共中央工作。除了主持开展中央日常工作外，主要就是筹备召开中共二大，提出党的《章程》，探索制定中共初创时期的方方面面的方针政策，完成党的创建使命。

最后，陈独秀在这里主持筹备中共二大，完成了中国共产党的创建工作。

从 1921 年 7 月至 1922 年 9 月，老渔阳里 2 号成为中共中央机关所在地，陈独秀坐镇这里领导全国党的组织、宣传和工人运动。

早在中共二大召开前夕，陈独秀就开始明确使用“半殖民地”的概念界定中国社会性质。1922 年 6 月，他指出：中国“这些政治状况都是半殖民地的状况，不能算是独立的国家”，“此等现状继续下去，国际帝国主义的侵略是要日甚一日的，是要由现在半殖民地状况更变到完全殖民地状况的”[②]。中共中央文件首次写入“半殖民地”一词的，是由陈独秀主持起草、中共二大通过的《关于议会行动的决议案》，其中明确写道：中国已经“成为国际资本帝国主义的掠夺场和半殖民地”[③]。

根据中央局工作安排，陈独秀负责起草了中共二大各种文件的主要起草人。他被中共二大推举为起草委员会负责人，与张国焘、蔡和森共同负责起草大会《中国共产党第二次全国代表大会宣言》和其他决议案。凝聚

① 张国焘：《我的回忆》第一卷，东方出版社 1998 年版，第 95—96 页。

② 任建树主编：《陈独秀著作选编》第二卷，上海人民出版社 2009 年版，第 470 页。

③ 中共中央文献研究室：《建党以来重要文献选编》第一册，中央文献出版社 2011 年版，第 147—148 页。

这些贡献的中共二大的宣言和决议，既是全党集体智慧的结晶，也是陈独秀对中国革命与党的纲领问题的认识和理解的集中体现。不仅表现在它所制定的革命纲领以及作为中国共产党创建不可或缺的组成部分，而且表现在它所开辟的许多新领域以及由此引出的其他命题，成为中国共产党诸多思想理论、路线原则、方针政策，直至科学概念的梳理和研究过程中无法绕开的历史起点和思想源头。

在中国共产党的创建和发展历史上，中共二大是一次十分重要的会议，取得了一系列重大成果。学术界归纳认为，中共二大在党的历史上至少创造了以下八个“第一”：以全国代表大会名义公开发表了党的第一个宣言；第一次鲜明地制定了党的最高纲领与最低纲领，指明了中国革命的正确方向；第一次完整地制定了党的章程，并依据章程选举产生了以陈独秀为委员长的中央执行委员会；第一次通过了建立民主的联合战线的决定，最早提出关于统一战线的思想和主张；通过了中国妇女运动史上第一个以政党名义做出的关于妇女问题的决议；第一次明确地阐释了党的民主集中制原则的基本思想；第一次提出和通过了加入共产国际的决定；第一次喊出了“中国共产党万岁”的口号。此外，中共二大产生的中央委员会还决定创办党的第一份公开发行的机关刊物《向导》周刊，并于9月13日正式创办。中共二大是党的创建任务完成的界碑，具有使党定型的意义。至此，才标志着中国共产党创建大业的圆满完成①。

中共二大是陈独秀亲自主持召开的党的全国代表大会，不仅是他作为党的主要领导人期间主持召开的唯一一次没有共产国际代表列席的党的全国代表大会，也是共产国际存续24年（1919—1943年）中唯一一次没有

① 曾景忠：《中共“二大”是党的创建任务完成的界碑》，《中国延安干部学院学报》2013年第3期。

共产国际代表列席的党的全国代表大会。中共二大被认为是中共创建过程真正完成的会议，其重要性不言而喻。

结语：一幢私宅与一桩伟业的传奇故事

上海法租界环龙路渔阳里 2 号本是一幢普通的私宅，但在 20 世纪 20 年代初的两年多时光中，中国先进分子群体云集于此，拉开了中国历史上开天辟地的惊天一幕，完成了组建中国共产党的丰功伟业。从此，中国革命的面貌焕然一新，先进分子从渔阳里走向新天地，从石库门走向天安门。对于老渔阳里 2 号诞生的上海共产主义小组的历史作用和地位，对于陈独秀在老渔阳里 2 号对中国共产党和中国革命所创造的建党伟业，中共党史著作尤其是新世纪以来的党史著作均有翔实记载和高度评价。

进入新世纪以来，2002 年 9 月，中共中央党史研究室著、中共党史出版社出版的《中国共产党历史（第一卷）1921—1949》上册明确记载："最早酝酿在中国建立共产党的是陈独秀和李大钊"，"后人所说的'南陈北李，相约建党'，形象地说明了他们在建党过程中所起的倡导、推动和组织作用"。还明确指出："经过酝酿和准备，在陈独秀主持下，上海的共产党早期组织于 1920 年 8 月在上海法租界老渔阳里 2 号《新青年》编辑部正式成立。"① 这不仅承认了陈独秀作为中国共产党主要创建者的地位，而且明确了老渔阳里 2 号作为中国共产党第一个组织创建地的历史地位。近代上海红色基因在这里注入，党领导中国革命的曙光在这里升起。无疑，老渔阳里 2 号是中国共产主义运动的发祥地。

2016 年 6 月，最新出版的被誉为"迄今为止国内公开出版的权威读

① 中共中央党史研究室：《中国共产党历史（第一卷）1921—1949》上卷，人民出版社 2011 年第二版，第 59 页。

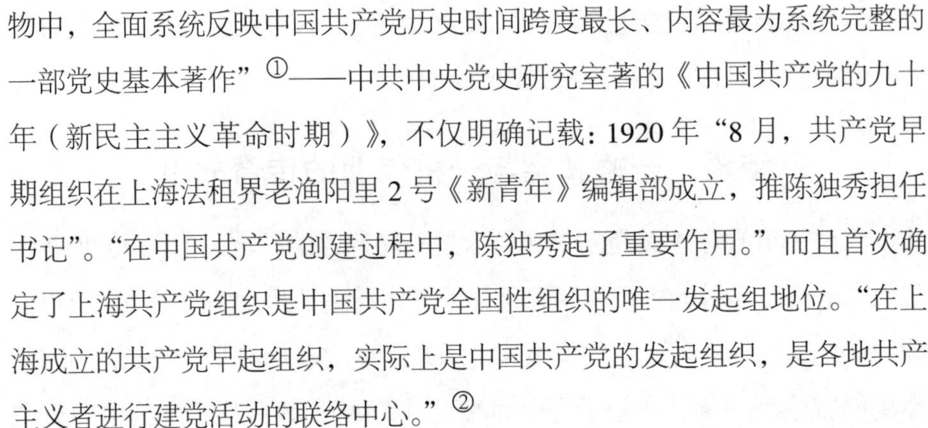

物中，全面系统反映中国共产党历史时间跨度最长、内容最为系统完整的一部党史基本著作”[①]——中共中央党史研究室著的《中国共产党的九十年（新民主主义革命时期）》，不仅明确记载：1920年“8月，共产党早期组织在上海法租界老渔阳里2号《新青年》编辑部成立，推陈独秀担任书记”。“在中国共产党创建过程中，陈独秀起了重要作用。”而且首次确定了上海共产党组织是中国共产党全国性组织的唯一发起组地位。“在上海成立的共产党早起组织，实际上是中国共产党的发起组织，是各地共产主义者进行建党活动的联络中心。”[②]

一座本来十分普通的私人住所，在重大历史关头发挥如此重要的历史作用，且被如此明确地载入重要史册并获得如此之高的历史评价，这在中国共产党历史、近代中国历史，乃至在整个世界历史长河上，都是极为罕见的传奇往事，值得深入研究。

（徐光寿，上海市中共党史学会副会长，上海立信会计金融学院马克思主义学院院长、教授）

① 《人民日报》2016年6月27日，第4版。

② 中共中央党史研究室：《中国共产党的九十年》（新民主主义革命时期），中共党史出版社、党建读物出版社2016年版，第27页。

陈望道在渔阳里[①]

霍四通

上海渔阳里是中国共产党的初心孕育之地。在这个初心之地，曾经一度活跃着《共产党宣言》首个中文全译本译者陈望道先生年轻的身影。追寻陈望道在渔阳里的足迹，可以帮助我们了解党在上海孕育、诞生这一伟大的历史瞬间，真切感受代表中国共产党人精神的红色基因，理解中国共产党人的初心和伟大使命。

渔阳里的常客

陈望道从日本留学回国，首先供职于浙江第一师范。当时沪杭之间交通已颇便捷，铁路一日间往返，邮件可次日达，在这样便利的条件下，陈望道与寓居上海的知识分子群体建立了联系。1919 年夏天他在《民国日报》副刊上发表文章，批评当时上海老百姓在夏天“肉团团不穿衣服”的不文明陋习。文中写道“我在上海，有一天晚上同一位朋友逛逛大马

① 本文研究为上海社科“改革开放 40 周年、建国 70 周年、建党 100 周年”系列研究 2017 年度项目“陈望道翻译《共产党宣言》及参与建党活动研究”（批准号：2017BHC018）成果，谨致谢忱。

路”①。当时这个副刊正由邵力子主编。

在陈望道、刘大白等新加盟的国文教员的推动下，浙江一师兴起了文化革新运动的热潮。学生热衷于阅读《新青年》等进步期刊，解放思想，开阔视野。学生社团纷纷成立。随着思想的觉醒，一师学生进一步提出了自治的口号，并写信给各地名人征求建议。其中，施存统与上海《星期评论》社沈玄庐的通信刊载在《星期评论》第二十二号（1919 年 11 月 2 日）上。一师风潮爆发后，一师同学又得到了上海诸多进步知识分子的声援和支持，如曹聚仁所说：“邵力子先生也在《觉悟》副刊中，几乎全面刊载教育文化界支援的文章。”“真正支持我们的，并非一师的同学会，也非杭州的社会人士；而是民初省议会议长沈定一（玄庐）先生，他和刘大白师原是最知契的好友。”②

可见，陈望道与邵力子、沈玄庐以各种方式交往已久。邵力子推荐陈望道翻译《共产党宣言》，不是偶然的。《共产党宣言》中译本出版后，沈玄庐在《民国日报·觉悟》以通信的形式登了一则“变相”的广告，这也应是他与邵力子二人的合力。邵家在太平桥三益里 5 号，陈望道 1920 年春天一到上海，就立即投奔邵力子寄住在他家。邵力子与陈望道交情深厚，曾多次举荐他。后来陈望道和刘大白到复旦大学任职，皆由邵力子推荐。

陈望道住在三益里，但他去的最多的地方却是渔阳里。这是因为陈独秀和戴季陶这时都住在渔阳里。陈望道作为中国共产党的重要创建人之一，这时频繁出入渔阳里，在老渔阳里留下了很多难以抹去的历史印记。

陈独秀 1920 年 2 月离开北京南下上海后，先住旅馆，后搬进亚东图

---

① 陈望道（署名南山）：《我很望天气早些冷》，《民国日报·觉悟》，1919 年 8 月 27 日。

② 曹聚仁：《我与我的世界》（上册），北岳文艺出版社 2001 年版，第 130 页。

书馆寄住，再后来搬到法租界环龙路渔阳里 2 号（即“老渔阳里”），与租住在霞飞路渔阳里 6 号（即“新渔阳里”）的戴季陶比邻而居。来沪不久，他就多方组织力量，积极筹备纪念五一国际劳动节各项活动。这时，国际代表维经斯基（中文名吴廷康）也来到上海，经常约请上海的社会主义者在戴季陶住所秘密聚会。1920 年 5 月，在其推动下，上海的马克思主义研究会成立。以此为基础，1920 年 6 月，陈独秀、李汉俊、俞秀松等 5 人开会商议，决定成立共产党组织，并初步定名为社会共产党。1920 年 8 月，中国共产党上海早期组织在陈独秀的住处——老渔阳里 2 号成立，当时的名称就是“中国共产党”。最早的党员都是马克思主义研究会的骨干，包括陈独秀、李汉俊、沈玄庐、陈望道、俞秀松、施存统（时在日本）、杨明斋、李达。其他还有邵力子、沈雁冰、李启汉、林祖涵、李中、沈泽民、周佛海、袁振英、李季等人。“会议推举陈独秀担任书记，并函约各地社会主义分子组织支部。中国共产党在上海发起以后，经常地在老渔阳里二号开会，到会的人数，包括国际代表威丁斯克在内，约有七八人，讨论的项目是党的工作和工人运动问题（当时在杨树浦组织了一个机器工会）。”① “上海的共产党早期组织通过写信联系、派人指导或具体组织等方式，积极推动各地共产党早期组织的建立，实际上起着共产党发起组的作用。”②

坐镇老渔阳里

陈独秀的老渔阳里寓所在法租界环龙路渔阳里 2 号（今南昌路 100 弄

① 李达：《回忆老渔阳里二号和党的“一大”、“二大”》，《党史资料丛刊》1980 年第 1 辑（总第 2 辑），上海人民出版社 1980 年版。

② 《中国共产党历史》（第 1 卷）上册，中共党史出版社 2002 年版，第 52 页。

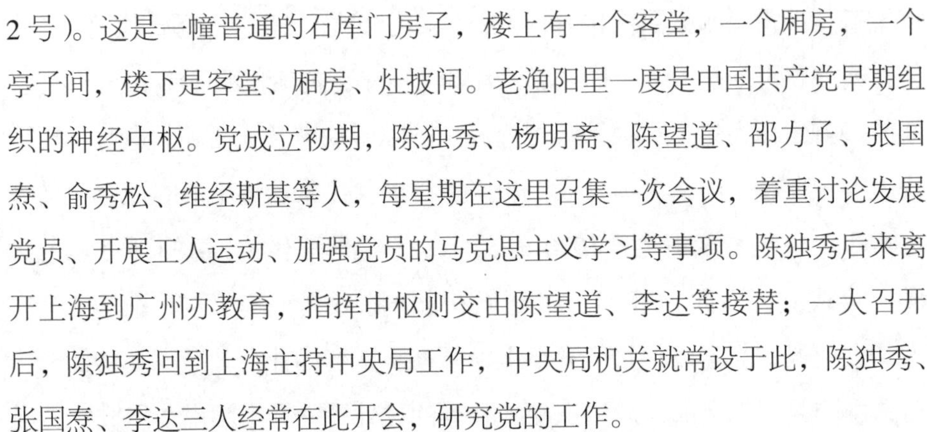

2 号）。这是一幢普通的石库门房子，楼上有一个客堂，一个厢房，一个亭子间，楼下是客堂、厢房、灶披间。老渔阳里一度是中国共产党早期组织的神经中枢。党成立初期，陈独秀、杨明斋、陈望道、邵力子、张国焘、俞秀松、维经斯基等人，每星期在这里召集一次会议，着重讨论发展党员、开展工人运动、加强党员的马克思主义学习等事项。陈独秀后来离开上海到广州办教育，指挥中枢则交由陈望道、李达等接替；一大召开后，陈独秀回到上海主持中央局工作，中央局机关就常设于此，陈独秀、张国焘、李达三人经常在此开会，研究党的工作。

在 1920 年底，陈望道还曾经入住老渔阳里，在这座早期指挥部里独当一面，为党的发展和壮大做出了不可磨灭的历史贡献。

早期党组织极为重视宣传工作。1920 年 9 月 1 日，新青年社在老渔阳里成立。《新青年》脱离群益书社，独立出版，成为中国共产党机关刊物。刊物由陈望道协助编辑。年底陈独秀到广州，刊物由陈望道负责编辑。因为编辑《新青年》的工作需要，陈望道就搬到老渔阳里楼下统厢房借住。陈望道还参与了接待武汉方面负责《新青年》发行，后来成为一大代表的包惠僧："李汉俊、陈望道、高君曼（陈独秀的爱人）作陪，吃饭的地点是四马路一个菜馆。吃完了饭李汉俊、陈望道同我一路到民国日报馆访邵力子，这是我第一次认识邵力子。渔阳里二号楼下统厢房陈望道住过，楼上亭子间李达住过。"①

陈望道对《新青年》采取的是"树旗帜"的办刊方针，即"不是把旧的都排出去，而是把新的放进来，把马克思主义的东西放进来，先打出马克思主义的旗帜"，设计全新封面，开辟新专栏，大量发表社会主义的

① 包惠僧：《回忆老渔阳里二号》，《党史资料丛刊》1980 年第 1 辑（总第 2 辑），上海人民出版社 1980 年版。

译介文字。改刊后第1期（第8卷第1号，1920年9月1日出版），开辟“俄罗斯研究”专栏，介绍俄罗斯苏维埃制度、同业组合运动和新俄罗斯的真实见闻。以致胡适惊呼“今《新青年》差不多成了Soviet Russia的汉译本”（1921年1月26日）。① 这时，基尔特社会主义者张东荪也公开主张中国应以发展实业为第一要务。为了坚持和捍卫《新青年》的马克思主义办刊方向，陈望道同他们展开了针锋相对的斗争。

陈望道回忆这段历史时说：“我原住在邵力子家里（三益里，在法租界），这时就搬到陈独秀家里（渔阳里，也在法租界）去了。”② “上海在建党初期，组织了一个马克思主义研究会，六七个人参加。戴季陶似来似不来，不久就表示不参加。沈玄庐开始参加，后来不参加，邵力子是参加的。《新青年》从北京搬到上海，由沈雁冰、李汉俊和我负责。我住过《新青年》编辑部，住了不过几天。沈雁冰、李汉俊同在。《觉悟》副刊当时作为‘游击战’的阵地。当时与张东荪在《时事新报》上笔战。”③

除了编辑《新青年》外，陈望道还参与了早期党组织创办的很多其他刊物的编辑工作。这些刊物包括内部理论刊物《共产党》月刊，工人通俗刊物《劳动界》和《上海伙友》等。陈望道为这些刊物积极地组稿、写稿和编校，一晚上著译万把字是工作常态。

除了编辑刊物外，陈望道还参与组织工会的活动。“后来办了三个工会，一个是纺织工会，一个是印刷工会（还发展了最早的工人党员徐梅坤），一个是邮电工会，因为邮差文化水平高，易于接受马克思主义。另

① 郑学稼：《陈独秀传》（上），台湾时报文化出版公司1989年版，第348页。

② 《关于上海马克思主义研究会活动的回忆——陈望道同志生前谈话记录》，《陈望道全集》第6卷，浙江大学出版社2011年版，第263页。

③ 陈望道：《党的建立时期情况》，《党史资料丛刊》1980年第1辑（总第2辑），上海人民出版社1980年版。

外，用办夜校去接近工人，用教语文的形式借题发挥去教马列主义。对巡捕房也派人钻进去，可以掌握敌人内部情况。我在前面的事情都参加的。”工作中陈望道与陈独秀之间难以避免地产生了一些摩擦。“陈独秀有些措施不好，后来他骂了我一顿闹翻了，我就不再参加组织，专做文教工作了。一九二一年新年，我接受陈独秀命往大世界一带散发了传单。”①

播火新渔阳里

新渔阳里实际上主要是讲新渔阳里 6 号（今淮海中路 567 弄 6 号）。“渔阳里 6 号在 1919 年原是戴季陶租住的，他在玻璃窗上还写了几首诗。我们可能是在 1920 年春天搬进去，由杨明斋和陈独秀继续租赁下来。陈望道那时住在老渔阳里 2 号，他很熟悉 6 号的情况，并且经常去的。”②

陈望道是上海社会主义青年团的 8 名发起人之一。上海早期党组织成立以后，开展青年工作是发展和壮大党组织的一个重要方面，建立社会主义青年团成为加强建党工作力量的客观需要。③陈独秀等委派最年轻的俞秀松于 1920 年 8 月 22 日负责组建上海社会主义青年团，团的发起人还有陈望道、李汉俊、沈玄庐、施存统、叶天底、袁振英、金家凤。

陈望道为发展团员、壮大团组织做出了巨大的贡献。青年团甫一成立，其工作核心就是开办外国语学社。外国语学社在《民国日报》刊登了招生广告：“本学社拟分设英法德俄日本语各班，现已成立英俄日本语三

① 陈望道：《党的建立时期情况》，《党史资料丛刊》1980 年第 1 辑（总第 2 辑），上海人民出版社 1980 年版。

② 许之桢：《关于新渔阳里六号的活动情况》，《党史资料丛刊》1980 年第 1 辑（总第 2 辑），上海人民出版社 1980 年版。

③ 中共上海市委党史资料征集委员会主编《上海共产主义小组》，知识出版社 1988 年版，第 32 页。

班。除星期日外每班每日授课一小时，文法读本由华人教授，读音会话由外国人教授，除英文外各班皆从初步教起。每人选习一班者月纳学费银 2 元。日内即行开课，名额无多，有志学习外国语者请速向法界霞飞路新渔阳里 6 号本社报名。此白。”① 但做广告的主要目的还是打个“幌子”，以应付各种可能的干涉和检查。实际上主要的学员都来自陈望道、高语罕（任职芜湖国立中学校长）、贺民范（长沙共产主义者召集人）三人的推荐。陈望道、高语罕和贺民范毫不费力地说服了自己的几乎所有弟子，告诉他们：一个青年共产主义者的主要责任和愿望就是去俄国，在十月革命英雄们创办的学校里学习两三年……这样，上海支部的人数在 1920 年 9 月至 11 月初期间增加了 2 倍。② 外国语学社也相应根据学员的来源编成湖北、浙江和安徽三个小组。③ 其中，浙江小组的人数最多。

很多学员的回忆都提到陈望道对自己加入团组织的动员和引导。如华林《渔阳里六号和赴俄学习的情况》讲述了他参加青年团的经过：

五四运动时，我在杭州省立一师读书。当时，陈望道、刘大白等

① 刊于《民国日报》1920 年 9 月 28 日。外国语学社最后一次招生广告刊于 1921 年 7 月 15 日：“本社添招英文、俄文、法文、日文学生各一班。有志向学者，请即至法界霞飞路新渔阳里 6 号报名，每班报名者满廿名以上即行开课。报名费 1 元，学费每月 2 元。”外国语学社从成立到结束，历时 10 个月，是中国共产党创办的第一所培养干部的学校。

② 《彭述之回忆外国语学社的情况》，载《上海革命史研究资料——纪念建党 70 周年》，上海三联书店 1991 年版，第 302 页。

③ 著名翻译家曹靖华在《自叙经历》中回顾在外国语学社的学习经历时说：“1920 年，我们在上海外国语学社学习，地点是渔阳里六号。我同刘少奇、任弼时、萧劲光、蒋光慈、王一飞等都是同班同学。那时，我们几十人在一个大教室上课。课外分成三个小组，即安徽、湖南、浙江等。”（曹靖华《自叙经历》，《新文化史料》1998 年第 1 期）

在一师任教。五四运动以后，反动当局对我们进行迫害，陈望道离杭到上海。一九二〇年九月，我在杭州耽不下去，也来到上海，想入大同学院学英文。原来听说大同学院是免费的，可是到时却说要付一笔学费。于是，我就去找陈望道请他设法，但没有遇到，留下了旅馆地址。晚上，陈望道送钱来旅馆，和我谈到半夜，谈得很多，谈起仲甫（陈独秀）的《新青年》，说陈独秀请他编《新青年》，又谈到了社会主义青年团的组织，言下之意要我参加。但是，我在离开杭州时曾看过刘大白，当时刘在生病（刘后来反动）。他叫我要当心，说什么陈独秀很独裁。刘大白的话，使我对陈独秀有了看法。因此，我对陈望道的话没有表示态度，只是唯唯诺诺。一九二〇年十二月左右，俞秀松来找我，谈起青年团，望我参加，并且希望我不要读英文，改读俄文，到苏俄去。我答应了。第二天，他就同叶天底（后来牺牲）来帮我把行李搬到渔阳里六号。①

一方石砚，白粽蘸墨犹道甜；三尺讲台，初心凌云方真师。陈望道是《共产党宣言》的首个中文全译本的翻译者。不仅如此，在翻译完成后，他还致力于传播《宣言》，积极宣讲，努力把真理的思想火种撒播到每一位积极要求进步的青年心中。上海的外国语学社是其中最重要的一个教学场所。陈望道参与外国语学社的日常活动，为同学授课，为学员日后的学习和工作打下了坚实的思想理论基础。

著名翻译家曹靖华在《自叙经历》中对在外国语学社的学习作了回顾："那时，除正规学习外，我们还能读到《共产党宣言》《新青年》《时事

① 《党史资料丛刊》1980 年第 1 辑（总第 2 辑），上海人民出版社 1980 年版。

新报·学灯》《民国日报·觉悟》等进步书刊，以及介绍苏俄、宣传马克思主义的书籍，从中汲取革命思想。此外，我们还参加一些革命斗争活动，如五一节散发传单，号召工人起来反对帝国主义侵略，反对资本家剥削压迫，等等。”① 萧劲光也回忆说：“我们一般是上午学俄文，下午除学习外，有时刻钢板、印传单，有时还要到工厂联络，上街散发传单。遇有纪念日，就参加游行。每当游行时走在前边举旗杆的经常是我们这些人。那时做工并不多，只是帮助上海共产主义小组编辑出版的《劳动界》《华俄通讯社》等刊物做过抄写、校对工作。”②

外国语学社的俄文课由校长杨明斋和维经斯基的夫人库兹涅佐娃任教，后来又增加了王元龄（女）。外国语学社和社会主义青年团常一起活动，每周一次政治报告会，常由俞秀松主讲。有时邀请陈独秀、沈玄庐、李达去演讲。外国语学社一个星期一次马克思主义课，由陈望道讲授。他以自己翻译的《共产党宣言》为教材。③ 新渔阳里 6 号因此存有大量的《共产党宣言》。根据许之桢回忆，1920 年④ 五一节时，学员们印发了许多传单，预备开会，岂知被法巡捕房注意了，派了许多包探来。包探进来搜查，他们也搞不清什么国际党和共产党，只把一批印有马克思像的书籍全部拿走了，说这是国际党的东西，另外还有许多《共产党宣言》，因为书上没有印马克思像，他们都不要。⑤ “包探在五一节前

① 曹靖华：《自叙经历》，《新文化史料》1998 年第 1 期。

② 萧劲光：《萧劲光回忆录》，解放军出版社 1987 年版，第 17 页。

③ 陈刚：《人民司法开拓者：梁柏台传》，中共党史出版社 2012 年版，第 103 页。

④ 当为 1921 年之误。

⑤ 《1955 年许之桢回忆早期青年团在上海渔阳里 6 号活动及原址布置情况》，中共“一大”会址纪念馆、上海革命历史博物馆筹备处编《上海革命史资料与研究》第 4 辑，上海古籍出版社 2004 年版。

几天到渔阳里6号进行搜查，但并没有捉人。当时，屋内存《共产党宣言》，还有人像，都被他们带走了。来的大多数是安南巡捕，也有中国的包探。”①

萧劲光还回忆陈望道先生在学社上课的细节。他说：

> 我们在这里除了学习俄文，还听讲马列主义的课。我读的第一本马列的书就是外国语学社发的《共产党宣言》，书的封面上有一个大胡子的马克思像。对《共产党宣言》我们读起来很费解，尽管字都认得，但好些术语不明白。书是由陈望道翻译的。马列主义课也由他主讲，每个星期日讲一课。那时陈望道是上海复旦大学的教授，我们都很尊敬他，可有一件事让我们很好笑，就是陈望道每次来上课，身上总是喷着香水，熏得整个教室都香极了。我们第一次看到这“西洋景”，着实乐了一番。②

王光美《少奇青少年时代生活片段摘录》说贺民范介绍刘少奇加入中国社会主义青年团，并到“上海留俄预备班”去学习。在上海外国语学社学习俄文，“学习时间自己看《共产党宣言》”。到了莫斯科后，东方大学也开设了《共产党宣言》等课程，读俄文版《共产党宣言》。“幸亏读过译文，记得内容”③，在上海的学习还是很有帮助的。

陈望道当时在复旦大学任职，外国语学社的课程都是在业余时间进

---

① 许之桢：《关于渔阳里6号的活动情况》，载中共上海市委党史资料征集委员会主编《上海共产主义小组》，知识出版社1988年版，第236页。

② 萧劲光：《萧劲光回忆录》，解放军出版社1987年版，第17页。

③ 中共一大会址纪念馆编：《红旗飘飘》（第31集，社会主义青年团诞生七十周年专辑），中国青年出版社1990年版。

行。但不管本职工作多么繁忙，除了为外国语学社授课之外，他还积极参与外国语学社的日常活动，可谓言传身教，为学员树立了一个追求真理、践行真理的光辉楷模。华林说："关于青年团的组织情况，我只知道最早负责人是陈望道、李汉俊，还有俞秀松，俞在团一成立时就到苏联去过。"著名翻译家曹靖华在《自叙经历》中对在外国语学社的学习作了回顾："此外，我们还参加一些革命斗争活动，如五一节散发传单，号召工人起来反对帝国主义侵略，反对资本家剥削压迫，等等。"①这个散发传单的活动陈望道都是参与的，《劳动界》就是陈望道编辑的。这说明外国语学社、青年团的活动都是和建党的活动不可分割的。

结谊渔阳近邻

以渔阳里为中心，陈望道经常造访附近的邻居，其中不乏一些重要的历史名人；而且有的会见恰逢重要的历史时刻，留下了不少可以丰富我们历史认知的侧面视角。

环龙路渔阳里同侧的不远处，是环龙路 44 号（南昌路 180 号），国民党上海中央执行部所在地。1920 年，朱执信、廖仲恺、胡汉民、戴季陶等就在这里编辑《建设》杂志，联系同志。陈望道刚来上海就曾和他们筹划合作编译"社会经济丛书"。1920 年孙中山先生也寓居在附近，住址是上海环龙路 63 号，离渔阳里不远。孙中山此时闭门读书，经常与知识分子会见。他曾宴请刚到上海的陈独秀，两人相谈甚欢。戴季陶在闲暇时经常散步到孙中山住处晤谈。②邵力子在 1925 年 3 月 28 日复旦大学追悼孙中山大会上发言说："前年先生在沪，予常往见，其居处四周无不是

① 曹靖华：《自叙经历》，《新文化史料》1998 年第 1 期。

② 季陶：《访孙先生的谈话》，《星期评论》第 3 号（1919 年 6 月 22 日）。

书。”[①] 李汉俊也著文回忆他与孙中山的几次见面，其中包括 1918 年“到上海寓中访问先生”[②]。连陈望道的学生曹聚仁当时都见过孙中山，他说：“一九二一年秋天，我从武汉回到茫茫人海的上海；那时，我唯一相识的只有陈望道、刘大白二师。陈师，住在法租界三益里邵力子先生处。”而不久，即在陈望道等人的引荐下，“既在环龙路见过孙中山，也见过了陈仲甫”。[③] 可见，孙中山会见陈望道本人更是情理中事。1925 年 3 月 12 日，孙中山在北京逝世。28 日，上海大学千余人召开追悼孙中山大会，叶楚伧、恽代英、施存统等相继演说。会议的主持人就是陈望道。[④] 孙中山先生逝世 3 周年，陈望道、陈布雷发表了纪念演讲，会后还出版了纪念专刊。另据陈望道先生亲自指导的研究生陈光磊先生回忆，陈望道晚年曾提到他曾和孙中山握手，说孙中山的手很温暖。

最重要的是，无论是渔阳里还是三益里，两地离李汉俊的住所即中共一大会址步行都仅十几分钟。陈望道和李汉俊交谊笃厚，往来频繁。一大召开期间，陈望道虽然不是一大的正式代表，但他十分关注大会的召开。1921 年 7 月 26 日，陈望道在《民国日报·觉悟》上登载的《妇女问题与经济问题》提道：“这几日天热，我又有点不适，恕不多谈。明日因事或许往杭，等我回来再详细讨论罢。”“我才写完了这几句，我底朋友汉俊来了。我就将先生底信和我底答语给他看，请他也写了一点出来。今已载入评论栏，可以参看一下。”所复来信是 7 月 24 日，收信、回信当是 7 月

① 《复旦之追悼会》，《申报》1925 年 3 月 30 日。

② 李汉俊：《十四年前的回顾》，《国民新报·孙中山先生逝世周年纪念特刊》，1926 年 3 月 12 日。

③ 曹聚仁著：《我与我的世界·上海甲记》，北岳文艺出版社 2001 年版，第 303 页。

④ 张元隆著：《上海大学与现代名人（1922—1927）》，上海大学出版社 2011 年版，第 206 页。

25 日。当天的评论栏还刊载了李汉俊撰写的《妇女问题底关键》一文。[①] 那几天党的一大正在李汉俊哥哥李书城的家里召开。李汉俊白天开会，晚上跟陈望道见面。他们所交流的，也许正是白天会议的一些情况吧。他们当时可能都没想到，这个规模并不大的秘密会议，却是中国历史上至关重要的一次会议，从此，中国革命就掀开了崭新的一页。

（霍四通，复旦大学中文系副教授）

① 《陈望道全集》第 10 卷，第 187 页。

李汉俊与中国共产主义运动起源[1]

李丹阳

追溯共产主义运动在中国的起源，李汉俊的作用不容忽视。因为他较早投入这一运动，参与发起中国共产党，起草第一个党纲，一度领导党在上海的临时中央，并亲力筹备一大。可以说，无论从组织上还是理论上，他都是中共的重要创始人。

本文力图进一步弄清：李汉俊何时参加共产主义运动？他在中共创建上起到什么作用？他对党的纲领、组织原则和策略有何见解？

一名“中国的布尔什维克”

李汉俊（1890—1927）原名李书诗，字人杰，湖北潜江人。1919年10月，英国在华情报机关收到报告称，李人杰是两名居住于上海法租界的“中国的布尔什维克”之一。[2]究竟是什么主张和行为使他在英国人眼中成了“中国的布尔什维克”呢？

这年8月17日，李汉俊在《星期评论》发表了《怎么样进化?》，指出：由于资本家垄断生产机关和交易市场，使工人变成同机器一样的“器

① 原载《史学月刊》2012年第7期，发表后略有补充、修改。

② FO405/228，157号文件附录（1920年4月7日）。

具”，使弱小国家人民陷于贫困，更造成经济危机和世界大战。他认为，人类要改变这种“跛子社会”，朝幸福、安定的方向发展，就要“把机器的所有权，普及于一般运用机器的人”。该文显示他已接受马克思主义。同年9月，他和詹大悲翻译的日本社会主义者山川菊荣著《世界思潮之方向》在上海《民国日报》副刊《觉悟》连载，文章写道：俄国革命发生以来，“世界实在向无产阶级的解放一方面，正在突飞猛进，已经成了大势”。革命是根本推翻旧的思想、道德、制度、组织，“在新基础上，改建社会的运动”。译后语表明：“中国决不在世界外”，要进行“扩大的群众运动”，应明确其“意识”“目的”和“结合力”；希望“民党”“革命党”（指国民党和中华革命党）对领导这一运动有“切实的打算”。但译者看到，该党虽“好像也曾有点打算”，但因与武人、官僚等势力妥协，令人失望，故声言：“我只是平民、民众、无产阶级的一分子，我要个什么，……管他给不给呢?”似乎表达出不去祈求他人，不依靠已有政党，希望平民、无产阶级靠自身结合力组织起来从事社会主义革命的意思。学者田子渝对此的解读是：李汉俊打算建立无产阶级政党。

上述文字表达的主张与那一时期李汉俊同董必武等朋友们私下所谈的是一致的，即：当时社会发生毛病了，要根本改变；孙中山依靠军阀搞革命的路子不对；要学习马克思主义理论和俄国革命方法，进行“全部改造”的社会革命；而“革命之成功必有待于新兴势力之参与”。①

① 《董必武谈中国共产党第一次全国代表大会和湖北共产主义小组》，《“一大”前后：中国共产党第一次代表大会资料选编》，北京：人民出版社1980年版，（二）第369页；《潘怡如自传》（1928年2月），《辛亥首义回忆录》第3辑（1958年）第49页；李人杰：《改造要全部改造》，《建设》1卷6号（1920年1月）；董必武：《詹大悲先生事略》（1928年4月），湖北省博物馆藏，第13页。

十月革命后不久，苏俄便有意同孙中山及其政党取得联系。1919年夏秋之间，先有来自俄国的中、朝、日革命者拜访孙中山，讨论组织共产党和在东亚三国联合革命行动等事宜；后有苏俄使者带信给孙，敦促其在中国进行布尔什维克式革命。[①] 作为1912年加入同盟会[②]，留日归国后同孙中山关系密切[③]的人，李汉俊可能知道这些情况[④]，故他萌生建立无产阶级政党的想法亦非无因。

怀有这样的激进思想和意向大概是李汉俊被视为“中国的布尔什维克”的原因之一；此外，还可能因他认识若干苏俄和其他国家的社会主义者和共产主义者，并与之共同活动。

东亚共产主义运动的早期参加者

1919年春共产国际成立后努力在全球推动、指导共产主义运动并建立共产党。8月，俄共中央下达在东亚展开共产主义工作的指示，维廉斯基·西比里亚科夫随即携此指示赴远东，准备同日、中、朝革命组织

---

① 国史编撰委员会：《韩国独立运动史资料》（四）汉城1967年版，第639页；FO 228/3211，1919年11月2日。

② 汉口档案12993.2（藏台湾国民党党史馆）。参见李丹阳：《关于李汉俊加入同盟会及相关问题的探讨，兼论李汉俊与国民党的渊源》，《上海革命史资料与研究》第12辑（2012年12月）。

③ 根据英国情报，李人杰“是孙逸仙的常客”；孙是李“最重要的朋友”。FO405/233，107号文件附录1（1921年9月26日）；FO405/228，157号文件附录（1920年4月7日）。

④ 据日本《外事警察报》第5号（1921年8月），1920年2月，“自称工农政府使节的纳卡兴（ナーカーシン）来到了上海，在孙文的办公室与居正会面了数次后，又同孙文会面交换了有关在中国实行共产党制度的意见。孙洪伊、徐谦、戴天仇、陈家鼐、李人杰也与他见了面”。由此可推知，稍早苏俄人士与国民党人的商谈，李汉俊可能也曾参与其中。

建立联系，在东亚人民中进行共产主义宣传。① 不久，“在东方国家逐步建立共产党” ② 成为共产国际的明确任务。共产主义运动遂在东亚拉开帷幕。

李汉俊因与日本、朝鲜社会主义者有联系，成为较早投入这一运动的中国人。1919 年年假到上海星期评论社工作的杨之华回忆，李汉俊曾带她“去日本、朝鲜的进步朋友家”，并“和日本、朝鲜的共产党方面都有联系”。③ 李汉俊留学日本多年，结识一些在日本提倡解放运动的人，包括社会主义者。据悉，他曾与后来发起日本共产党的堺利彦、高津正道等著名社会主义者有联系。④ 有关记载显示，1920 年初，在上海大约有 40—50 名日本社会主义者。⑤ 虽然尚不知这些人有谁，⑥ 但 1919—1921 年间，李至少同日本进步人士宫崎龙介、平贞藏、山崎作三郎、芥川龙之介、村田孜郎和泽村幸夫有接触，前两位是主张社会主义的新人社

---

① *ВКП（б）Коминтерн и национально-революционное движение в Китае，документы*，T. I. 1920—1925，Москва：РАН，1994，第 4 号文件。本文除参考俄文本，还使用了中共中央党史研究室第一研究部译《联共（布）、共产国际与中国国民革命运动》（1920—1925）第 1 卷（北京图书馆出版社 1997 年版）和李玉贞译《联共、共产国际与中国》（1920—1925）第 1 卷（台北，东大图书公司 1997 年版）两个中译本。下面引用该档案集时，一律用《联共（布）、共产国际与中国》文件集第 1 卷，不写编译者和页数，只写文件号。

② X. I. Eudin and R. C. North，*Soviet Russia and the East*，Stanford University Press（尤丁和诺斯:《苏维埃俄国与东方》斯坦福大学出版社 1957 年版，第 164 页。）

③ 《杨之华的回忆》，《“一大”前后》（二）第 25—26 页。

④ 日本警方 1921 年 4 月报告，李汉俊同“堺利彦、高津正道、山崎今朝弥等有交往”。石川祯浩编注、刘传增译:《中共创立时期施存统在日本的档案资料》，《党史研究资料》1996 年第 10 期第 3 页。李当时不在日本，应指有通信联系。

⑤ 韩国国会图书馆编:《韩国民族运动史料（中国篇）》，汉城 1976 年版，第 25 页。

⑥ 仅据现有资料，当时在沪的日本社会主义者有松本三郎、刀田次郎（《韩国独立运动史资料》四，第 675 页）；喜平次郎、平井（《申报》、《新闻报》1920 年 5 月 5 日）；高岛一郎、冈本（英国外交部档案）等人。

成员。[①]

在东亚，尽管社会主义思想传播始自日本，共产主义的组织却由朝鲜人发端。早在1918年6月，一批侨居俄国的朝鲜人就成立了韩人社会党；1919年春该党同新民党合并成立了朝鲜社会党，注册于共产国际，成为东亚人民组织的第一个隶属共产国际的政党（实为“朝鲜共产主义者”组织）。[②]该党秘书长朴镇淳1919年8月受共产国际派遣赴东亚，11月抵达上海。[③]此时上海已成为东亚民族解放运动和社会主义运动的中心。朝鲜“三一”运动失败后，很多独立运动人士逃亡中国，于1919年4月在上海成立大韩民国临时政府。5月，一位来自符拉迪沃斯托克的叫罗扎多维奇（J. Rozardovtch）或鲁扎芮奇（J. Ruzaruichi）的俄共党员与临时政府成员吕运亨[④]、李光洙[⑤]等取得联系，此人建议朝鲜社会党将总部移至上海。[⑥]于是该党委员长李东辉于8月就任政府总理时，党部也随同迁沪，多名骨

---

① 宫崎龙介：《寄自新装的民国》，（日）《解放》1卷7号（1919年12月）；芥川龙之介：《上海游记》，《芥川龙之介全集》东京：岩波书店1977年版，第5卷。平贞和泽村与李的关系见石川祯浩著、袁广泉译：《中国共产党成立史》，中国社会科学院出版社2006年版，第13、30页。

② Suh Dae-sook（ed），*Documents of Korean Communism*，*1918—1948*（朝鲜共产主义文件，1919—1948年），Princeton University Press，1970，p.8.

③ 金俊烨、金昌顺：《韩国共产主义运动史》，首尔：1986年版，第1卷第169页。

④ 吕运亨（1886—1947），1918年在上海创立新韩青年党，次年参与筹建韩临时政府，任外务次长。1920年参加高丽共产党，后加入中共。朝鲜光复后，任“朝鲜人民共和国”副主席，1947年被暗杀。

⑤ 李光洙（1892—1950），1919年参与起草“二八独立宣言”，后至上海参与筹建韩临时政府，任外务委员，主编政府机关报《独立新闻》和汉文《新韩青年》。1921年返朝。30年代与日本合作，1949年因叛国罪被捕，次年病逝。

⑥ Ku Dae-yeol，*Korea under Colonialism*（殖民主义统治下的朝鲜），Seoul Computer Press，1985，p.233；Kim Sooyoung，*The Comintern and the Far Eastern Communist Movement in Shanghai*（共产国际与远东共产主义运动在上海），PhD diss.，University of Wisconsin-Madison，1997，p.76。

干担任政府要职。该党宣传共产主义，并率先在上海成立共产党。

1904 年曾入日本“特为教授邻邦子弟游学”而设的经纬学堂[①]的李汉俊，留日时便结识一些朝鲜青年。归国后，他多次撰文对国土遭侵占的朝鲜人民表示同情，支持其独立运动，并对个别朝鲜人迷信宗教、尊崇皇室却不自己起来奋斗提出善意批评。[②]他接触到一些倾向社会主义的朝鲜人，并可能通过他们的介绍认识若干在华为苏俄工作的俄国人，从而投入了共产主义运动。

1920 年 2 月英国的一份情报显示，在上海永安饭店一次餐会上，李人杰与其他“对先进的社会主义思想有所了解的中国人”、朝鲜人李光洙和俄国人李泽洛维奇，在某些“对中国怀有真正良好意愿的人”建议下商讨组成一个团体并创办杂志。与会者决定出版《劳动者》（*The Worker*）月刊，每人月缴纳 10 元用作出版费。[③]同年 3 月日本驻沪总领事馆武官佐藤也报告：“当地俄国人阿伽廖夫，与中国人李仁杰和朝鲜人吕运亨等，原计划发刊以俄汉两种文字出版的《劳动》杂志。但因阿伽廖夫去了符拉迪沃斯托克，不在，因此计划暂时延期，等他回来后再共同发刊。”[④]可见，成立团体和出版杂志的动议应出自为布尔什维克工作的俄国人。[⑤]

---

① 日本晓星中学《学籍簿》；李喜所：《中国留学史论稿》，中华书局 2007 年版，第 247 页。

② 参见李人杰：《排日问题》，《救国日报》1920 年 1 月 16 日增刊第 1—2 版；先进：《朝鲜的独立精神何如？》，《星期评论》35 号（1920 年 2 月 1 日）第 4 版；先进：《求神救我》，《民国日报》，1920 年 3 月 20 日第 14 版。

③ FO228/3214，1920 年 4 月 8 日；FO405/228，157 号文件附录。

④ “上海佐藤少佐给外务省总长的电报”（1920 年 3 月 12 日），《关于取缔过激派及其他危险主义者的杂件　社会运动状况　中国》，冯爱珠译自石川祯浩提供的日本档案。

⑤ 关于阿伽廖夫和李泽洛维奇，参见刘建一、李丹阳：《为吴廷康来华建党铺路的俄侨》，《北京党史》，2011 年第 6 期；李丹阳：《红色俄侨李泽洛维奇与中国初期共产主义运动》，《中山大学学报》2002 年第 6 期。

是年 3 月 1 日，李汉俊出席有七百多位朝鲜人和上百中西来宾参加的韩人独立节纪念会。在李东辉等大韩民国临时政府领导人演说之后，他代表中国人致辞："贵我两国有不可离之密接关系，而容易行共同动作。……夫权力资本之前，皆可有钧；而正义之前，则遂无钧。"[①] 此祝词除表示支持朝鲜独立运动，还期望中朝共同进行社会主义革命。选李汉俊来致辞，说明朝鲜独立人士对他十分看重，同时显示他可能事前已与李东辉等朝鲜社会党领导人有联系。

李汉俊当时"与各方都有友好的关系"。[②] 除朝日俄社会主义者和孙中山及其追随者外，被视为"当地学生执牛耳者"的李汉俊，[③] 还同一些中国学生运动领袖相识。譬如，1919 年 9 月，他请中华民国学生联合会总会负责人程天放、刘振群及指导学运的孙镜亚到家里与宫崎龙介一起谈中国社会改革的道路和运动方策等。[④] 这几名学运领袖是新亚同盟党成员。

新亚同盟党 1916 年夏由中朝留日学生发起，1920 年 1 月更名大同党。该党领袖人物黄介民、温晋城、姚作宾等多为《救国日报》编辑。1920 年 1 月 16 日《救国日报》扩版后的首发号发表了李人杰《对于救国日报扩张的希望》，他在此文表示：深晓世界情形的留学生"负有指导普通一般的同胞以造中国，使中国为适今世界潮流的国家的责任"。其另一篇文章《排日问题》与"界民"（黄介民）披露其"大同计划"的指导性文章《新亚细亚》刊在该号增刊同一版。以后《救国日报》转载了若干李

---

① 《韩人独立周年纪念会》，《民国日报》，1920 年 3 月 3 日第 10 版。

② FO405/228，157 号文件附录。

③ （日）《外事警察报》第 5 号。

④ 宫崎龙介：《寄自新装的民国》。

汉俊介绍苏俄情况的译文。李汉俊与《救国日报》之缘显示他可能与“大同党”有关系。李汉俊除与该党一些华人成员、韩人成员（如李东辉、吕运亨等）有关系外，还与加入该党、自称苏俄代表的波塔波夫有联系，后者曾将《苏维埃宪法》等英译小册子交李汉俊。① 大同党一度被苏俄视为渗入了“共产主义思想”的“社会主义—国际主义”政党，② 并当作在华建立共产党的一个基础。1920 年春以来在上海举行的多次东亚社会主义者会议 ③ 常有大同党领袖参加。

韩国学者金秀英认为，1919 年 3 月至 1920 年 2 月，中朝日俄社会主义者间有互动，而后来成为中共领导的人中，只有李汉俊“与朝鲜、日本社会主义者有密切联系”。④ 这说明李汉俊在早期东亚共产主义运动中的重要地位。

《星期评论》社的“思想领导中心”

中国党史界多把 1920 年 2 月李大钊陪陈独秀到天津，送他赴沪视为酝酿建立中共的起点。问题是：陈、李为何不先在北京而要在上海建党呢？笔者以为，除上海是中国产业工人集中之地，租界对政治活动的控制较北京稍宽松而外，还有几个重要因素：上海有一个布尔什维克工作中心——《上海俄文生活报》报社，有朝鲜社会党和大同党，特别是那里已

① 《联共（布）、共产国际与中国》文件集第 1 卷第 7 号文件。

② 维廉斯基 · 西比里亚科夫：《中国共产党成立前夜》（周祖羲、李玉贞译）《党史通讯》1986 年第 1 期。参 *Die Kommunistische Internationale*（共产国际）1920 年第 16 期订正若干词。

③ 英国 *The Call*（呼声报）1920 年 4 月 1 日据 3 月消息刊出《远东社会主义者会议》报道。1920 年秋冬及 1921 年春维经斯基和朴镇淳先后主持中日韩社会主义者会议，在东亚筹建共产党。

④ Kim Sooyoung，p.87.

有一批聚集在星期评论社周围的中国社会主义者。

据1927年问世的中共党史著述，陈独秀去上海是因为那里有戴季陶办的讨论马克思主义的刊物。① 这个刊物就是《星期评论》。《星期评论》早在1919年9月就被中国的反动官僚攻击为与《每周评论》一样，言论含有过激派气味。②1920年新年伊始，《星期评论》显现的红色更非同寻常。新年号赫然出现“希望我们的体力劳动者组织一个东方无产阶级的大联合来，迎着红灼灼的太阳光，高呼无产阶级万岁！”诗歌《红色的新年》欢呼从北极卷到远东的“新潮”，“那潮头上拥着无数的锤儿锄儿，直要锤匀了锄光了世间的不平不公。映着初升的旭日光儿，一霎时遍地都红”。该刊新年贺词为“敬祝世界红灼灼的新年，希望大家热烘烘的奋斗”。③

这年春起，《星期评论》开始刊登李泽洛维奇④提供的英、美社会主义刊物上的文章，如4月18日载李汉俊译《强盗阶级——萧伯纳赞美波尔色维克》。同月，星期评论社约陈望道翻译《共产党宣言》，拟在该刊发表。5月1日《星期评论》“劳动纪念号”发表李大钊等多位社会主义者的文章；出自李汉俊的就有《强盗阶级底成立》和他译的 J. Lizerovitch 和 E. Maharan 著《五一》和《人力车夫》。《星期评论》以其马克思主义倾向，

---

① 见《中国共产党简明历史》，《广州》(俄文) 1927年第1期。署名作者卡拉乔夫（С.Карачёв）是黄埔军校政治部顾问纳乌莫夫（С.Н.Наумов）的笔名。据说他是根据李大钊和张太雷等人提供的资料写的。笔者引其英译本 C. M. Wilbur & J. L. How, *Communism, Nationalism and Soviet Advisers in China*（共产主义、民族主义和苏俄在华顾问），Columbia University Press，1956，p.48. 另外，社会科学研究会1927年编《中国共产党的历史与策略》也写道：陈独秀到上海，“适有《每周评论》(应为《星期评论》) 在谈马克思主义，独秀同志即联合他们发起组织共产党（民九年五月）”。

② 《中美新闻社北京通讯》，《新闻报》1919年9月5日第2版。

③ 《民国日报》1920年1月1日第1张第3版。

④ 关于李泽洛维奇详情，见李丹阳：《红色俄侨李泽洛维奇与中国初期共产主义运动》，《中山大学学报》2002年第6期。

引起苏俄、共产国际重视。苏俄外交人民委员部东方司司长沃兹涅先斯基来电要李汉俊将这个“中国社会主义报”各期寄莫斯科。① 在共产国际二大上，刘绍周称《星期评论》为“上海的社会主义党”的“周刊”，还说，“这个党是马克思主义政党”。②

的确，星期评论社 1920 年上半年的发展与中国马克思主义政党的形成关系极大。自 1 月间《星期评论》编辑所和总发行所迁至法租界白尔路三益里 17 号（即李书城、李汉俊寓所）后，该社逐渐聚集起更多立志革命的人士。3 月末俞秀松、施存统到来，不久陈望道、丁宝林等相继加盟。这些人为《星期评论》工作，并多住在社里。《星期评论》不仅刊登多文讨论劳工问题，李汉俊等还在工人中筹办工人夜校、工人合作社。该社成员与工人往来，支持工运，曾散发数千份传单声援上海染织厂工人罢工。③4 月 2 日，星期评论社的李汉俊、戴季陶、沈玄庐、沈仲九等与陈独秀一同参加上海船务栈房工界联合会成立大会。④

4 月 4 日，刚到《星期评论》社工作的俞秀松在致友人信中说：“这里的同志，男女大小十四人，主张都极彻底。” ⑤ 英方得到的情报似乎可以印证这种情况：“布尔什维克代理人在那里（上海）的活动集中于《星期

---

① 《联共（布）、共产国际与中国》文件集第 1 卷第 2 号文件。

② *Second Congress of the Communist International*: *Minutes of the Proceedings*（共产国际第二次代表大会：会议记录），London，New Park Publications，1977，vol. 1，p.139. 刘提到的 5 月 1 日“周刊”上的口号，恰是《星期评论》该号中缝上的“不劳动的不得吃”“世界是劳动者的世界”。

③ 舒米亚茨基：“中国共青团史和共产党史片断”《青年共产国际与中国青年运动》中国青年出版社 1985 年版，第 598 页；《杨之华的回忆》。

④ 1920 年 4 月 3 日《申报》第 10 版和《救国日报》该日《船务栈房工界大会纪》中的报道有“李人杰”的名字；有的报纸未写。

⑤ 《俞秀松给骆致襄的信》（1920 年 4 月 4 日），《青运史资料与研究》第 3 集，第 114 页。

评论》社，据说该报社聚藏着十四个男人和两个女人，确信他们都在为'事业'而工作。"①

4 月，俄共（布）中央远东局符拉迪沃斯托克分局派遣的俄共党员维经斯基（中文名吴廷康）、季托夫、金万谦抵沪。当月，吴廷康即与杨明斋来星期评论社座谈。②以后他们召集数次会酝酿建党，参加者除个别人，如《新青年》编辑陈独秀、《民国日报》副刊《觉悟》编辑邵力子、《解放与改造》编辑张东荪，大多为星期评论社成员，如李汉俊、戴季陶、沈玄庐、陈望道、刘大白、沈仲九、施存统、俞秀松，丁宝林等。可以说，星期评论社以群体参加了初期的组党活动。因此瞿秋白认为《星期评论》社是建立中共的"细胞"之一。③

美籍学者德里克（A.Dirlik）观察到，对维经斯基来说，围绕着陈独秀和《星期评论》社的一小群人是形成中国共产党的重心。但除了陈独秀这个"新来者"，其他人都属于《星期评论》社。因此德里克指出："如果上海有什么中心的话，那就是与国民党有关的《星期评论》社。"④而这一时期，李汉俊被视为该社的"思想领导中心"。⑤

6 月 6 日，《星期评论》突然停刊，其《刊行中止的宣言》称：同人决意在本刊中止后，努力致力于学术的研究，并准备"刊行有研究价值的关于社会主义的书籍"等，要以自己的脑力、体力"为改革社会尽力"。⑥

---

① FO228/3216，第 19 号（1920 年 6 月 26 日）。

② 陈公培："回忆党的发起组和赴法勤工俭学等情况"《"一大"前后》(二)第 564 页。

③ 瞿秋白："中共党史纲要大纲"《中共党史报告选编》第 200 页。

④ A. Dirlik，*The Origins of Chinese Communism*（中国共产主义起源），Oxford University Press，1989，pp. 160—161.

⑤ 《杨之华的回忆》。

⑥ 《星期评论》53 号。

后来成立的社会主义研究社出版马克思主义的著作，中国共产党也在酝酿筹建，这说明围绕《星期评论》的大多数知识分子已经全力投入宣传和组织工作。

此时，李汉俊不仅与为布尔什维克工作的阿伽廖夫、李泽洛维奇及《上海俄文生活报》编辑谢麦施科一派有密切关系，① 认识了新来的维经斯基，还接触到约1919年底从英国经符拉迪沃斯托克来上海的“狂热的布尔什维克”，与《上海俄文生活报》有关系的拉宾诺维奇（Rabinovitch）。约在1920年初夏，李汉俊乐观地对密友说，“预期在不久的将来会有惊人的发展”。② 哪方面会有“惊人的发展”，情报里未写；据笔者推测，应当指中国共产主义运动。

参与发起中共早期组织

中共的形成有一个过程，其酝酿阶段约自1920年4月始。陈独秀、李汉俊、陈望道、邵力子等在反复讨论中觉得有组织共产党的必要，便先成立了上海马克思主义研究会。俞秀松1931年的《自传》写道：“1920年春，我们曾想成立共产党。但在第一次会议上我们之间未达成一致意见。”③ 张太雷向共产国际三大报告中国1920年5月便成立了“共产主义小组”。这反映出建党有一定步骤，初期组织用过不同名称，且并非一帆风顺。韩国学者徐相文从1920年5月前张东荪宣称“建立社会主义党时

① 木下义介:《关于过激派在上海的概况》(1922年6月）报告陈独秀、李人杰等人与谢麦施科一派有密切关系。

② FO228/3216，第19号（1920年6月26日）。另，日档《关于上海方面的过激派等》（1921年3月18日）提到D. B. Robinovitch，说此人与《上海俄文生活报》有关系。

③ 陈望道:《回忆党成立时期的一些情况》,《“一大”前后》(二)；《俞秀松纪念文集》，当代中国出版社1999年版，第230—231页。

机未到”，研判出这是张“不参加的实际行动”。①5 月底李汉俊发表的一文在谈到与张东荪争论时写道：“起了争执，是不是主义前途的障碍？……与其由混杂分子组成一个庞大不纯的团体，不若由纯粹分子组成一个虽小而纯的团体。”②这里，李关于组成有“主义”的“团体”宁缺毋滥的主张并非无的放矢，似透露出那时已有建党的意图和尝试。

共产主义组织初建时参加者并不都信仰马克思主义。因此，除了有上海马克思主义研究会为核心的党的“胚胎”，还产生了与无政府主义者、基尔特社会主义者等结盟的统一战线式外围组织——社会主义者同盟，并因组织内信仰混杂而一度以“社会共产党”为名。③此外，那时中国还有社会共产社、兵丁贫民共产团、东方共产党、“支那共产党”等以“共产”为名的组织。曾加入社会主义者同盟和大同党的黄璧魂 1922 年出席远东人民大会时填其所属党派为“社会主义共产党”。④

1920 年 7 月初，维廉斯基·西比里亚科夫在北京召开俄共党员会议，会上议决以“若干中国共产主义组织”为基础成立共产党。⑤在维经斯基返沪后召开的“中国积极同志”会上，陈独秀、李汉俊、沈玄庐对建立中国共产党表示坚决赞成。⑥同年夏在上海成立的附属第三国际东亚书记处

---

① 徐相文：《中国共产党建党问题的再商榷》，《上海革命史资料与研究》第 4 辑（2004 年），第 92 页。

② 《自由批评与社会问题》，《民国日报》副刊《觉悟》1920 年 5 月 30 日，第 4 张第 1 版。

③ 当时信仰无政府主义的施存统、俞秀松、陈公培 6 月参加的社会共产党的性质待探讨。

④ 李玉贞：《关于远东人民代表大会》附件 2，《上海革命史资料与研究》第 7 辑（2007 年），第 800 页。

⑤ 《联共（布）、共产国际与中国》文件集第 1 卷第 4 号文件。该报告俄文的“中国共产主义组织”为复数。

⑥ K. Shevelyov，‘On the History of the Formation of the Communist Party of China’（关于中国共产党成立的历史），*Far Eastern Affairs*（远东事务）1981 年第 1 期，第 130 页。

的中国科——即“上海革命局”成为推动建立全国统一的共产党的中心。以维经斯基为首，陈独秀、李汉俊等为成员的革命局即后人所谓“中共上海发起组”。① 正式的建党工作随之启动。9 月，陈独秀告诉刚到上海的李达：“他和李汉俊正在准备发起组织中共。”② 上海建立起党的中心组织后，随即着手在外地组党。李汉俊主要负责湖北，致函要董必武、张国恩等“组织起来”，以后又亲自去武汉指导工作。

与此同时，李汉俊加紧理论宣传。他翻译的《马格斯资本论入门》9 月出版后，又着手译《价值、价格与利润》等马克思著作。他校对了陈望道译《共产党宣言》，并帮助李达从德文补译部分郭泰（H. Gorter）著《唯物史观解说》。《新青年》成为党的刊物后，李汉俊参与编辑，以后又为党刊《共产党》撰稿。他参与发起中国社会主义青年团，并一度“执其牛耳”。③ 他还在团的机关——外国语学社辅导俞秀松、李启汉、刘少奇、彭述之等学习马克思理论。④ 还为武汉的党团组织讲解唯物史观。

在党内被视为“最有理论修养”⑤ 的李汉俊受托起草党纲，其重要

---

① 拙作《“革命局”辨析》(《史学集刊》2004 年第 3 期）曾写：“若把后人创造的‘中共上海发起组’理解为在上海设立的、以吴廷康为最高领导的、负责在各地发起中共的、由 3—5 个人组成的领导各地共产主义小组的核心组织，那么，‘中共上海发起组’同上海革命局就没有什么区别。”

② 《李达自传》,《党史研究资料》第 8 期（1980 年 4 月），第 3 页。

③ 《施存统在日本警视厅供述概要》，石川祯浩：《中国共产党成立史》，东京：岩波书店 2001 年版，附录三。中译文经石川教授校阅。

④ C. Cadart and Cheng Yingxiang（eds.），*Mémoires de Peng Shuzhi*（彭述之回忆录），Paris：Gallimard，2000，p.206.

⑤ ‘Maring’s Report to the Comintern dated 15 May 1923’（马林致共产国际的报告，1923 年 5 月 15 日），in T. Saich，*The Origins of the First United Front in China*，*The Role of Sneevliet*（第一次联合战线的起源，斯内夫列特的作用），Leiden：E. J. Brill，1991，vol.2，p.453.

条款有“劳农专政和生产合作”。[①]因陈独秀、李达不赞同“生产合作”，此条后从党纲中取消。但“合作生产”是马克思提倡的，认为它能“动摇”现代经济制度的“基础”。[②]李汉俊曾介绍第一国际以来的国际共产主义运动及其纲领，包括根据马克思“合作生产”等指示做的第一国际大会决议。[③]故他参考这些文献草拟的党纲符合马克思主义。

8 月 15 日《劳动界》创刊，李汉俊担任主编。他重视对工人的启蒙，在发刊词中说：印这个报是“要教我们中国工人晓得他们应该晓得的事情”。他写的《金钱与劳动》深入浅出地阐述劳动价值论，让工农明白什么是剥削。[④]李汉俊不仅利用报刊启发工人、店员等的觉悟，还主持工运工作，派李中、李启汉分别去组织机器工会和纺织工会，并于 1920 年 10 月同陈独秀等参加机器工会发起会。[⑤]

在中共建立初期的全过程和各方面工作中，李汉俊均发挥了关键作用，故在中共早期组织参加者眼中，他与陈独秀同为组织的“核心”和“主要工作”的“负责”者。[⑥]

主持中共“临时中央”工作

中共成立之初，在某些早期党员看来，李汉俊“在党内地位仅次于陈

---

① 施复亮：《中国共产党成立时期的几个问题》，《“一大”前后》（二），第 36 页；李达回忆为“劳工专政”，上书第 7 页。

② Marx and Engels，*Collected Works*《马克思恩格斯全集》，vol.20，p.190.

③ 《劳动者与“国际运动”》，《星期评论》1920 年 5 月 23 日至 6 月 6 日连载。

④ 《劳动界》第 2 册（1920 年 8 月 22 日）。

⑤ 《李达自传》，第 4 页；《民国日报》1920 年 10 月 6 日第 10 版。

⑥ 陈望道：《关于上海马克思主义研究会活动的回忆》，《复旦学报》，1980 年第 3 期；邵力子：《党成立前后的一些情况》，《“一大”前后》（二），第 62 页。

独秀”①，日本情报甚至认为他是“上海共产党副首领”②。因此，陈独秀于1920年12月应陈炯明邀请赴粤任职，其临时中央书记的职务由李汉俊代理。在他代理临时书记期间，主要工作是编辑刊物、指导工运及筹备中共正式成立大会。

党的临时中央先是成立了职工运动委员会和教育委员会，分别负责推动工运发展和培训并选派人员赴苏留学。

1921年初维经斯基返俄，党的上海中央与共产国际失去联系，随即因缺乏经费而陷于困境。2月，法租界巡捕房先是搜查《新青年》总经销处，后又查封编辑部，没收刊物并罚款，《新青年》等刊无法在上海出版，经费短缺状况雪上加霜。为解决党的经费问题，李汉俊函请陈独秀让新青年社垫支经费，未果；于是他便与陈望道、李达等卖稿筹款。为维持党的生存，他常熬夜写稿、翻译③，甚至当掉亡妻首饰以补党的经费之不足④。

李汉俊在李达主编的党刊《共产党》上发表过文章和译文。其长文《太平洋会议及我们应取的态度》，劝告中国同胞不要相信帝国主义国家召开的“太平洋会议”可以伸张“正义人道”，而应“速行社会革命”，“革资本主义的命，建设共产主义的国家，与世界的平民共同改造世界”。⑤李汉俊等人还接手了原来陈独秀编辑的《新青年》。沈雁冰回忆，此时李汉俊、陈望道、李达和自己“给《新青年》写稿都不取报酬”，李汉俊“时

① 包惠僧：《怀念李汉俊先生》，《党史资料丛刊》1980年第1辑，第137页。

② 《在上海的共产党》（在上海木下内务事务官报），1922年7月。

③ 茅盾：《我走过的道路》，人民文学出版社1981年版，第176—177页；陈望道：《关于上海马克思主义研究会活动的回忆》，《复旦学报》（社科版）1980年第3期。

④ 薛文淑：《我对汉俊的点滴回忆》，1980年夏、1981年5月6日和1983年多次口述，李声芳、李丹阳录音、记录并整理。

⑤ 《共产党》第6号（1921年7月7日）。

常为了不至耽误预定的排印日期而通夜赶写”。① 仅在 1921 年 5 月 1 日出版的《新青年》9 卷 1 号上，李汉俊就一连发表了四篇短文，主要批评张东荪反对社会主义，提倡资本主义的言论。

在困境中，李汉俊主持的党组织仍努力推动职工运动。1921 年 3 月初上海法商电车工人罢工，他派党团员前去工作，并连撰数文指导和支持，指出罢工要求合理而非“要挟”，称赞工人“齐心的团结力”。② 据日方情报，“在法租界的电车、电灯以及其他电气行业从业人员发起的罢工中，李人杰是其主谋。不但从事电气业的朝鲜人，甚至住在法租界的俄国人也在当时援助李人杰。这造成了法租界设立以来未曾有过的恐慌”。还说“法租界的工人运动主谋”李人杰“理应被逮捕”。③ 据包惠僧回忆，这期间党在印刷工人、烟草工人、纺织工人中的组织活动也在进行。④

4 月，上海临时中央由李启汉出面，在党的机关部新渔阳里 6 号成立了“纪念劳动节筹备委员会”，并连续在此召开筹备会议。在工部局警方探到李汉俊参加的一次会上，筹委会组成各分会，并发出召开纪念五一节大会通函。⑤ 日方档案记载“李人杰被选为纪念五一国际劳动节联合会的会长，他计划将各种工人团体统一起来，形成一大团结的形式”。⑥29 日，设于新渔阳里 6 号的筹委会总部遭到法租界巡捕房搜查，并被禁止开会。然而五

---

① 茅盾：《我走过的道路》，人民文学出版社 1981 年版，第 176—177 页。

② 见《我对于罢工问题的感想》，《民国日报》1921 年 3 月 5 日；《没有劳动者的中国》《要挟》《法租界电车罢工给我们的教训》，分别载《觉悟》1921 年 3 月 6—8 日。

③ 日档《关于过激派在上海的概况》，1922 年 6 月。

④ 包惠僧：《共产党第一次全国代表会议前后的回忆》，《包惠僧回忆录》，北京：人民出版社 1983 年版。

⑤ 在 1921 年 4 月 21 日《上海公共租界工部局警务日志》中“湖南人 Li Hoen-tsung”应为李汉俊。因陈望道也被误写为湖南人，李启汉拼写是 Li Chi-hoen。

⑥ 日档《关于过激派在上海的概况》，1922 年 6 月。

月一日那天，一些党团员同一些工界人士冲破禁令和封锁举行了小规模游行和集会纪念国际劳动节，在一些报纸上写了宣传文章，并散发了传单。①

初夏，李人杰在报纸上发表文章公开声援永安公司非股东店员的分红要求，反对公司开除店员，提出劳动者应享有劳动产权和剩余索取权，鼓励他们运用“团结的武器”进行抗争。②

据上海公共租界工部局警方的调查，1921 年上海发生了 40 起同盟罢工，日警方认为李人杰“已成为上海各种工人运动的煽动者，在这炽烈发展的工人运动中，被视为核心人物”。③《共产党》月刊第 6 号发表的《上海劳动界的趋势》写道：“最近两三月间，上海劳动界反抗资本家的空气愈益紧张，工人自动的组织工会，创办劳动学校，都是很好的现象。”④1921 年 6 月，张太雷在致共产国际第三次代表大会的书面报告中特别提到上海法租界电车工人罢工，并指出，自共产主义小组在各地建立迄今为止，“几乎所有罢工都是由我们党员同志组织或领导的”。上述文章和报告反映了中共刚问世便努力指导工运并取得若干成果的事实，同时也是对此时期中共工运领导人李汉俊工作的肯定。⑤

李汉俊除了参加工人夜校和工人业余学校的工作⑥，还在外国语学社

① 《上海公共租界工部局警务日志》1921 年 4 月 30 日，5 月 2 日；包惠僧：《共产党第一次全国代表会议前后的回忆》。

② 《民国日报》副刊《平民》55 号（1921 年 6 月 18 日）；59 号（1921 年 7 月 9 日）。

③ 日档《关于过激派在上海的概况》，1922 年 6 月。

④ 该号《共产党》实际上是 1921 年 7 月以后出版的。

⑤ 关于李汉俊参与及指导中国工运，详见李丹阳：《李汉俊与中国工人运动》，《上海革命史资料与研究》第 7 辑（2007 年 12 月）。

⑥ 舒米亚茨基：《中国共青团史和共产党史片断——悼念中国共青团和共产党的组织者之一张太雷同志》，《青年共产国际与中国青年运动》，中国青年出版社 1985 年版，第 598 页；陈望道：《关于上海马克思主义研究会活动的回忆》。

教授法语，并辅导在那里学习的社会主义青年团团员学习马克思主义，特别是马克思主义经济学。① 不少人甚至认为他也负责社会主义青年团的工作。吴保萼回忆，当刘少奇、任弼时和他等人赴苏学习前，是李汉俊和陈望道代表青年团组织给他们写的介绍信。②

1921 年春，由于俞秀松、杨明斋先后赴俄参加青年共产国际和共产国际大会，4 月又有大批外国语学社学员赴俄，留沪党团员人数剧减。又因法捕房五一前后连续监视新渔阳里 6 号，③ 使设在那里的党、团机关无法活动。于是，"负责上海党组织的工作"的李汉俊"决定暂时把机关部停止活动"，派包惠僧去广州向陈独秀请示工作，提议请陈回沪，或将中央迁粤。包惠僧转达意见后，陈独秀表示自己暂无法回沪，党中央也不能迁粤，说："目前请李汉俊暂待在上海对各方面联系。"④ 初夏由沪到粤的社会主义青年团团员袁同畴告陈独秀："李汉俊苦撑外国语学社（社会主义的活动中心）非常吃力。"⑤ 这说明，直到 1921 年夏，李汉俊仍是党在上海中心的负责人。

然而，据李达回忆，1921 年 2—3 月李汉俊因陈独秀寄沪的党章草案主张"党的组织采中央集权制"，认为这是"要党员拥护他个人独裁"，于

---

① 《许之祯的回忆》，《党史资料丛刊》1980 年第 1 辑；《彭述之回忆外国语学社的情况》，《上海革命史研究资料》，上海三联书店 1991 年。

② 华林：《渔阳里六号和赴俄学习的情况》，《党史资料丛刊》1980 年第 1 辑；张朋园等：《袁同畴先生访问纪录》，台北"中央研究院"近代史所《口述历史丛书》第 16 辑（1988 年），第 14 页；吴腾凰：《关于任弼时的史料》，《读书》1981 年第 5 号，第 156 页。

③ 《上海公共租界工部局警务日志》，1921 年 5 月 2 日。

④ 邵维正：《一大召开日期和出席人数的考察》，《"一大"回忆录》知识出版社 1980 年版，第 136 页；《包惠僧的一封信》，《"一大"前后》(二)，第 433 页。

⑤ 袁同畴：《与陈独秀先生早年的一些接触》，《传记文学》第 30 卷第 5 期（1977 年 5 月）第 45 页。

是另草党章“主张地方分权”；陈阅后大发雷霆，指责“上海的党员反对他”。李汉俊非常气愤，遂要李达做代理书记。[①] 暂且不论陈、李就“党章草案”的争执，笔者以为，李汉俊有可能一气之下说出让李达暂代书记的话，而实际上却未卸掉书记的责任。所以，日本情报在把李汉俊称为“上海共产党副首领”的同时，认为李达仅仅是“上海共产党干部”。[②]

在筹备党的一大工作中，李汉俊常就一些问题与李大钊、陈独秀通信讨论。[③]1921 年 6 月初，共产国际执委会代表马林抵沪后，向李汉俊要“工作报告”“工作计划和预算”，并表示共产国际将予经济支持。对此，李汉俊以党的负责人身份对马林表示了党同共产国际的关系及关于共产国际对中共资助的态度。不久，他同先期到沪的张国焘商讨“通信中说不清楚”的问题，告张“上海方面的情形及其困难”，并与他就召开一大具体事项进行筹划，还建议张同马林晤谈。[④] 大会日期、地点确定后，李汉俊与李达分头或联名通知外地和日本党小组各派两名代表来沪出席会议。最重要的信是由李汉俊写给广州的陈独秀的。[⑤]

由上述事实可知，从 1920 年 12 月至 1921 年 7 月，李汉俊始终主持中共临时中央的工作。

---

① 《“一大”前后》(二) 第 9—10 页及《李达自传》，第 4—5 页。

② 《在上海的共产党》(在上海木下内务事务官报)，1922 年 7 月。

③ 《张国焘关于中共成立前后情况的讲稿》(《百年潮》2002 年第 2 期) 写，会前，他与陈独秀意见相同，“汉俊与守常等是一个意见”，未提李达参与函商。董锄平夫人高朗撰《董锄平的一生》说董锄平离京赴沪前，“李大钊提笔给李汉俊写了一封信”，李汉俊阅信后，安排董参加上海支部活动。1921 年 7 月 6 日《鲍庆香致冀阶信》(田子渝提供) 显示，董锄平 6 月中到沪。茅盾回忆李汉俊“忙于共产党一大的筹备工作”，茅盾:《我走过的道路》，人民文学出版社 1981 年版，第 1 卷第 176 页。

④ 张国焘:《我的回忆》，北京: 东方出版社 1998 年版，第 1 册第 132—133 页。

⑤ 包惠僧回忆陈独秀“接到上海李汉俊的来信，……请广州支部派两个人出席会议。”《“一大”前后》(二)，第 386 页。

在中国共产党第一次代表大会上

1921 年 7 月 23 日，在上海李汉俊和其兄李书城的寓所，中国共产党第一次代表大会开幕。李汉俊和李达作为上海代表与会。① 会上，李汉俊提出了一些与众不同的意见，被批评为“右倾机会主义的观点”。笔者通过梳理、分析各种记载和回忆发现，他的异见主要是在讨论党纲、工作计划时发表的有针对性的批评建议。

一大讨论的文件由张国焘主持起草，参考了维经斯基写的“临时党纲”(即《中国共产党宣言》) ②、陈独秀托人捎来的党纲草案 ③、“加入共产国际的条件”及美国统一共产党的纲领等，④ 并掺杂了其个人主张。

针对党纲草案的任务和目标部分，如“革命军队必须与无产阶级一起推翻资本家阶级的政权”，⑤ 李汉俊鉴于中国并非资产阶级掌权、无产阶级还比较幼稚的情况，主张党的当前任务不是领导无产阶级夺取资产

---

① 中共早期参加者提到党的早期负责人和“一大”代表时，大多把李汉俊放在李达之前。

② 舍维廖夫《关于中国共产党的成立》一文内引党 1921 年 3 月预备会议通过的“临时纲领”部分内容与张国焘认为于 1920 年 11 月“决定”的《中国共产党宣言》一样。(K. Shevelyov, On the History of the Formation of the Communist Party of China, *Far Eastern Affairs*, 1981, no. 1, p. 136)。该宣言即为张国焘“讲稿”所说“独秀从伍廷康得来”的“党纲”。

③ 1927 年印《中国共产党的历史与策略》有陈独秀党纲的较详细内容：“党绝对命令党员，党员服从纪律，确定共产党应该是民主集权制，应该是信仰共产主义，实现无产阶级专政，实行共产主义。”笔者以为，引起李汉俊 1921 年春反对的党纲大概与此类似。

④ 石川祯浩：《中国共产党成立史》(第 277 页)、李丹阳、刘建一“新视野下的中国共产主义运动起源研究——石川祯浩著《中国共产党成立史》评介”(《近代史研究》2006 年第 5 期) 对后两点有详考。

⑤ 《中国共产党第一个纲领》引自《中共中央文件选集》中央党校出版社 1989 年版，第 1 册第 3—5 页，下同。

阶级政权，而应当先支持孙中山领导的革命运动，以实现“民主政治”。他不赞同刘仁静“主张以无产阶级专政为斗争的直接目标，反对参加资产阶级民主运动”和张国焘“不管各国情形怎样，是要无（产阶）级专政”的说法，认为中国国情特殊，以后是否适用无产阶级专政，应当研究。①

其次，党纲中有中共“彻底断绝同黄色知识分子阶层……的一切联系”的条款，讨论中有人说：“知识分子都是资产阶级思想的代表者，一般应拒绝其入党”；“知识分子动摇、不可靠，在吸收他们入党时，应特别慎重，一般不容许他们入党”。李汉俊则主张，“对知识分子要放宽些”，吸收党员的条件应“不论成分，学生也好、大学教授也好，只要他信仰、了解和宣传马克思主义，即可入党”；应重视对青年学生的组织和教育，以掌握马克思主义的知识分子作骨干去组织和教育工人。②

针对“在党处于秘密状态时，党的重要主张和党员身份应保守秘密”、党员“不得担任政府官员或国会议员”的条款，和有的代表“中共目前不应参加实际政治活动”的主张，③李汉俊表示：“必须把公开的和秘密的工作结合起来”，政治活动是必要的。因为“公开宣传我们的理论，是取得成就的绝对必要条件”。他建议“挑选党员做国会议员”，因“利用同其他被压迫党派在国会中的联合行动，也可以部分地取得成就”，同时又指出，

① 刘仁静的这个观点见陈潭秋：《第一次代表大会的回忆》，《共产国际》（中文版）第7卷第4—5期合刊（1936年10月）；张国焘的这个观点见《张国焘关于中共成立前后情况的讲稿》。李汉俊的观点见《中共简史》和陈潭秋、张国焘的上述回忆。

② 陈潭秋：《第一次代表大会的回忆》；刘仁静：《回忆“五四”运动、北京大学马克思主义研究会和党的一大》，《“一大”前后》（二），第117页；《访问刘仁静的报告》（藏中共中央编译局）。

③ 张国焘：《我的回忆》，第1册第139页。

不应对议会斗争抱过高幻想。他还提出修正案："共产党员不得做资产阶级政府的政务官。"①

在讨论劳动运动方案时，就组织何种工会发生了争论。张国焘和刘仁静提出"要向产业工人进军"，"尽先把产业工人组织起来，职业工人无关重要"，而毛泽东等做实际工作的代表说："中国的产业工人大多在帝国主义国家开办的工厂里，人数不多，因此，产业工人、职业工人都要组织。"②完全了解产业工会要好于职业工会的李汉俊的意见是"容许职业工会"。③最后决议为"本党的基本任务是成立产业工会"。

据说是陈独秀得自维经斯基的临时"党纲"，即所谓《中国共产党宣言》申言："要组织一些大的产业组合"，"要用大罢工的方法，不断地扰乱资本家的国家，……最后争斗的时机，由共产党的号召，宣布总同盟罢工，给资本制度一个致命的打击。"1921 年春陈独秀据此拟的党章草案也"主张组织产业工会"。④这些内容被张国焘纳入党的工作计划。或许李汉俊觉得这种大的"产业组合"及"总同盟罢工"的革命方式不适合当时中国的国情，才在一大表示，如果不相信总罢工可以马上消灭资本主义国家，平时应引导工人"参加革命斗争和争取出版自由、集会自由的斗争"，以"改善工人的状况，开阔他们的眼界"。⑤他这种循序渐进，把

---

① 《中国共产党第一次代表大会》，《共产主义小组》北京：中共党史资料出版社 1987 年版（上），第 53—54 页。董必武 1929 年致何叔衡信说关于大会的报告是李汉俊和他起草的（《党史研究资料》1980 年第 13 期）。该报告真实反映了大会辩论各方的观点。另见张国焘、陈潭秋、包惠僧、陈公博回忆。

② 包惠僧：《谈中国共产党成立大会》，中央音乐学院马列主义教研室中共党史组编：《中国共产党第一次全国代表大会》增订本（内部教学参考资料）1979 年，第 104 页。

③ 汉档 12993.2（藏台北国民党党史馆）。

④ 《李达自传》，第 4 页。

⑤ 《中国共产党第一次代表大会》，《共产主义小组》（上），第 53 页。

政治斗争与经济斗争结合起来的提议，在试图“使阶级仇恨激化”，“用暴动精神”教育工人，并唯俄是从的张国焘看来，自然是不可接受的右倾观点。①

在讨论与其他政党关系问题时，李汉俊表示在目前的斗争中，应当“支持孙中山先生的革命运动”“援助国民党”。②张国焘等则声言“不与任何政党联合”，甚至认为国民党的南方政府与北洋政府是“一丘之貉”。③结果决议为“对现有其他政党，应采取独立、攻击、排他的态度。在政治斗争中……我们应始终站在完全独立的立场上，只维护无产阶级的利益，不同其他党派建立任何关系”。④

有些不讲策略、关门主义、自我设限的条款连共产国际代表也不认可，以致有时张国焘不得不遵命取消刚通过的决议并加以修正。⑤董必武后来评论说，“一大”决议助长了“关门”政策。⑥苏俄史学家潘佐夫（A. Pantsov）亦指出，尽管大会代表们“借用布尔什维克理论”来制定文件，但他们对其他革命政党和组织的“孤立主义立场”“比列宁和托洛茨基还要激进”。⑦可李汉俊出于国情和策略的考虑有的放矢提出的意见和

① 《北京共产主义组织的报告》（张国焘写），《中共中央文件选集》第1册，第10—13页。

② 张国焘：《我的回忆》，第1册第139页；汉档12993.2。

③ 《张国焘关于中共成立前后情况的讲稿》，第55页；李达：《中国共产党的发起和第一次、第二次代表大会经过的回忆》，《“一大”前后》（二），第11页；周佛海：《我逃出了赤都武汉》，《陈公博、周佛海回忆录合编》，香港：春秋出版社1967年版，第142页。

④ 这里主要引用Chen Kung-po（陈公博），*The Communist Movement in China*（共产主义运动在中国）MA diss.，Columbia University，1924，附英译“决议”。

⑤ 汉档12993.2；《“一大”前后》（二）第420页。

⑥ N. Wales，*Red Dust*（红尘），Stanford University Press，1952，p.40.

⑦ A. Pantsov，*The Bolsheviks and the Chinese Revolution*（布尔什维克和中国革命），Surrey：Curzon Press，2000，pp.36—37.

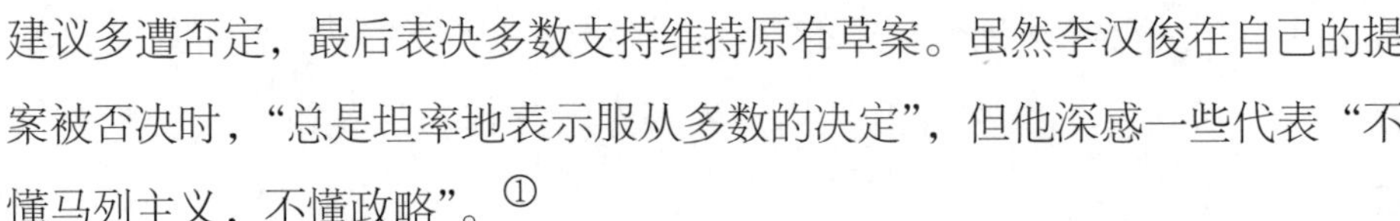

建议多遭否定，最后表决多数支持维持原有草案。虽然李汉俊在自己的提案被否决时，“总是坦率地表示服从多数的决定”，但他深感一些代表“不懂马列主义，不懂政略”。①

李汉俊在一大的发言反映出较高的马克思主义理论和策略水平，而会上对他的批评则多显示出这些方面的不成熟。对此，马林很快意识到了。1923 年他在给李汉俊的信里写道：“在第一次会议上，小组在上海对你的态度是错误的，在那时我已经表示了这种意见，并且自那时以后说过多次。现在，我们的同志都同意这种意见。”② 在共产国际帮助下，中共在二大前后对党的任务、策略做了适合国情的调整，申明要与国民党“组织民主的联合战线”，建立“民主政治”；要到议会“告发”军阀的罪恶，为工农经济利益“辩护”；党员不可以任“政务官”；工会应当从事劳工的“经济改良运动”和“劳动立法运动”等。③ 不难看出，这些策略与李汉俊在一大的提议和意见十分接近。

然而，一大前后李汉俊的确在一些重要方面确同苏俄、共产国际不一致：

其一，他对苏俄的无产阶级专政表示怀疑，认为那是共产党的“专制”，而他倾向建立“民主制度”。④ 其二，他指出布尔什维克集中制的组织原则有弊病：“中央集权可流于个人专制，可以使一、二野心家利用作

① 包惠僧：《共产党第一次全国代表会议前后的回忆》，《包惠僧回忆录》，北京：人民出版社，1983 年；张国焘：《我的回忆》，第 1 册第 140—141 页；《刘仁静口述》，李丹阳、刘建一根据 1980—1981 年间对刘仁静的数次访谈记录整理，整理稿经刘仁静审阅。

② 《中共中央某领导人致李汉俊的信》，1923 年 6 月 25 日（英文原件藏中央档案馆）。

③ 参见《“二大”和“三大”》，北京：中国社会科学院出版社 1985 年版，第 67、74、76、89 页。

④ Wilbur & How，p.53.

恶……中国过去都是专制的，如中国共产党新中央集权制必流于覆辙”；主张“各地方政策不宜相同而应由各地方自己去决定”。[①]其三，他“反对无条件接受第三国际津贴及命令”，[②]主张中国共产主义运动应由中共负责，“共产国际只能站在协助的地位”，中共以国际主义立场“可以接受它的理论指导并采一致的行动；至于经费方面，只能在我们感到不足时才接受补助，我们并不期望靠共产国际的津贴来发展工作”；反对中共党员领共产国际的“薪水”。[③]

李汉俊的这些意见似产生一定的影响。中共一大通过的党纲没有布尔什维克式的集中制原则和吸收党员的条件，直到二大才强调组织要有“集权精神与铁似的纪律”，通过的党章有“凡党员皆必须加入”党的基层组织并参加活动和“下级机关须完全执行上级机关之命令”的条款。另据《中国共产党简史》，因李汉俊等持有“机会主义思想”，一大上“无法提出”加入共产国际的问题，[④]结果仅议决“联合第三国际”和向其“报告工作”；也是在排除了李汉俊的党的二大上，中共才议决“加入第三国际”。[⑤]

李汉俊虽较早接触苏俄人员，却质疑布尔什维克的若干原则和做法，反对一切依靠和服从共产国际。这样，他在一大便成为贯彻共产国际意图的障碍。于是张国焘利用大会主席职权打击、诬陷他，说他“对资产阶级妥协，有改良主义的倾向”，会下散布他“是有问题的，……是黄色的”，

① 蔡和森：《中国共产党史的发展〈提纲〉》，《中共党史报告选编》，第29—30页。

② 汉档12993.2。

③ 张国焘：《我的回忆》，第1册第133页；蔡和森：《中国共产党史的发展〈提纲〉》，第31页。

④ Wilbur & How，p.54.

⑤ 《“二大”和“三大”》，第68页。

并故意违反原议“设法每日皆定汉俊住宅为会场”。[①]

7月30日晚的会议终于被法租界侦探注意到了。在参会的大多数人撤离后，李汉俊不顾个人安危留下应付随之而来的巡捕房警探的搜查和盘问。对法警询问家里为何藏有许多社会主义书籍，两个外国人是什么人，他镇静地用法语回答：自己“兼任商务印书馆的编译，什么书都要看看”，并告那两个外国人是北京大学的英国教授，利用暑假来沪一起谈“编辑新时代丛书的问题”。[②]法警在审问中未发现破绽，又没搜到证据，只好悻然离去。李汉俊以自己的沉着机智掩护了中国共产党的成立大会，也保护了共产国际代表的安全。随后，他不顾危险，毅然前往嘉兴南湖出席一大末次会议，参与了文件的通过和中央局的选举。由于李汉俊的主张在一大上未得到大多数代表的赞同和支持，并且决意排除他的张国焘，事先已经就选谁同马林商量好，并同各代表打了招呼，[③]导致李汉俊落选。

中国共产党正式诞生了。然而，对党的组建尽过心力的李汉俊却先是被排挤出中央，后又因与党中央某些领导人和共产国际代表在一些问题上意见发生分歧，于1924年脱离了党。但李汉俊依然坚持研究、宣传马克思主义，在党外继续为中国共产党做事，努力致力于工农和民族的解放，直至1927年献出生命。

李汉俊在中国共产主义运动初始时期的贡献不应被否认。

（李丹阳，历史学博士，研究员）

---

① 陈公博：《我与中国共产党》，《“一大”前后》（二），第420页；汉档12993.2。

② 陈公博：《我与中国共产党》，第422页；包惠僧：《共产党第一次全国代表会议前后的回忆》。

③ 包惠僧：《谈中国共产党成立大会》。

杨明斋：对党的创建多有贡献的“忠厚长者”[①]

陈安杰

杨明斋，革命烈士，中国共产党创建时期著名的革命活动家，上海共产党早期组织和社会主义青年团的创始人之一。1882 年出生于山东省平度县马戈庄一个农民家庭，青年时期闯俄谋生，参加了布尔什维克领导的工人运动，被推选为华侨工人代表，并光荣地加入了列宁领导的布尔什维克党。他被李大钊誉为“万里投荒，一身是胆”，周恩来总理赞誉他是我们党历史上受人尊敬的“忠厚长者”。杨明斋为人耿直、胸怀坦荡，一生勤勉工作、不务虚名、高风亮节，“不愧是一位老共产党员”，值得我们永远怀念和尊敬。

青年团是党派杨明斋负责的

1920 年 4 月，杨明斋随同俄共（布）远东局海参崴分局外国处工作小组来到中国，该小组负责人是维经斯基，杨明斋是工作组的重要成员兼翻译。5 月前后，杨明斋陪同维经斯基到达上海，帮助筹建共产党组织。8 月，上海共产党早期组织正式成立，这是中国第一个地方早期党组织，其

① 原载《学习时报》。2018 年 8 月 20 日。

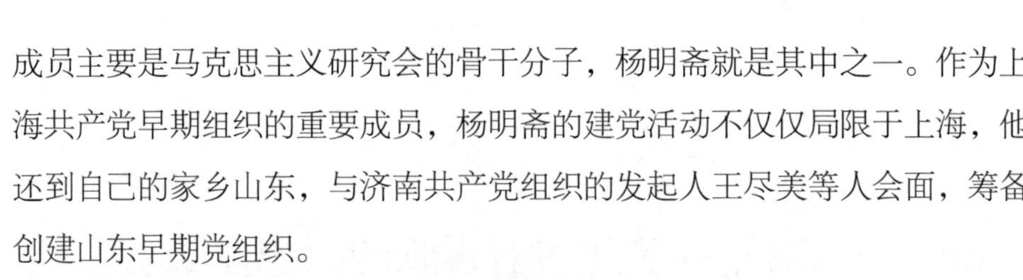

成员主要是马克思主义研究会的骨干分子，杨明斋就是其中之一。作为上海共产党早期组织的重要成员，杨明斋的建党活动不仅仅局限于上海，他还到自己的家乡山东，与济南共产党组织的发起人王尽美等人会面，筹备创建山东早期党组织。

上海的早期党组织建立后，为培养更多的革命青年投身革命活动，培养党的后备力量，决定发起组织社会主义青年团，派年长且具有经验的杨明斋具体负责。他“引导俞秀松等认真讨论和规定了团的宗旨、性质、组织机构，明确了团的任务和作用”。1920 年 8 月 22 日，上海社会主义青年团在杨明斋的住所宣告成立，杨明斋等八人成为社会主义青年团的创始人，并推选最年轻的团员俞秀松任书记。之后，北京等地相继建立团组织，团中央机关仍设在新渔阳里 6 号——杨明斋的住所。据陈望道回忆，“主持青年团的是从俄国回来的杨明斋和一青年俞秀松，另外还有几个青年”。

替党做翻译、教育工作

1920 年 9 月，在共产国际的帮助下，上海共产党早期组织创办了外国语学社，这是党组织创办的第一所培养革命干部的学校，杨明斋担任校长和俄语教员。教师多是上海共产党早期组织成员，“在任课教师中，任课时数最多、最经常的是杨明斋”。学员最多时达到五六十人，在这些学员当中有刘少奇、任弼时、李启汉、曹靖华等。为加强对革命青年的教育和培养，党的早期组织还成立了一个教育委员会，由杨明斋任副主任。杨明斋的住所成了上海共产党早期组织的一个工作部，杨明斋就是这个工作部的主要负责人之一。曾在外国语学社学习的萧劲光说：“在外国语学社负责的是杨明斋。那是一个挺和蔼可亲的山东人，俄语说得很好。”

在推动马克思主义的宣传过程中，由杨明斋任社长的中俄通信社是最早宣传马克思主义的工作机构，秘密地开展党的革命工作。该社是共产国际工作组建立的一个公开活动机构。通信社的主要任务是翻译和报道有关苏俄、共产国际方面的资料，并把中国报刊上的重要信息译成俄文发往莫斯科。为扩大信息宣传，还在北京设立了分社。“杨明斋领导的中俄通信社，旗帜鲜明地、真实地报道苏俄各方面的情况，深得中国人民信赖。”

开展工运　组织群众

1920 年 10 月 3 日，在霞飞路渔阳里 6 号召开了上海机器工会发起会，杨明斋以嘉宾的身份出席了会议并在会上发表了热情洋溢的讲话，向工人讲述受剥削的真正原因。在早期共产党组织的帮助下，上海机器工会于 11 月 21 日在白克路上海公学正式成立，前来参加成立大会的嘉宾不下千人，杨明斋等到会祝贺。陈独秀、杨明斋等上海党的早期组织成员在指导成立各行业工会的同时，也积极推动建立跨行业的工人大联合。1920 年 12 月 20 日，上海党的早期组织在上海公学召开各行业工人的联合组织——工人游艺会成立大会，杨明斋等参加了成立大会并发表了演讲，他们在演讲中号召工人破除迷信、振作精神、团结起来，改变“金钱万能，劳工无能”的旧观念。实际上，“工人游艺会”和党后来领导建立的工人俱乐部一样，都成为向工人宣传马克思主义的重要活动场所，为各行业工人的团结进步创造了条件。

1938 年 2 月，杨明斋在苏联以被捏造的罪名逮捕，是年 5 月牺牲，1989 年 1 月，苏共中央为杨明斋恢复了名誉，8 月，杨明斋由我国民政部门公布为革命烈士。我们党的这位“忠厚长者”怀着崇高的信念，孜孜不倦地工作，直至献出宝贵的生命。正如罗章龙所讲：“他是一位忠诚的共产主义老战士，有抱负，有主见，不盲从，不随波逐流，自甘韬晦，埋首革命。对于我们党的这样一位很有贡献的同志，不应埋没了他的功绩。”杨明斋对中国共产党的创建所做出的历史贡献是不可忘却的，应当永载史册。

（陈安杰，中共上海市松江区委党校讲师）

忆秀松[①]

安志洁

我原名盛世同，老家在东北辽宁省开源县向阳山下一个风景优美的村庄盛家屯。我的曾祖父盛福信是从山东逃荒来的。祖父盛宝栋，和曾祖父一起为财主做长工。由于他们目不识丁，常受人欺侮。父亲盛振甲一面务农，一面读了三年私塾。后来受了新文化的影响，担任邻村黄家屯小学的校董。母亲安景凤，生我们兄弟姐妹 7 人。

大哥盛世才，在沈阳读完中学，由郭松龄送去日本留学，1928 年日本陆军大学毕业，回国后去新疆当督办。二哥盛世英，完全靠自学，在新疆时任运输管理局副局长。三哥盛世骏，新疆军官学校毕业，后任警卫团团长。四哥盛世骐，莫斯科红军大学毕业后，任新疆机械化旅旅长，1942 年被暗杀。五哥盛世骥，苏联东方大学毕业后，任新疆师范学校校长、中央训练团教育长，现在台湾。姐姐盛世芬，只读两年多小学，是家庭妇女。我最小，生于 1915 年。

“九一八”事变后，我在沈阳第六小学读书，1933 年转入第一女子中学。当时传说盛世才在新疆联俄抗日，日本军警到我老家搜查。我们全家

① 原载中共一大会址纪念馆《红旗飘飘》编辑部：《红旗飘飘》（31 集），中国青年出版社 1990 年。

不得不于1934年10月离开老家到北平，1935年4月抵达新疆迪化（今乌鲁木齐市）。一到新疆，我便进入女子中学读书，参加了反帝会、妇女协会和学联会等组织，成为会员。学校里反帝反封建的空气很浓，为提倡一夫一妻制，我们自编自演了话剧《反对纳妾》，影响很好。

1935年6月，由苏联派来了一批同志，约有20多人到新疆，其中有王寿成（俞秀松）、万献廷（张逸凡）、王宝乾（赵实）、郑义君（一俊）、赵云容、高秀影（王一）、吴德铭（江泽民）、栾宝亭（嵇直）、张义吾、刘贤臣等。王寿成当时任新疆反帝联合总会秘书长，所以听大报告时也见过他，但不熟悉。

1935年11月，王立祥（曾秀夫）由苏联到迪化，在督办东客厅作第三国际有关情况的报告，一连三四个晚上，听报告者约有30多人，大多是不公开的共产党员。另外盛世才、邱毓芳、盛世骐和我也参加听讲。我在这个会上认识了王寿成。不久他担任了我和侄儿女的家庭教师。他教书认真，耐心讲解，一丝不苟。他还时常谈谈国家大事，表示一定要把日本帝国主义者赶出中国去，还鼓励我必须好好学习，参加革命。对我印象最深的是，谈到他的人生观。他说："革命、学习、婚姻是人生三件大事。我参加革命已10多年，还要继续奋斗。书也读得不少，但要不断学习，温故知新，补充新鲜血液，增加'营养'。可是婚姻问题却没有时间和机会考虑。这是人生一件大事，绝不能草率从事。但无论如何，革命是第一位的。"他在信里还问我是否愿意去苏联留学，并帮助我学习俄文。又说："参加革命以来，第二次来苏联已有十年多了，先后在东方、中山、列宁大学读书和工作，从来没有谈过恋爱。现在年岁大了，应该考虑这个问题了。"他称赞我在学校里学得很好，表现积极，参加了反帝会等进步组织，还开展文娱活动。他提出愿意与我结成终生伴侣。我问他为什么这么大年纪还未成婚。他说："我在杭州第一师范读书时，父亲要我回去结婚，是我老师蒋先生的女儿。但是我拒绝了这种包办婚姻。我认为必须相互了解，由恋爱而结婚。曾为此事和父亲三击掌；找不到志同道合的新女性，终身不婚。同时我以为人生应把革命工作、人民利益放在第一位。我参加革命到处奔波，四海为家，紧张的工作、学习，没有时间安定下来考虑个人的事，所以把婚事拖到如今。"他对待工作的充沛干劲和渊博的学识，使我对他由钦佩而产生了感情。他一再表示："我是共产党员，马列主义的信徒。我要找的是志同道合、思想进步的伴侣，并不是因为你是督办的妹妹。我一定为你自立创造条件。"就这样，1936 年夏，经过斯大林同志的批准，我们结了婚。婚前斯大林同志交苏驻新疆领事阿布列索夫和秘书安铁列夫送来一箱衣物表示祝贺。结婚那天，苏联领事馆全体同志都来参加婚礼，秀松用俄语介绍了我们恋爱的经过。苏联把我们结婚的情景和新疆的建设、习俗等拍成电影（我原保存一部拷贝，后被烧毁），曾在莫斯科、迪化等放映过。在我们结婚一周年时，斯大林同志又送来一件富有纪念意义的礼物——照相机，这架照相机已于 1982 年捐献给中国革命博物馆了。

我们婚后的生活是很清苦的。秀松艰苦朴素，不吸烟，不喝酒。平时工资收入大都用来买书、订阅杂志。对周围生活有困难的人，他很乐于帮助。一个厨师家有困难，每周回去，秀松都送他食物、衣物。一位赶马车的，是维吾尔族人，按少数民族习惯，老婆生男孩子满月，丈夫要送妻子头巾、皮靴；他没钱买，秀松就帮助他解决困难。

秀松很注意培养青年，选送了许多青年到苏联学习，培养他们成为哲学、经济学、医学等方面的人才。当时想去留苏的人很多，但秀松不徇私情，秉公办事，量才选派。我的堂姐夫因为考核成绩不合格，婶母来说情。秀松认为共产党人就应该铁面无私，不讲情面，拒绝了婶母的要求。

他经常向群众宣传爱国主义思想，宣讲抗日救国的道理。“九一八”后，看到国土逐渐沦陷，心里很难过。“七七”卢沟桥事变后，日寇大举进攻，他从广播里听到杭州被陷的消息，想到父母弟妹和乡亲，一夜没有睡觉。第二天，他从箱子里翻出两只橘子对我说：“这是我第二次（1925年）去莫斯科时从祖国带去的，一直放在身边，有时想念家乡就拿出来闻闻。现在还保存得很好，完整无缺，更坚实了，深黄色的，看上去还有光泽。现在它又随我回祖国来了！”由此可见秀松对祖国家乡深切怀念之情。他在1927年11月24日的一封信中说：“回想国内一般人民的生活情形，连年天灾人祸，不禁忧从中来。民国扰攘十六年，不知政局将于何日澄清，使人民得享太平之乐也？我虽离国三年，固无日不忧念祖国，但我现在只有努力研究学问，以为将来社会之驱使……”他这种忧国忧民的动人事例深深印在我的脑海里。他经常对我说：“只有反帝，才能打倒封建官僚，因为他们狼狈为奸。一定要坚决斗争，以血还血，抗战到底，才能恢复失地，我们的共产主义事业才有希望，国家才能繁荣富强起来。”他又风趣地说：“你的名字盛世同，取得不错。我看共产主义在全世界必然会胜利那盛世大同的时代也一定会到来。那时人剥削人的制度就会被消灭，人民的生活会越过越幸福。你一定要按自己的姓名含意为共产主义事业奋斗终生。但要达到这个目的，必须坚持不懈，不怕牺牲。”

当时新疆没有共产党的公开组织，俞秀松到新后担任“新疆全省民众反帝联合总会”（简称反帝会）秘书长，通过这个组织，贯彻、执行党的方针、政策。反帝会的日常工作均由秘书处负责，有秘书十余人协助秀松开展工作。反帝会下设组织部、宣传部、文化部、军事部、青年部、妇女部、民众部、学生部等。正副部长大都由中共和联共党员担任。反帝会组织遍布全省，威望很高，是全疆各族人民爱戴和拥护的民众团体，是一个生动活泼、纪律严明的群众组织。当时能做一个反帝会的会员，是很光荣的。

反帝会的任务是：领导全疆人民反对帝国主义，执行抗日民族统一战线，坚决抗日救国，执行六大政策，使新疆各族人民团结和平建设新新疆。

反帝会每月定期出版《反帝战线》刊物，由秀松主编。他经常写稿，发表了不少重要文章。如“怎样做一个反帝会会员”。每逢重要节日或纪念活动的宣言、决议，甚至贺电、标语、口号等也都由秀松亲自组织领导写稿。秀松在新时，经常在大会上发表演讲，动员各族人民共同努力，发扬主人翁的责任感，把新疆建设好。为搞好各族人民的团结友爱，秀松经常和包尔汉、沙里福汗、满苏尔、满汉王、和加尼牙孜、大阿訇等少数民族朋友交往，向他们宣传马列主义和共产党的宗旨，中国共产党的创建过程，以及如何拯救中国等爱国主义思想，并且征求他们的意见。为发展各民族的文化，陆续开办了各民族促进会及学校，使各族人民的文化教育得到蓬勃发展。因此少数民族同胞也很信任秀松。在秀松的带动卜，各民族之间关系融洽，致使 1935 年把五大政策改为六大政策，从而发展了各民族关系。在秀松到新疆之前，已有五大政策，即反帝、亲苏、和平、清廉、建设。秀松来到后，和同志们一起增订了一条“民平”政策，即新疆各族人民一律平等。为此他专门写了一篇《新政府民族政策》的文章，至今仍有现实意义。秀松还参与《六大政策教程》的修改整理工作，把它作为政治课的教材。

反帝会还定期举办会员训练班、县长训练班，课程设有：马列主义、辩证唯物论、历史唯物论、联共党史教程等。主要课程由秀松讲授。有关国内外形势的资料和各种条约、运动史，由秀松审稿后，各部部长讲课。他还根据当时形势和重大事件，提出新的行动纲领。西安事变发生时，新疆电台收到这个消息，秀松在当天立即代盛世才拟发电报给张学良将军表示支持；并通知新疆日报社当天晚上出号外，坚决支持张学良，拥护“八项救国纲领”；还发动反帝会会员和学生到街头张贴标语，宣传抗日救国。声势之浩大，震动了迪化城。有人高呼“打倒卖国贼！收回东三省！”东北老乡更是怒火填膺，举起双手，要求打回老家，把日本佬赶出去！要求蒋介石抗日，坚决拥护共产党领导抗日民族统一战线，赞同国共再次合作。

秀松在新疆时期，还担任过新疆学院院长、省一中校长、督办公署边防处政训处副处长、航空学校和军官学校政治教官等职。他在新疆学院等单位除负责拟订办学方针和教学计划外，还亲自讲授“马列主义”和“六大政策”等课程。有一位过去省一中的同志说：“当时新疆学院院长兼一中校长，是共产党人俞秀松（王寿成）。我们入校第一课就是学习俞秀松的政治评论《辛亥革命的失败与教训》。校长是学识渊博的共产党人，经常以做报告形式给全校学生上大课。他所做的报告都具有鲜明的马列主义观点，所以学生们每听一次报告，就是接受一次生动的马列主义教育。”秀松的工作从早到晚排得满满的，除了主持反帝会日常工作外，就是上课，或者学习，甚至早晚还要到校检查学生自修情况，回家后还要继续工作和学习。他经常写文章，在《新疆日报》发表过不少重要社论。

1937年的一天，新疆省政府主席李溶送来一张委任状，任命秀松兼教育厅厅长。当晚他和我商量，准备把委任状退回去。我问他为什么？他说：“要想做官，我早已回浙江省当教育厅厅长了。杭州有一些老朋友已经请我好几次，我都回绝了。”第二天他把委任状送回省政府办公厅。他处处以清廉为表率，以身教影响新疆官员。他早在1923年给父母的信中就说："我平常痛骂现在做官的人，所以我在此除学军事知识外，做官两个字在脑中是没有转念的。"由此可见他先后的言行是完全一致的。

秀松同志不顾个人安危，敢于同坏人坏事斗争。1936 年冬，老牌国民党反动分子邱宗濬（盛世才的岳丈），任新疆省伊犁河警备司令，作风恶劣，民愤极大。他和小老婆上街还要鸣炮奏乐，打鼓敲锣，明目张胆破坏清廉、民平政策；还贪污盗窃国家财产，擅自关闭当地银行三天，抢走所有金银钱币；还抢劫民众财物，把伊犁一户祖辈在国外做过领事的人家祖传的一件珍珠披肩抢走；甚至谋财害命，杀人灭口，干了不少令人发指的坏事。苏联驻迪化领事馆得知此事后，立即向秀松反映。也有民众写检举信到反帝会告发。秀松得知此情后非常生气，认为这件事一定要管，因为这是破坏六大政策的大事；能否为民除害，对新疆政府和反帝会的威信影响极大。于是我陪同秀松去督办公署找盛世才反映了邱老头的许多罪状，盛听了很吃惊。秀松说："要维护六大政策，必须坚决查办，何况他是你的亲属，这事对你本人也有很大影响。"经过反复激烈的争辩，盛世才只得同意组织一个调查团去伊犁查证。但盛的连襟汪鸿藻知道此事后，硬要把他老婆邱毓英（邱毓芳之姐）塞进调查团，给调查工作带来不少阻力。邱、汪两家甚至说是俞秀松诬告。秀松毫不畏惧，坚决支持调查团的正义行动。经过深入细致的调查，邱老头的罪行完全暴露在光天化日之下。因为证据确凿，邱老头被撤职，离伊犁回迪化闲居。伊犁百姓拍手称快，高兴地说："瘟神走了！"此后，邱、汪、柳（邱家表侄女）家，对秀松恨之入骨。

秀松曾多次与盛世才商量，以财力、物力包括武器、弹药、被服、装备等军事物资支援延安党中央，协助党派人到新疆培训航空飞行人员。1937 年由红五军、九军、三十军组成的西路军五百多人准备进入新疆，秀松积极筹备迎接工作。当西路军进入星星峡时，得悉哈密警备司令姚乐博士谋反，企图消灭西路军；秀松他们就立刻组织力量进行声讨，揭露姚乐博士的阴谋，并及时制止了他的谋反，使西路军得以安全进入新疆。他们妥善安置西路军，成立了新兵营，发给新的被褥服装，伙食从优。一位现在南京的老红军说："我们到新后，受到格外优待，不但生活上得到很好的照顾，而且对我们非常信任。召开大会时，就把新兵营的红军排在最前列，作为警戒部队。我们也感到自豪。回延安时还发给我们行军装备和路费，大家很高兴。"秀松在新疆工作期间，按照党的方针政策，开展了大量革命活动，大大鼓舞了新疆各族人民抗日爱国的热情，使党的政策在新疆各族人民中留下了深远的影响。

1937 年 12 月下旬，有一天晚饭后秀松去反帝会了解各部门开会学习的情况，然后照例到新疆学院和省立一中查看学生夜自修。我因第二天要考生物学，在灯下温功课，突然听到门外急促的脚步声，接着进来四个盛世才的卫士，手提马灯，说是督办有要事，请秘书长立即就去。因秀松还未回家，我叫他们在外面等一会。九时许秀松回家，见门口有小汽车，又听说是来接他去督办公署当时就感到不妙。过去盛世才找他有事，总是事先拨电话给他，有时他自己前去，有时是我陪他同去。为什么今天用小汽车来接他？他对我说："早点睡吧，你明天还要考试呢。我去看看再说。"我叫他早些回来，他却说不一定。我一面看书，一面焦急地等他回来，心里烦躁极了。深夜十二点我见他还不回来，就给盛世才打电话。盛说有事商量，叫我先休息。到后半夜两点钟还不见他回来，我再打电话问，又说是去苏领事馆办事，可能要到明天才回家。这一夜我哪能入睡，心神不定，昏昏沉沉，第二天早上我到学校参加第一节课考试后，立即回家。一敲门，厨师流着泪来开门，对我说："秘书长被抓起来了。公安处叫你把被褥和洗脸用品送去。"我一听怒不可遏，立即打电话质问盛世才为什么无故抓人。他说电话里说不清楚，叫我去一趟。我到督办公署，一进房间，见我妈和姐姐满脸泪痕，相对哭泣。见到这一情景，我的心都要跳出来了，立即找盛世才评理。他说秀松参与了一个“阴谋暴动案”，要杀他。我问他有什么证据，他说监狱里提供了这个组织的名单，上有王寿成的盖章。我叫他拿出来，他却推说先把棉被等拿到承启处转给监狱再说。事后我又去责问，他就威胁我说有证据，并诬告秀松与托派有关，过几天开公审大会，你可当面听。我理直气壮地说：“如果没有事实，我就枪毙你!”他一听暴跳如雷，叫卫兵把我抓起来。我毫不畏惧，卫兵也不敢下手。他只得来软的，说过几天查明后没事就放回来，而且同意第四天去探监。秀松看我去探望他，当时有些生气，问我：“为什么给你几次信，一次也不回?”但事实上我一封信也没收到。接着他气冲冲地说：“为什么抓我？天理国法哪里去了?”当我把盛世才说他参与阴谋暴动案并与托派有关的话告诉他时，他哈哈一笑：“莫名其妙，你相信吗？我来新疆是干革命，坚决执行六大政策，为什么要杀盛世才？有什么凭据?”“我在入党时就表明为共产主义业奋斗终生。我是一个马列主义的信仰者，要实现我的理想——解放全人类。怎么可能与托派有关？过去几次清党都没有问题，早期参加党的同志和在苏留学的同学都了解我。这完全是诬陷！一定有人在捣鬼。这笔账一定要算，你千万不要屈服。”他劝我：“要坚强，不要悲伤。坐牢是革命者的家常便饭，要革命就不怕杀头，革命者是杀不完的。革命一定会成功，这是我坚定不移的信念。”我劝他耐心等待，水干石头显，真金不怕火炼。不料这些话被盛世才知道了，说我们在狱中谈政治，不准我再去探监。我知道一定有人在听我们的谈话，但不理那一套，继续与他们斗争，逼他们拿出证据来。盛世才曾对我姐姐说：“真没有办法，偏偏世同认识王寿成的笔迹，要不随便写个供词给她看一看，就免得麻烦了。”可见并无真凭实据，完全是诬告。由于我拼死斗争，争取到每周给秀松送一次什物，每个月探监一次。送去东西，我一定要秀松亲笔收条，以证明他已收到，并且还活着。第一次的收条是监狱长李浦霖代签的，我就退了回去，要秀松的亲笔收条。后来我去探监，考虑到有人偷听，所以让他们派人作探监记录。我和秀松交谈时，无关紧要的就大声说，因为记录者座位较远，故意让他记录；重要的内容就小声说或者笔谈，然后把纸条塞进我的口袋，回家再销毁。

秀松虽身在狱中，但仍关心国内外形势和新疆大事，我都尽量告诉他。他要看书学习，每次探监我就给他带去。秀松给我讲革命必胜的道理。他说：“人与人应该是平等的，可是万恶的社会制度，人为地造成少数人剥削压迫大多数人，凭借手中的政权和军队，统治着国家。只要民众团结起来，坚决斗争，不怕牺牲，难道多数人还斗不过少数人吗？问题是要有一个严密的组织，坚强的领导。现在已经有了一个共产党的领导，所以你一定要相信党，投身到革命斗争中去。你不要为我担忧。看你面色苍黄，你要是爱我，就首先把身体保重好，这是革命的本钱。我一个人算不了什么，不能为我一个着想，要为穷苦大众献身，这才是革命者的本色。有了党的领导什么事都能办成，这是我坚信不疑的。你说对吗？要记住！”我听了他的话总是含泪点头。

我去探监，发现他头发和指甲都长了，就带了理发推子剪刀，要为他理发。他说：“要理就大家都理，我要争取大家都理发洗澡。”经与监狱长李浦霖坚决斗争，并与盛世才力争，结果被押的人，在天冷季节每月都能理发洗澡了。他在狱中，我送去的新衣服他一件不穿。一条旧毛巾洗成蜘蛛网一样，我妈后来看到了，非常难过，泪流满面。

秀松被捕时，我四哥盛世骐在莫斯科红军大学读书，五哥盛世骥在东方大学学习。他们得知此事后，向盛世才据理力争，要求释放秀松，并想方设法要把秀松营出狱。可惜时间紧迫，准备不及，未能如愿。后来我又与盛世才争吵，要求住进监狱与秀松共同生活，以便商议如何进一步斗争和争取出狱，并能有充裕的时间倾听秀松的意见。开始盛世才怕我经常吵闹，影响我妈妈的身体健康（因为秀松被捕以后，我妈气得昏迷过好几次了），所以同意我的要求。可是不久，由于盛世才的岳丈邱老头的破坏，说盛世才真糊涂，叫你妹妹进监狱，这岂不证明你抓人是无凭据的，谁会相信你妹妹也要杀你？他听了这个意见，就变卦了，我这个愿望也未能实现。秀松在狱中不屈不挠，坚决斗争。他说："真理只有一条事实是改变不了的，假的只能蒙骗不明真相的人。他们这样猖狂，不可一世，但最终一定会受到民众的惩罚。我究竟是怎么样的人，不久总会弄清楚的。不必为我伤感奔波，好好学习，多为民众做些好事，我就安心了。我们的事业一定会胜利。"

1938 年 6 月 25 日，盛世才到我家来，让我替秀松收拾东西，说要把秀松送回苏联。我强作镇静去第二监狱，让秀松替换衣服，整理行装。他以为是释放出狱，显得有些兴奋，说回家再换衣服也行。当知道要把他送回苏联后，他气愤地说："我要去问问盛世才，为什么叫我坐牢？"后来狱警强迫他坐上汽车，同车的还有被押的万献廷。秀松一把把我也拉上车，我便同车送他去飞机场。在车上，秀松语重心长地说："我们没有能在一起革命、生活一辈子，不知何时能再相见。你要记住为革命献身是光荣的。"秀松预感到回苏联会受到不白之冤，因为过去在中山大学时，他曾与王明做过斗争，被王明诬陷为托派分子。又据监狱长李浦霖透露是"代押的"，所以秀松心情沉重地说："我此去凶多吉少。你要挺起胸膛，不畏强暴，不能靠别人，救世主就是共产党。要相信共产党，他们才是中国人民的救星。”“我个人生死微不足道，革命党人的头是杀不完的，血是流不尽的。让鲜血换来新中国的胜利，人民得享幸福生活，我心甘情愿。但不能看到祖国明天的胜利，离开了祖国锦绣山河和骨肉同胞，心里实在难忍。”时间太快了，一会儿就到了飞机场。远远看到一架苏联绿色军用飞机停在那里，还有数十名荷枪实弹的苏军士兵。他们催促秀松、万献廷两人上飞机。生死离别就在眼前，秀松紧紧抱住我并亲吻我，含泪说：“同妹！要坚强，多保重，但愿我们能重逢。”秀松和万献廷上飞机后，即被绑上降落伞。不久，马达声响了，飞机腾空而起。我的亲人被夺走了！秀松手拿帽子，从窗口不断向我招手。飞机远远离去，我昏倒在地，不省人事。谁知机场一别，竟成了永诀！

自从秀松被捕押送苏联后，我与盛世才感情破裂，断绝兄妹关系，并从此随我妈妈姓安，改名“志洁”，以示意志坚定纯洁，不与他们同流合污。秀松走后，他的生死究竟如何不得而知。在痛苦的思念中，我茶饭不思，孤灯只影，夜不成眠。尽管精神遭到沉重打击，但我相信他会回来。我坚定信心，振作精神，踏上了自力更生之路，担任女中附小教师，被选为反帝会直属四分会负责人（秘书干事）。除认真教学外，积极响应党的抗日救国号召。我和师生们一起商量以义演捐献飞机等支援抗日，立即得到程筱云、李醒华、王采南、康狄等教师的支持。以前我们曾演出过街头剧《放下你的鞭子》，有一定基础，决定排演《中国万岁》，请叶露茜担任导演，我也参加了演出，并担任剧中女主角，演出后场场满座，深受各界欢迎。以后又演出了大型历史剧《武则天》和话剧《雷雨》《樱花晚宴》等剧目，朱旦华扮唐明皇、李景淑扮演武则天，电影演员俞佩珊和程婉芬也参加了演出。并得到赵丹、叶露茜、于村等同志的协助和导演。这些剧目上演后更加得到观众的好评。我们把售票全部交反帝会和新疆政府，代买战斗机支援前线抗日。

我以实际行动怀念和继承秀松事业，不仅参加进步组织，积极投入抗日活动，而且认真对待教学。由于工作有了点成绩，我和朱旦华、张奋音等被评为“斯达汉诺夫突击教师”的光荣称号，受到教育厅的嘉奖，并合影登载在《新疆日报》上。为了提高教学水平，后来我又进入新疆女子师范学院教育系继续读书。

1942 年后新疆政局变化，1944 年盛世才去重庆出任国民党农林部长。我和妈妈仍在乌鲁木齐，为的是探听秀松的下落。后来，我陪妈妈到重庆看病，但与盛世才并无来往。记得在重庆时，蒋介石和宋美龄曾亲自出面，要为我做媒，被我断然拒绝。此后就被特务盯上，行动不甚方便。我在重庆时，将秀松留下的信寄给他父亲，不久便得到回音。1948 年解放战争进入重要阶段，我决定和妈妈、四哥的幼子、五哥的幼女等一同到杭州和秀松老家诸暨暂住，等待解放。虽然许多亲属劝我离开大陆，但我等待秀松的意志坚定不移。解放后，我定居上海。党的十一届三中全会以后，恢复了党的实事求是的优良传统，在党中央的亲切关怀下，才得知秀松已冤死苏联，并使长达四十五年之久的沉冤，大白于天下。秀松九泉有知，也会含笑高呼“中国共产党万岁！”

秀松啊！将近半个世纪以来，我心头的一块顽石，终于被抛到九霄云外。你的预言，你为之奋斗的目标，终于成为现实。我们的党，正朝气蓬勃地率领全国人民奔向四个现代化。我一定继承你的遗志，为伟大祖国的统一事业，发挥余热，多做贡献。

安息吧！亲爱的秀松同志！

（安志洁，原名盛世同，俞秀松妻子）

老渔阳里与早期上海工人群众运动领袖“二李”①

袁士祥

老渔阳里，新式石库门房子在上海南昌路很普通；老渔阳里，也不简单：它建于1911年，承载着中共早期许多历史事实。1920年6月，在“老渔阳2号陈独秀寓所开会，决定成立中国共产党”。②这是中国第一个中国共产党的早期组织，具有中国共产党发起组的性质。这里，在1921年7月到1922年10月之间，还成了中共中央机关所在地，领导全国党的组织、宣传和工人群众运动工作。本文说的工人群众领袖“二李”，指的是：李声澥（李中）和李启汉。比较一下，他们的相同点还真不少：他们都曾经住在渔阳里。李声澥曾经住在老渔阳里2号，李启汉就住在北面的新渔阳里6号，却又经常到老渔阳里2号“走动”，得到中国共产党上海发起组的指示；他们都是中国共产党创立时期的党员，中国早期工人群众运动的领导人；同时他们又都姓李。所以，文章的标题取名为：老渔阳里与早期上海工人群众运动领袖“二李”。

① 本文系上海市党校（行政学院）系统2014年立项课题《早期中国共产党人在上海探索群众路线的历史经验研究（1919—1922年）》的阶段性成果。

② 中共上海市委党史研究室编《上海党史知识读本》，上海人民出版社，2011年1月。

李声澥：寓居老渔阳里与江南造船厂“打铁”

这里先介绍江南造船厂，再介绍李声澥“打铁”的事情。从中可以看到老渔阳里 2 号与上海工人群众运动发生着某种必然联系，而这些又为中国共产党在上海的诞生创造了一个重要的条件。

江南造船厂是中共早期组织工人群众、进行革命活动的播火地。当年李声澥以老渔阳里 2 号为寓居，每天沿着吕班路向南走大约一公里路程，到高昌庙路（又叫兵工厂路，后来改为高雄路），去江南造船厂“打铁”——开展工人群众运动。江南造船厂厂房是沿着上海母亲河黄浦江排布的，这里过去的地名叫高昌庙。江南造船厂周边的高昌庙路、制造局路，均以江南机器制造局得名。而“江南制造”最初建造在今天虹口的九龙路溧阳路一带。1865 年，李鸿章用 4 万两白银买下了美商弗尔士开设的“旗记铁厂”，再从美国购得一些机器，成立了江南机器制造总局。后来李鸿章下令，1867 年开始，“江南制造”逐步搬迁至上海县高昌乡高昌庙。这样，“江南制造”“落户”在高昌庙就有一百多年历史了。一直到筹办世博园区，“江南制造”才迎来了又一次整体搬迁。

2011 年 6 月，江南集团有限责任公司党委书记龚汉明在接受记者采访时说：“江南不仅是中国民族工业的发祥地、产业工人的摇篮，还是中国共产党早期革命活动的播火地，中共早期第一个产业工人党员李中都诞生于此。江南建厂已有 146 年，其几经更名的风云就是一部中国近现代史的缩影。江南的前身是清政府创建于 1865 年的江南机器制造总局……当时的清政府发起了以购买和仿造外洋船炮、加强军事实力为中心的洋务运动，先后兴办了一批现代军事工业，江南制造局就是办得最早、规模最大的一个企业。2002 年 12 月，中国获得了 2010 年上海世界博览会的主办权。世博会浦西园区位于江南原址上……旧厂区，进军中船长兴造船基地，同时脱胎换骨成为名副其实的现代化企业，朝着中国第一军工造船企业的目标迈出了历史性的一步。”①

江南造船厂和当时的杨树浦灯泡厂、厚生铁厂、东洋纱厂、上海厚生纱厂以及沪西的一些纺织厂等，都是早期中国共产党人探索群众路线，进行革命活动的地方。

李声澥，江南造船厂“打铁”工人，中共最早的一名工人党员。湖南人，与毛泽东是同乡，也是同学。1920 年，毛泽东在写给新民学会会员的一封信中曾经提到，“李声澥以一师学生在江南造船厂打铁”，“他现寓上海法租界渔阳里 2 号，帮助陈仲甫先生等组织机器工会”。中共一大会址纪念馆原馆长倪兴祥在 20 世纪 80 年代就提出：“李声澥湖南湘乡人，在湖南省立第一师范学校读书时，曾和蔡和森、毛泽东同学。”②“（李声澥）他想方设法打听到陈独秀的寓所，经常秘密地前去拜访……他离开古董玩器商店。把原名李声澥改为李中，进了江南造船厂。在厂里他一面当段工，以打铁为生，一面通过工友，广泛联络工人群众。李中的活动得到了陈独秀的称赞和重视。……接着李中受党委托，立即在江南造船厂发动组织机器工会。”③

关于李声澥，上海市地方志办公室《上海机电工业志》也有记载：民国 9 年（1920 年）8 月，上海共产主义小组成员李中，来到江南造船所，在工人中宣传马克思主义。9 月，李中在《劳动界》上发表了《一个工人

---

① 李魏晏子《百年江南的巨变》，《上海国资》，2011 年 7 月 29 日。

② 中国共产党第一次代表大会会址纪念馆编《上海地区建党活动研究资料》，1986 年，第 87—88 页。

③ 中国共产党第一次代表大会会址纪念馆编《上海地区建党活动研究资料》，1986 年，第 88 页。

的宣言》，提出“要产生工人的中国，首先就要工人联络”“成立一个大团体”的主张。在上海共产主义小组帮助下，10 月 3 日召开了上海机器工会发起会。会上，通过了由李中与陈独秀共同起草的《上海机器工会章程》。11 月 21 日，中国第一个工会——上海机器工会宣告成立。这里需要分析说明的：一是，1920 年 10 月 3 日，上海机器工会发起会是在霞飞路（今淮海中路）渔阳里 6 号召开的，主要是设想：按照产业分类，或者按照行业分类，或者按照职业分类，把工人群众组织到工会组织中来，并且发动工人群众解决改善工作条件、工资待遇等问题。出席这次会议的有陈独秀、杨明斋、李汉俊和江南造船厂、杨树浦灯泡厂、厚生铁厂、东洋纱厂、上海厚生纱厂的一些工人代表，工人群众的领袖李声澥是这次会议的组织者和主持人。二是，在中国共产党上海发起组领导下，由工人群众的领袖李声澥和陈文焕组织发起，在上海白克路 207 号（今凤阳路 186 号）上海公学中，召开成立大会。孙中山、陈独秀也一起出席了这次大会并且讲话。李声澥担任大会主席。会议宣告全国第一个工会组织——上海机器工会成立。它标志着我们党领导的工人群众运动进入了一个有领导、有组织、有计划的新阶段。

这便是早期上海工人群众运动领袖李声澥寓居老渔阳里，在江南造船厂“打铁”的事情。

李启汉：沪西小沙渡创办我党历史上最早的一所工人群众学校

中共早期上海工人群众的领袖“二李”，还有一位是李启汉。李启汉，原名李森，又名志生，1898 年出生于湖南省江华县的一个贫农家庭。1920 年春，他受毛泽东指点到了上海，在“外国语学社”学习俄文，就住在霞飞路渔阳里6号。李启汉经常去老渔阳里2号、《新青年》编辑部借一些进步杂志，先后认识了陈独秀、李汉俊等人，并且在他们的影响下，李启汉参加社会主义青年团，接着又加入共产党上海发起组。

20世纪20年代初，上海纺织业已经很发达。沪西是一片纺织工业区，中外资本家在沪西地区开设大小纺织厂，有几十家之多。1920年秋，李启汉受中国共产党上海发起组委派，去沪西小沙渡——上海纺织工人群众最集中的地区，开展工人群众运动。“1920年秋，李启汉创办了工人半日学校，这是我党历史上最早开办的一所工人学校。学校校址设在槟榔路锦绣里，这是一座二层楼房屋，是日商内外棉九厂的工房。在此基础上，李启汉帮助工人组织了纺织工会沪西支部，据有关报纸记载支部就设在游艺会内。”① 当时，在上海组织发动工人群众运动也面临许多问题：许多纺织工人群众没有多少文化、工作条件和待遇差、生活极度贫困、封建迷信风靡、帮会操纵一些工人、工人群众心力不齐等。李启汉等人克服种种困难，积极开展工人群众工作。工人半日学校后来改为上海工人游艺会，通过学校讲课、游艺会活动、生活中交谈等形式，通俗地向工人群众传播马克思主义的真理，号召工人群众联合起来，逐步改善自己的各种待遇。

李启汉献身于工人群众运动，逐渐成长为早期上海工人群众运动的著名领导人。1921年7月20日至8月10日，在上海发起组的领导下，李启汉领导上海英美烟厂的工人群众，举行“万人大罢工”，要求提高工资、改善工作和生活待遇。这是中国共产党领导下的上海第一次大罢工。这次罢工，惊动英美，震动上海滩。根据张国焘回忆：“劳动组合书记部未正式成立以前，即开始了实际工作。我上面已经说过，一九二〇年，各地中

① 中国共产党第一次代表大会会址纪念馆编《上海地区建党活动研究资料》，1986年，第84—85页。

共小组成立后，即着手在工人群众中展开活动，上海的工运工作一直是李启汉负责的。一九二一年八月间，上海浦东英美烟草公司的工人为要求改善待遇发生罢工事件……在我和李启汉的领导下，这次罢工维持了两个多星期，终于由厂方接受一部分要求而宣告胜利结束。这可说是中国共产党的牛刀初试，大家都为其成果而十分兴奋。”①

英美租界、法租界当局对李启汉无法容忍。1922 年 6 月 1 日，法捕房将他逮捕，监禁里，他戴着脚镣手铐，受尽摧残。邓中夏在《中国职工运动简史》中称他为中国工人运动中“坐牢最早最苦的同志”。同年 10 月，李启汉获释出狱。1927 年，他在广州“四一五”反革命政变中被杀害。当然，这些是后面的历史事件。但是，李启汉用他短暂的一生中，积极探索群众路线，努力把马克思主义和上海工人群众运动相结合，尤其是在中国共产党创建时期为党做了很多实实在在的群众工作，这对于一个政党的创建是十分重要的。历史永远记住他：早期上海工人群众运动领袖——李启汉。

一个政党的诞生是需要雄厚的阶级基础作为重要条件的。对此，中国共产党上海发起组一开始就有清醒的认识，并且付诸实践。以老渔阳里 2 号为中心，工人群众运动领袖李声澥和李启汉等人，他们组织发动工人群众运动，是早期中国共产党人在上海把马克思主义和工人群众运动相结合的一个实践探索。在那个年代，中国主要是手工业工人和苦力，产业工人是很少的。第一次世界大战后，随着中国民族工业的发展，产业工人的数量迅速增加。根据有关部门统计：20 世纪 20 年代，上海是中国第一

---

① 张国焘《我的回忆》，现代史料编刊社出版，1989 年 3 月，第一册，第 168 页。

大城市，有229万人口，比第二大城市天津多了3倍。上海又是我国最大的工商业城市，产业工人最为集中。根据1920年陈独秀主编的《新青年》杂志上统计、发表的“上海劳动状况”资料显示，全国工人队伍发展到194.6万人，其中上海有51.4万人，占全国工人总数四分之一还要多。中共创建时期，在中国共产党上海发起组的领导下，发动工人群众，经常举行罢工活动。例如，五四运动中上海工人群众声援被捕的北京学生举行的罢工。最先由上海纱厂工人群众和印刷厂工人群众举行罢工，接着船厂、电车厂、香烟厂和码头工人等都参加了罢工。通过一系列罢工，人们开始认识到工人群众的巨大力量和社会影响。

早期上海工人群众运动领袖李声澥和李启汉，都曾经住在渔阳里，他们根据中国共产党上海发起组的领导和安排，积极探索群众路线，组织发动工人群众运动，使得上海50多万工人慢慢地变为一个有坚强组织、有政治觉悟、有理想追求、有巨大能量的重要社会力量。工人群众运动领袖“二李”包括其他革命同志的一系列革命活动，是早期中国共产党人在上海探索群众路线的重要组成部分。上海工人队伍的新变和壮大，为中国共产党在上海的诞生奠定了坚实的阶级基础。

（袁士祥，中共上海虹口区委党校副教授）

坚忍无悔的执著诉求

——记继父俞秀松冤案平反的艰辛历程

俞　敏

难以磨灭的天山梦魇

我的继父俞秀松和母亲安志洁（原名盛世同）相识、相恋在祖国边陲——新疆，1936 年 7 月，经苏联最高领导人斯大林的批准结为夫妇，这在整个中共党史甚至是中国近现代史人物谱系中都是为数不多的伉俪楷模。婚后的日子一直十分甜蜜，继父俞秀松的学问、智慧、才干以及他的人生理想、人格魅力，都深深地打动了我的母亲。然而欢愉美满的婚姻生活刚刚开始起步，一个突如其来的噩梦却无情地降临在这对令人钦佩和羡慕的年轻夫妻身上。1937 年 11 月 14 日，王明、康生从苏联回延安，途经新疆。王明对新疆督办盛世才说："俞秀松是'托派头子'，你要搞好与苏联斯大林的关系，最好把他们逮捕，送回苏联，这样对你有很大好处。"1937 年 12 月的一个晚上，继父出去开会并检查学生自修还没回家，母亲一个人在家温习生物功课，突然听到门外急促的脚步声，紧接着快步走进来大舅（盛世才，母亲盛世同的大哥）的卫士，手提马灯，说是盛督办有要事，请俞秘书长（俞秀松当时担任新疆全省反帝联合会总会秘书长）立即就去，母亲说秘书长还没回来，叫他们在外面等一会儿。21时许，继父终于回到家，见门口停有小汽车，又听说是来接他去督办公署的，当时就感到情况有变。因为过去大舅有事，总是事先打电话给他，有时他自己一个人去，有时由母亲陪同前往，为何今天用小汽车来接他走呢？为了安母亲的心，他说："夜深了，你早点睡吧，明天还有考试呢，我去看看再说。"母亲让他早些回来，他却说不一定。于是母亲一面看书备考，一面焦急等待，心里烦躁难安。一直等到深夜12点还不见他回来，连忙给大舅打电话，问继父为什么这么晚还不回家，大舅说正在商量事情，让她先休息，不要等了。到后半夜2点继父还没回家，母亲又打电话去催问，大舅又推说俞秀松去苏联领事馆办事，可能要明天才能回家了。那一夜，母亲辗转反侧，心绪不宁，昏昏沉沉。

第二天早上母亲到学校参加完考试后，立即赶回家，一进门，厨师泪流满面地对母亲说道："秘书长被抓起来了，公安处叫你把被褥和洗漱用品送去。"母亲一听怒不可遏，立即打电话质问大舅为什么无故抓人。大舅说电话里讲不清楚，叫母亲去一趟再谈，母亲到了督办公署，一进房门，就看见我外婆和姨妈满脸泪痕，相对哭泣。见到此情景，母亲的心都要跳出来了，立即找大舅评理。他说继父参加了一个"阴谋暴动案"，要杀他。母亲问他有什么证据，他说监狱里提供了这个组织的名单，上有继父王寿成（俞秀松化名）的盖章。母亲叫他当场拿出来，他却推说先把棉被等拿到承启处交给监狱再说。事后母亲又去质问，大舅就威胁母亲说有证据，并诬告继父与"托派"有关，过几天召开公审大会，让母亲当面去听审。母亲义正词严地说："如果不是事实，我就枪毙你！"大舅暴跳如雷，喝令士兵把母亲抓起来，母亲毫无畏惧，士兵也不敢下手。大舅只得来软的，说待他查明事实后，若没事就马上放回来，而且同意母亲第四天去探监。

继父看到母亲去探望他，当时有些生气。问道："为什么给你几次信，一次也不回？"但事实上母亲一封信也没收到，显然是大舅暗中指使狱卒哨兵私自切断继父与外界的一切联系，从此母亲与大舅展开斗争，揭穿他的种种谎言，并争取到每周给继父送一次衣物、每月一次探监的权利。当继父知道他们的诬告后，哈哈大笑："莫名其妙，你相信吗？我来新疆是干革命的，坚决执行六大政策，为什么要杀盛世才？有什么凭据？"又说："我在入党时就表明为共产主义事业奋斗终生。我是一个马列主义上的信仰者，要实现我的理想——解放全人类。托派是我们的死敌，怎么可能与它有关？这完全是诬陷，一定有人在捣鬼，这笔账一定要清算，你千万不能屈服。"继父在狱中所写的申诉书里明确表示：要与诬陷者对质，弄清是非。他劝母亲："要坚强，不要悲伤。坐牢是革命者的家常便饭，要革命就不怕杀头，革命者是杀不完的，革命一定会成功，这是我坚定不移的信念。"母亲劝慰他耐心等待，水干石头显，真金不怕火来炼。不料这些话被大舅知道了，说继父和母亲在狱中谈政治，不准母亲再去探监，这显然又是有人在偷听他们的谈话，但母亲据理力争，不理那一套，继续跟他们斗争，屡次逼他们拿出所谓"托派"证据。大舅曾对我姨妈说："真没办法，偏偏世同认识王寿成的笔迹，要不然就随便写个供词给她看一看就免得麻烦了。"因是王明、康生诬告，斯大林才下令逮捕，当时又不能对外讲，可见并无真凭实据，完全是诬告。

1938 年 6 月，苏联派了一架军用飞机，还有数十名荷枪实弹的士兵，强行把继父押上了飞机。临别时继父对母亲意味深长地说："我们没能在一起革命、生活一辈子，不知何时能再相见。你要记住为革命献身是光荣的。"生离死别就在眼前，继父显得十分平静，他嘱咐母亲："我此去凶多吉少。你要挺起胸膛，不畏强暴，不能靠别人，救世主就是共产党。要相信共产党，他们才是中国人民的救星。我个人生死微不足道，革命党人的头是杀不完的，血是流不尽的。”生离死别的时候到了，继父紧紧地抱住母亲含泪说道：“同妹，要坚强，多保重，但愿我们能重逢。”母亲泪流满面，使劲地点头。马达声响了，飞机腾空而起。继父从机窗口不断地向母亲招手，我母亲的心霎时几乎全碎了，只能勉强地抬起手臂向自己深爱的丈夫挥手示意。飞机渐渐从母亲的视野中消失，她终因悲伤过度，昏倒在地，不省人事。谁也不会想到机场一别，竟成永诀！从此天人永隔，跨越了半个多世纪才有了下文。

拒婚守节，多方奔走

人世间夫妻的离别永远是最令人肝肠寸断的。继父受迫害被押往苏联后，母亲与大舅的兄妹情谊彻底断绝，甚至到现在，我们俞家与大舅家的子女都不相往来。痛苦中，母亲茶饭不思，孤灯只影，夜不能寐，精神上遭到了沉重的打击。但一想到继父在狱中和机场的言行，就增添了无穷的力量，继续革命事业，踏上自力更生的道路。

1942 年秋以后，新疆的政局逐渐逆转并恶化，某国企图让新疆独立，大舅为实现他一贯的诺言即保持新疆永远是中国的领土，拒绝了前来谈判的某国外长，因而疏远了与这个国家的关系。另一方面大舅派母亲的五哥盛世骥去重庆与蒋介石谈判有关新疆问题。五舅请她同去，说一方面可以让她出去散散心，另一方面愿和母亲一起去找周恩来，打听继父的下落，这样母亲就随五舅到了重庆。听说母亲到了重庆，蒋介石夫妇格外热情，通过新疆驻重庆办事处主任张元夫邀请母亲前去蒋府赴宴，母亲推脱不过，不便拒绝，就随同去了蒋府。蒋介石和夫人宋美龄殷勤招待，为母亲夹菜、削水果，问长问短，“关怀”备至，使母亲感到十分蹊跷，蒋还邀请了几位年轻的空军将领作陪。第二天，张元夫向她提亲，她才知道原委。原来是宋美龄要为她做媒，说是昨晚宴会上有好几位空军少将，让她任选一位，并征求我是否愿意留在重庆就读中央大学。听明张元夫的来意，母亲简直哭笑不得。她让张元夫转告宋美龄：谢谢他们的美意，但自己是有夫之妇，丈夫俞秀松的情况想必蒋先生也知道，据说蒋经国当年在莫斯科中山大学留学时，还是俞秀松介绍其加入共青团的吧！现在丈夫生死不明，自己要等他回来，而且在重庆也不能久住，因为自己的母亲卧病在床，她必须马上回新疆照顾老人。看到母亲态度如此坚决，蒋氏夫妇也不再强人所难。

直到 1944 年，国民党派朱绍良、吴信忠等来新疆主持政权，盛世才才把新疆完整地交给重庆国民政府，他自己则被调往重庆任民国政府的农林部部长。但母亲与外婆仍然住在乌鲁木齐，从未停止打听继父的下落。母亲始终坚定不渝地坚信继父还活着，听传闻说继父到过新疆的边境，所以母亲一直不愿离开新疆。但是外婆体弱多病，大舅屡次来电要母亲陪外婆去重庆医病，还表示今后不再干涉母亲的自由，也不再过问继父的事。又警告说留在迪化很危险，后来外婆病重，外公又打电话叫母亲送外婆去重庆治病，就这样母亲和外婆来到重庆，住在汪山（汪家花园）。蒋介石又派来一排卫兵“保护”，还配备厨师、用人来“照顾”母亲和外婆的生活。而且当时还有很多人为母亲做媒，都被她一一婉言谢绝。这样的处境，更勾起母亲对继父的怀念，便和五舅商量，写了封信，送到重庆“中英友好协会”，请他们帮忙打听继父在苏联的近况。不到一个星期，就接到“中苏友好协会”的通知，要母亲去取从苏联寄来的邮包。母亲当时喜出望外，但冷静分析后，估计苏联的回信不可能这么快，其中一定有鬼，于是立即警觉起来，但为了探听虚实，母亲和五舅二人还是化装后到“友协”对门去查看动静。发现有几个张头探脑、不三不四的人在“友协”门口走来走去，似乎在寻找猎物，见此情景，他们便迅速离开。后来母亲又想去“八路军办事处”找周恩来协助，但还未找到又被特务盯上，只好作罢，从此深居简出，另谋良策。

重续俞家渊源，坚守大陆寻夫

1945 年，抗战终获胜利，举国欢腾。一天，母亲正在整理旧时衣物时，意外地发现了一封继父在新疆时写给浙江诸暨父母的信，母亲这才想起 1937 年七七事变，日本大军进犯，杭州不久沦陷，由于继父远在新疆狱中，日夜思念诸暨老家的父母，曾写了一封交由自己付邮，因为当时正值战乱，邮递不通，信就压下来了。母亲想，现在已实现通邮，信如果寄过去，或许能与继父的父母联系上，就可以进一步打听继父的消息了，于是试着将信和一张结婚照寄出了。几星期后居然收到了公公俞韵琴（也就是我爷爷）的回信，母亲大喜过望，立即给老人复信，告诉他自己将去南京，待到南京后再函告他住址，希望能与他在南京见面。爷爷虽已是古稀之年，但家里一贫如洗，负债累累，也正要到南京谋生，在他的学生寿勉成任总经理的中央合作仓库任监印股长，这样二人就有了会面相认的机会。那天母亲到南京后，瞒着家人，带着礼物和继父在新疆监狱穿过的一套新棉衣去看望爷爷，爷爷当时手捧棉衣，老泪纵横。父子骨肉深情，使母亲也抑制不住自己的感情，泪水夺眶而出……

不久，解放战争开始了。1948 年冬，母亲的家人都去了台湾，家人都劝她一起走，但她总想着要打听继父的下落，坚决地留了下来。便和爷爷商量，爷爷说：“要寻找秀松，还是先到杭州我女儿家住一段时间，等解放后再说。”外婆也不放心母亲一个人独留大陆，就随母亲一起去杭州等待解放，等杭州解放后又由于国民党飞机常来轰炸，为安全计，爷爷说还是去老家诸暨溪埭村安居为妥，于是就和公婆住在一起。1949年6月，爷爷写了一封介绍信，由母亲的堂弟盛世和陪同，到上海去找继父的弟弟俞寿臧（也就是我的生父），他在上海工作，以便向有关方面反映，寻找继父的下落。不久，王稼祥回信：“关于俞秀松之下落，经查询结果，仅知其于1933年（注：应是1935年）后去新疆，以后详情不明……”母亲知其牺牲无疑，痛不欲生，没想到苦苦等待十多年，竟是这么个消息。人死不能复生，在公婆的劝慰下，及征得外婆同意，母亲冲破封建礼教，丢弃削发为尼的幻想，与我生父俞寿臧结为夫妻，仍然是俞家人。但婚前商定：由于秀松生前热爱子女，未能如愿，且他又是家中长子，不可无后代，因此婚前商定，如生第一子和第一女就过继给秀松，以作纪念，所以后来就把我和妹妹俞雁过继给继父作为子女，并在户口簿上备案。同时当时社会上对母亲的情况并不了解，只知道她是大舅的妹妹，家人都去了台湾，认为她的社会关系复杂，怀疑是潜伏人员，多次剥夺了她的求业权利，使身心受到了极人的冲击。直到1958年组织上逐渐搞清事情的真相，并动员母亲去为继父办理烈士登记手续。到了1961年好不容易找到曾在新疆和继父在“反帝会”共过事、后任新疆省政府主席包尔汉及其他熟识的同志提供证明，才办理了烈士登记手续，经过中共上海市委组织部批准，追认继父为“革命烈士”，我们成为“烈属”，受到社会的尊重。值得一提的是，在此期间，83岁高龄的爷爷俞韵琴亲笔上书毛泽东主席，痛陈继父的革命经历和蒙冤苦情，信的主体内容云：

“可怜我儿俞秀松自二十岁至四十岁，一生革命二十年，其被害究竟是否冤枉，是非不明。为此不揣冒昧，渎陈屡屡，恳请饬属彻底查明，以明是非。如果俞秀松确为托派，误入歧途，走错了路，是他该死，殊不足惜。如果俞秀松是冤枉牺牲，幸望台慈赐予昭雪，转请上海市委遵照规定办理烈士登记，以资表彰，而示后世。”

毛泽东主席和党中央非常重视爷爷的信，使我们终于在 1962 年 5 月领到了中央人民政府颁发的“革命牺牲工作人员家属光荣纪念证”。民政部于 1982 年换发的“革命烈士证明书”上写着“俞秀松同志在革命斗争中壮烈牺牲，经批准为革命烈士，特发此证，以资褒扬”。继父沉冤昭雪，其忠贞不屈的革命家的历史地位得以恢复。

阴霾的乌云终将被艳阳所驱散

一、政府关怀、地方响应、学者参与下的案件新进展

尽管继父在国内被我国政府追认为革命烈士，但苏联方面长期以来没有表示平反，而且关于他的牺牲真相仍然是个谜，这对我们家属来说，心中自然不平不安，而对任何一个公义持正的人来说，也必定要讨回应有的公道。母亲曾再三表示：“苏联不为其书面平反，我誓不罢休，无论是从国家还是从被害家属而言，都应该有一个合理合法的交代。”但在中苏关系曾一度紧张时期，“文革”期间，我们无可奈何，一筹莫展。直到中共十一届三中全会以后，发扬党实事求是的思想，开始拨乱反正，号召党史工作者和老同志，积极搜集革命先烈的伟大业绩，加强宣传，教育后人。同时母亲也被聘为上海市文史研究馆馆员，并当选为上海市政协委员。有关部门也开始认真收集我继父的资料，大力宣传继父的革命事迹，我们立即把握这一大好时机，抓紧追查继父牺牲之详情，争取替继父彻底平反。

1980 年 6 月间，共青团中央研究室、中国社会科学院青少年研究所的罗征敬女士来访，她说现在要写团史，而团的创始人俞秀松究竟是怎样

一个人，必须弄清楚。在她的感染下，母亲积极配合，提供了继父的革命简况，并坚决表示，他绝不是“托派”。罗教授说她在1957年就已经开始搜集继父的事迹，但后来被康生发现，诬陷她为托派翻案宣传，将之下放到农场劳改，后来她走遍全国，专访了几十位老同志和参阅国内外许多党史资料。1982年，经中央书记处书记胡乔木和中央组织部批准，在《中共党史资料》发表了《恢复俞秀松同志在党史、团史的地位》一文，率先发出历史性的声音，恢复了继父在党内和团内应有的历史地位。1983年8月14日，她又在《人民日报》发表了《共产主义事业的开拓者——俞秀松烈士》一文。紧接着，8月16日，共青团也发出声音，同样由罗征敬负责撰写的《共产主义事业的先驱者——纪念中国社会主义青年团创建人俞秀松烈士》一文在《中国青年报》发表，使长达半个多世纪的沉冤大白于天下。

为纪念继父诞辰90周年，1988年秋，我的母亲和生父亲赴北京，请求李先念主席为继父纪念碑题词，10月28日，李主席亲笔题写“俞秀松烈士永垂不朽”。1989年6月28日，李先念主席的题词镌刻在烈士家乡的纪念碑上，诸暨市委、市政府举行隆重的纪念碑落成典礼。在此之前，还有胡耀邦同志任党中央总书记时题写的“俞秀松烈士陵园”、屈武同志题词“俞秀松烈士忠贞爱国之精神永存”、伍修权同志题词“为共产主义事业而毕生奋斗，虽死犹荣！”包尔汉同志题词“秀松同志永远活在我们心中”等。在北京期间，母亲还上书中共中央组织部，请中组部与苏联交涉，要求查明继父牺牲真相，由苏方出面为继父彻底平反昭雪。中组部与中联部认真研究后，考虑到当时的中苏关系等情况，认为此时时机不妥，以后再议。1990年新疆大学（原新疆学院）派员专程千里迢迢送来“俞秀松院长九十诞辰纪念”的全毛挂毯，还寄来了由继父在新疆学院、省一中的学生为纪念老师诞辰举行座谈会的合影和许多题词。浙江省革命烈士纪念馆还为继父塑像以志纪念。

二、中国驻外使节为继父一案平反昭雪的努力

1991 年，母亲又发函到苏联驻上海总领事馆，要求苏联政府查明继父牺牲真相，并书面为其平反。10 月 29 日，他们收到苏联驻沪领事馆秘书科兹洛夫的回信说：

“哈萨克加盟共和国国家安全委员会（克格勃）通知我国外交部：俞秀松，1889 年在中国出生，1938 年因被控告他有托洛茨基主义活动而逮捕。1939 年 2 月 21 日苏联最高法院军事委员会对俞秀松案件宣判死刑（枪毙）。判决当天，其尸体在莫斯科顿河坟地火葬场火化。1991 年 7 月 27 日哈萨克共和国国家安全委员会把俞秀松的侦查案件转送到哈萨克共和国检察院审查俞秀松平反问题。审查结果本领事馆将另外通知您……”

母亲接到此信后悲喜交加，毕竟此信将继父牺牲的确切时间、地点和原因告知了我们家属。正当她充满期待地等待着苏联的书面平反证明。不想，风云突变——苏联解体了。希望顿时变成了肥皂泡，一切似乎又无头绪了。

山重水复疑无路，柳暗花明又一村。1993 年，母亲和生父应新疆维吾尔自治区党委党史研究室和民政厅的邀请赴新疆乌鲁木齐市访问。1995 年又应新疆大学、乌鲁木齐市第一中学校庆办公室邀请再次赴新疆乌鲁木齐市访问。这两次的访问启发了他们，使母亲想到原苏联领事馆的回信中说的“此案件在哈萨克斯坦检察院”。而现在的哈萨克斯坦国家的首府阿拉木图就离新疆不远，应该找他们了解继父牺牲时的情况。9 月，母亲托一个在哈萨克斯坦留学的学生捎去两封信，一封给哈萨克斯坦政府外交部，另一封给中国驻哈萨克斯坦大使，请他们尽快查明继父冤案的真相，

早日给予书面平反证明。中国驻哈萨克斯坦大使馆的陈棣大使接信后很重视，立即提上议事日程，认真负责地展开了查实工作。两个月后，即同年11月3日，他们就收到中国驻哈萨克斯坦大使陈棣的回信。陈棣大使在信中说：

“读了您的信后，我被您的执著精神深深感动。俞秀松烈士的问题确属历史冤案，理应早日得到苏联方面的平反。过了近半个世纪后的今天，这个问题仍未能解决，令人不安。我馆已照会哈萨克斯坦外交部，我本人已致函哈最高检察院院长（我的朋友），请求他们尽快给予解决，使烈士名誉尽早得到全面、彻底的恢复。”

1996年1月3日，母亲收到陈棣大使的第二封信，告知哈萨克斯坦最高检察院向哈萨克斯坦国家安全委员会、军事检察院及内务部门查询后告诉我馆，哈方没有查到有关俞秀松或王寿成的档案资料。在一个“六人集团”的档案中，他们查到了王寿成的名字，但这部分档案材料目前大概保存在当时的突厥斯坦军区（现属乌兹别克斯坦共和国）的档案库中，哈检察院已经去文查问。

1月底他们又收到了陈棣大使的第三封信。信中说：

“一月二十四日，我收到哈萨克斯坦总检察院关于为俞秀松烈士平反之事的答复（附译文一并寄去）。看来，哈方对此事处理认真，已查出俞秀松烈士当时是在莫斯科被判决的。他们提出，此事应找俄罗斯联邦总检察院。建议您通过我驻俄罗斯使馆来解决此事。我驻俄大使李凤林同志是一位经验丰富的外交家，是我兄长辈的老同事，他定会给您以全力协助。我最近也抽空给李大使去电话，请其予以协助。”

哈萨克斯坦共和国总检察院在1996年1月22日复信中说：

“……王寿成于1939年1月15日被苏联国家内务委员会、国家安全总局依照俄罗斯联邦刑法第58-6，58-8，58-11条规定，在莫斯科予以逮捕和因国家罪追究刑事责任并交付法庭。根据苏联最高法院军事委员会1939年2月21日的判决，王寿成（那利曼诺夫、俞秀松）被判处极刑——枪决并没收财产。法院的判决于当日即1939年2月21日执行。根据哈萨克斯坦共和国1993年4月14日《关于为大规模政治镇压牺牲者平反的法律》第2条规定，所有在1917年10月25日（11月17日）以后在现属哈萨克斯坦共和国领土的区域内直接受到政治镇压或根据苏联最高国家政权机关的法令强行迁到哈萨克斯坦的人员一律属于平反之列，但鉴于王寿成（那利曼诺夫、俞秀松）当时是在莫斯科被追究刑事责任和判决的，其平反问题不可能在这里解决，也不属于哈萨克斯坦共和国总检察院管辖范围，你们应找俄罗斯联邦总检察院。”

收到此信以后，母亲立即给中国驻俄罗斯联邦大使馆李凤林大使寄去有关继父的一些历史资料，请求他帮助向俄罗斯政府提出为继父书面平反昭雪的要求。李凤林大使于1996年2月22日回信告诉母亲，称他已经向俄罗斯联邦总检察院提交了照会，提请其尽快查清此案，为继父平反昭雪。俄方已经允诺加紧办理。

同时母亲又收到陈棣大使的第四封信，告诉她又通过哈律师查到了乌兹别克斯坦军事检察院中卷宗号为7925的继父案卷，要她与我国驻乌兹别克斯坦使馆联系，并将卷宗号告诉俄罗斯检察院。母亲阅信后立即照办。一个月后，陈棣大使又发了第五封信，告知他已与驻俄罗斯大使李凤林通过电话，与我国驻乌兹别克斯坦大使馆的关恒广取得了联系，他们都将尽力协办此事。

后来母亲得知，有关继父一案的有关文件存放在当时的乌兹别克斯坦共和国突厥斯坦军区。为引起乌方重视，我国驻俄使馆又通过驻乌兹别克使馆促乌方尽快向我方提供有关材料。6 月 1 日，我国驻乌兹别克斯坦大使关恒广给母亲回信说：

“我馆曾多次与驻俄使馆和驻哈大使联系，了解有关信息，并根据来函所提供的线索，于 3 月份正式照会乌兹别克斯坦外交部，请乌军事检察院协助查找 7925 号档案卷宗下落，以解决为俞秀松烈士平反问题。此后我们又通过乌有关部门和友人催促查寻。最近乌方正式复照我馆称，据乌国防部档案中心查告，俞秀松的档案材料 1939 年末送达乌军事检察院。看来，继续在乌查找此案卷，线索已经不多。据我馆进一步从乌外交部有关负责人（此人曾在中央档案局工作）得知，由于当时战争初出现的混乱局面，莫斯科当时批转的档案实际上后来并未送出。看来，有关档案查找工作及俞秀松烈士的平反问题，尚需进一步通过俄总检察院解决。”

母亲接到此信，立即又给中国驻俄使馆去信，请求其再次向俄总检察院反映，请予查找继父案子的卷宗，以期早日了结此案。为了趁热打铁，加快此案的进程，同时也源于中国人传统落叶归根的乡土情结，母亲决定让我亲自去俄罗斯一趟带回继父的遗骨。

三、二赴俄罗斯揭开冤案谜团

在 1996 年的 7 月 11 号，我第一次踏上了陌生而又神往的俄罗斯土地。第一次赴莫斯科的主要目的，一是恳请使馆再次向俄总检察院反映，能查找到此案的卷宗，争取尽早予以彻底平反；二是寻找埋葬继父的顿河坟地，带回遗骨；三是能有幸瞻仰继父及其他中共党人生前在俄国学习生活的旧址。我把这些要求告诉了中国驻俄大使李凤林先生和参赞李桐杰女士，并再次代表母亲向使馆同志致以深深的谢意。他们热情地接待了我，并表示会尽快联系有关方面予以安排落实。

7 月 29 日上午，我和上海华亭集团驻俄商务代表张文杰接到李参赞的电话："你的要求已经得到批允，下午就由使馆张伟利领事陪同你们去寻找顿河坟地和相关旧址。"我接到电话自然欢呼雀跃，母亲多年的愿望就要实现了。好不容易等到下午，张领事驱车陪同我们去了顿河坟地。顿河坟地位于莫斯科市中心以南，加加林广场后面，紧挨着著名的顿斯科伊修道院。我们带着鲜花走进了顿河坟地，它的四周都是俄罗斯人各式各样的坟墓，找到坟地的管理人员后，向他出示了1991年苏联驻沪领事馆给我母亲的回信，提出要拜祭继父的坟墓并将遗骨带回中国。岂料管理人员说，斯大林肃反扩大化时期的全部"政治犯"在苏联捷尔任斯基广场被集体枪杀后，尸体被装上卡车运到顿河坟地集体火化并埋葬在一起，个人的遗骨根本无处寻找。我的心顿时凉透了，只有对着一块硕大的花岗石碑蓦然伫立，向继父诉说着母亲和家人的追思……7月31日，我带着怅惘但同时也带着坚定的信念返回祖国，我深信继父的冤案不久就一定能彻底平反，阴霾的乌云终将被正义和理性的呼声所驱散。

1996年国庆前夕，对我们全家来说，历史性的一刻终于成为现实，母亲收到中国驻俄罗斯大使馆李桐杰参赞的来信：

"尊敬的安志洁女士：您好！ 8月29日，俄联邦军事检察院正式做出为俞秀松烈士恢复名誉的决定。至此，这一沉积半个多世纪的历史冤案终于得到彻底平反，九泉之下的烈士英灵得以告慰。我和我的同事无不为此感到欣慰，同时也为您的夙愿得到实现而感到高兴。现将平反证明书及译文随信一并给您寄去。……谨祝您幸福安康！"

俄罗斯军事检察院的平反证明书是这样写的：

"中国公民王寿成（即那利曼诺夫或俞秀松），1899年生，汉族，中国浙江省人，逮捕前居住在中国西部的乌鲁木齐市，曾任新疆学院院长兼第一中学校长、反帝联合会秘书长、督办公署政治处副处长教官，1937年12月10日被苏联内务人民委员会部门无证据逮捕，并于1939年2月21日被苏联最高军事法庭根据俄罗斯苏维埃社会主义共和国联邦法第58条第6、8、11款判处刑事处罚极刑——枪决、没收财产。判决于1939年2月21日在莫斯科执行。根据1991年10月18日的俄罗斯联邦《关于给予在政治大清洗中受害者平反法》第3条，现兹证明，王寿成（即那利曼诺夫或俞秀松）被彻底平反。在卷宗里没有关于王寿成埋葬地的记录。”

50多年的冤情终于澄清了，原来母亲总认为大舅是继父冤案的罪魁祸首，现在才知道继父之死根源在王明、康生之流。在莫斯科中山大学时，俞秀松曾与他们做过斗争，他们怀恨在心，伺机报复。1937年王明、康生从莫斯科回延安，途经新疆时受到大舅的接待，他们趁机向盛世才诬告苏联派来的联共党员都是托派，又向斯大林告密，诬告俞秀松是托派，终致俞秀松在大清洗中遇害。

1999年8月1日，是继父100周年诞辰纪念日。中共中央党史研究室、中共浙江省委、中共诸暨市委等部门准备在俞秀松百年诞辰之际出版《俞秀松纪念文集》。为了澄清有关继父的一些重大史实以及丰富国内现存较为贫乏的史料资源，1998年10月26日，由中共中央党史研究室组团，赴俄罗斯查阅继父在俄时的档案。查档团由中共中央研究室马贵凡、中共浙江省委党史研究室杨福茂两人带队，绍兴电视台杨世典随同拍摄，而我作为继子又有幸参加，于是开始了我第二次赴俄的查档之旅。俄罗斯对私人档案、私有财产的管理力度是相当严格的，首先要亲属提出要求并参与查阅，要由俄相关部门出面办理有关查阅手续，而且每周查阅时间只有3天。我们在不能查档的时间里，拜访了众多俄罗斯中国问题专家，有俄罗斯科学院远东研究所中国历史部主任 A. 格里戈里耶夫教授、娜·列·玛玛耶娃博士、莫斯科大学亚非学院副院长 A. 潘佐夫教授、亚非学院中国历史教研室卡尔波夫副教授等，他们对共产国际运动和中国新民主主义革命、20 世纪 20 年代中国留苏学生等方面的研究都颇有造诣，他们所研究、查阅的史实资料都证实了继父是清白的，是遭王明、康生一伙借苏联肃反扩大化诬陷被杀害的。

俄罗斯现代史文献保管与研究中心坐落在大特米特洛夫大街 15 号，该中心的管理相当严格，查阅者必须出示特别证件，经过内务部荷枪实弹的士兵检查后方可入内，我出示了中国公证处证明我是俞秀松继子的公证书后，才正式开始查阅继父的个人档案。俄罗斯档案管理的理念似乎与国内不同，国内的多数档案馆基本上以保存为职能，利用尚显不足；而在俄罗斯档案馆查阅文献资料时，都需要在文献附页上签名，似乎查阅人数越多，查阅频率越高，他们就越自豪和骄傲。在查档辅助人员的导引下，我和查档团一行人怀着敬畏和自信，轻轻地翻开了全宗号 495、目录号 225、卷宗号 3001 俞秀松（那利曼诺夫）的档案，从继父的“自传”“履历表”“调查表”中得知了如下信息：

继父在求学时期就立志改变中国半殖民地半封建社会的惨痛现状，对于日本帝国主义侵略中华民族的强烈愤慨情绪日益高涨。1920 年 3 月北京工读互助团失败后，继父南下上海，彻底告别无政府主义脱离底层大众的学说亲身参与铁厂做工，体验工人生活。6 月，他和陈独秀等人一起成立了中国共产党上海发起组，在组织上成为中国共产党最早的党员之一，接着受陈独秀委托成立了上海社会主义青年团并担任第一任书记。1921 年 3 月继父受党组织委派到莫斯科参加共产国际“三大”和青年共产国际“二大”，并在斯大林东方劳动者共产主义大学学习了三个月。1922 年回国后，参与了团的“一大”，当选为团中央委员，后被选为中央委员会书记。11月参加了孙中山领导的讨伐陈炯明叛军的义战，担任东路军总司令部参谋处一等书记。1925年1月，继父参加了中共四大，并在上海发动全市“三罢”斗争，在震惊中外的五卅运动和日本纱厂罢工运动中担任“内部指挥”。此外在上海还担任了中共中央军事委员会主席。同年10月28日继父受中央委派，带领100多名学员到莫斯科中山大学学习。时任总书记的陈独秀致信中共旅莫支部，指定带队的负责人为继父，这是他第二次重回苏联学习。1927年8月毕业后，继父于11月考入列宁学院，1930年毕业后留校任教，1932年10月被派往苏联远东工作。继父在“中大”的学习鉴定评语很高：在学习方面，勤奋主动、积极钻研；在党团领导工作方面，坚定守纪、坚决执行和捍卫党的政策路线。而在列宁学院的工作鉴定评语同样很高：对研究党组织和经济组织的工作安排极有兴趣，深入了解工作细节，善于判断了解新情况，对待农民和工人朴实大方。1935年6月联共（布）中央派以继父为组长的25人到新疆做军阀盛世才的统战工作，担任新疆全省反帝联合会总会秘书长，是中共党内第一个在新疆公开系统宣传马克思主义的共产党人。

在苏联的指令下，继父于1937年12月被捕，被投入新疆第二监狱。1938年6月，继父以反对王明的罪名被苏联押往哈萨克斯坦。1939年2月21日在莫斯科被苏联最高法院军事法庭判处死刑，当天就被枪决，牺牲时年仅40岁。

历史在很短一段时期内，对某个人或某些人仿佛是不公正的，但历史终究会还原其真实的面目和不可更改的底色。拨开荒烟蔓草，拂净岁月风尘，这才是历史的公正之所在。继父这段长达半个多世纪的旷世奇冤，其平反历程虽历经凄风苦雨，但最终正如陈毅同志写过的那首诗一样：“大雪压青松，青松挺且直，要知松高洁，待到雪化时。”继父是棵挺拔不屈的青松，终将迎来光辉普照的艳阳，驱散阴霾冬雪，愈发彰显伟岸苍劲。而烈士为之奋斗终生的共产主义事业必将千秋万代，永世长存。

（俞敏，上海市中共党史学会青少年教育研究中心主任，俞秀松继子）

渔阳里大事记

上海渔阳里：中国共产党的初心孕育之地

1912 年

> 环龙路老渔阳里 2 号（今南昌路 100 弄 2 号）建成。

1915 年

> 陈其美入住老渔阳里 5 号，与叶楚伧出版《民国日报》，并于此组设中华革命党上海总机关部，筹划发动了反对袁世凯的“肇和舰起义”。

1917 年前后

> 新渔阳里（今淮海中路 567 弄）建成。始建时，两弄正式弄名均为“渔阳里”，1917 年新弄建成后，始在口头上以新老别之。

1919 年

> **6 月**

9 日　上海学生联合会从静安寺路迁新渔阳里 14 号，其《上海学生联合会日刊》编辑部设同里 20 号。

9 月

本月　上海各界联合会发行的《正义周刊》，1925 年五卅运动中的《救国日报》，都曾设新渔阳里内。

1920 年

> **1 月**

29 日　陈独秀抵达上海，住老渔阳里 2 号原柏文蔚住宅。

2 月

2 日　陈独秀乘“大通”轮由沪去汉，4 日下午抵汉口，住文

华书院。其间多次发表讲演，宣传新文化运动和社会主义。

中旬　返京时为避北洋政府再次拘捕，陈独秀经李大钊秘密护送至天津，乘船来到上海。

19日　陈独秀到达上海。2—4月，在亚东图书馆暂住。

27日　陈独秀、王光祈、毛泽东等发起组织上海工读互助团。本日召开筹备会。陈独秀在会上发言。

3月

20日　陈独秀在青年会征求会员大会闭幕典礼上发表题为《新文化运动是什么》的演讲，说："新文化运动是创造的，不是因袭的"，"一日无创造之精神，即一日不能继续发展新文化"。

4月

本月　俄共远东局代表维经斯基（化名吴廷康）及其随行人员（维经斯基夫人库兹涅佐娃，秘书马迈也夫及其夫人马迈也娃，翻译杨明斋），经李大钊介绍由北京来上海，会见了陈独秀、李汉俊、沈玄庐等人，举行多次座谈，介绍俄国十月革命情况，并商讨发起建立中国共产党的问题。

邀请陈望道加入《新青年》编辑部。

2日　上海船务栈房工界联合会召开成立大会。陈独秀、戴季陶、沈玄庐、李人杰（即李汉俊）等出席，陈独秀作《劳动者底觉悟》的演讲。他说，世界上"只有做工的人最有用、最贵重"。希望"做工的人快快觉悟"，第一步争取"改良待遇"，第二步"要求管理权"。

18日　中华工业协会、中华工会总会等7团体代表举行联席会议，筹备首次纪念五一节，商定名为“世界劳动纪念大会”。陈独秀被推选为筹备会顾问。

21日　中国公学开第二次演讲会，陈独秀做《五四运动的精神是什么?》的主题演讲。他说：五四运动的精神，一是“直接行动”，二是“牺牲精神”。

5月

本月　在陈独秀寓所成立上海马克思主义研究会；负责人是陈独秀，会员有沈雁冰、李汉俊、陈望道、邵力子等。

1日　《新青年》(劳动纪念号）由陈独秀在上海主持出版，刊有李大钊《“五一”运动史》及介绍苏俄和中国各地工人状况的文章。

陈独秀、施存统、陈望道等在上海澄衷中学参加纪念五一节集会。

5日　毛泽东由北京到上海，寓于哈同路民厚南里29号（今安义路63号），从事驱张运动（驱逐湖南军阀张敬尧）的宣传，曾在驱张刊物《天问》第23期（1920年7月4日出版）上发表《湖南人民的自决》一文。其间拜访陈独秀，讨论马克思主义及组织“改造湖南联盟”的计划。

6月

本月　陈独秀、李汉俊、俞秀松、施存统、陈公培等在老渔阳里2号（今南昌路100弄2号）商议发起成立共产党。选举陈独秀为书记，并起草党纲，这是中国第一个共产党早期组织，当时名为“社会共产党”。

本月　湖南旅沪学生袁笃实（袁达时）、罗觉（罗亦农）发起

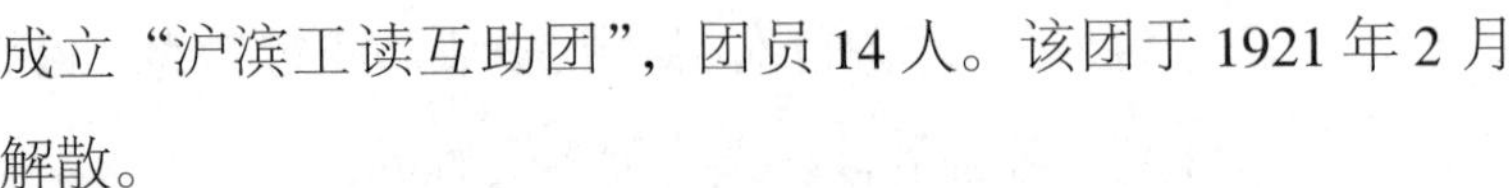

成立“沪滨工读互助团”，团员 14 人。该团于 1921 年 2 月解散。

6 日 《星期评论》因反动当局查禁，被迫停刊（共出 53 期）。

7 月

2 日 《民国日报》刊载介绍远东俄国合作社的稿件，此为上海报纸刊用“中俄通信社”所发新闻的开始。

19 日　在共产国际代表维经斯基及斯托扬诺维奇（米涅尔）马马耶夫等帮助下，在上海召开了传播马克思主义的中国积极分子会议。陈独秀、李汉俊等出席，坚决赞成建立中国共产党。

8 月

本月，新青年社在上海成立，由陈独秀负责，这是中国共产党早期组织创建的第一个出版社。

本月　陈望道翻译，陈独秀、李汉俊校勘的《共产党宣言》第一个中文全译本由上海社会主义研究社出版，新青年社发行，并由辣斐德路成裕里（复兴中路 221 弄）12 号的又新印刷所印刷出版。

上海的共产党组织在老渔阳里 2 号正式定名为“共产党”，陈独秀为书记。最早的成员有：陈独秀、李汉俊、杨明斋、李达、陈望道、邵力子、沈玄庐、俞秀松等。随后，袁振英、沈雁冰、林伯渠、李启汉、沈泽民、李中也相继加入。

上海的共产党早期组织通过写信联系、派人指导等方式，积极推动各地共产党早期组织的建立，实际上起着中国共产党发起组的作用。

15 日　陈独秀、李汉俊等创办《劳动界》周刊，由新青年社发行。《劳动者》周刊是向工人阶级宣传马克思主义的通俗刊物，是中共最早创办的工人周刊。1921 年 1 月终刊。先后共出 24 册。

22 日　在陈独秀、杨明斋的指导下，上海社会主义青年团成立，机关部设霞飞路渔阳里 6 号，沈玄庐、陈望道、李汉俊、俞秀松、施存统、叶天底、袁振英、金家凤等 8 人为发起人，这是全国第一个团组织，俞秀松担任第一任书记。共产党早期组织成员不论年龄大小，都加入青年团，一起开展活动。

9 月

本月　创设外国语学社，社址为新渔阳里 6 号，为赴俄学习的青年补习外文。这是中国共产党早期组织建立的第一个培养青年干部的学校。由杨明斋任校长，兼授俄文，俞秀松任秘书。维经斯基夫人教授俄文，李达教授日文，李汉俊教授法文。学生最多时近 60 人。

本月　李汉俊译《马格斯资本论入门》一书，由上海社会主义研究社出版，新青年社发行。

本月　中国共产党发起组在沪西槟榔路锦绣里开办工人半日学校，由李启汉主持。这是全国第一所由党的早期组织创办的工人学校。

1 日《新青年》月刊 8 卷 1 号出版，自这期起，《新青年》成为上海共产党早期组织的机关刊物，并增辟“俄罗斯研究”栏，刊载介绍苏俄情况的译文。陈独秀在同期发表《谈政治》。

10 月

3 日　上海机器工会于霞飞路渔阳里 6 号召开筹备会，主持人江南造船所工人李中，陈独秀、杨明斋、李汉俊、李启汉等人参加会议，陈独秀在会上发表演说。会议讨论了《机器工会章程》，邀请陈独秀担任为经募处主任。在西门路泰康里 41 号设立事务所。是中共早期组织领导的第一个产业工会。

10 日《上海伙友》创刊，由工商友谊会主办，新青年社发行。陈独秀写了《发刊词》。11 月中旬，第 6 期出版后，因工商友谊会主持人利用该刊鼓吹阶级合作，与上海的共产党早期组织脱离关系。

11 月

本月　经陈独秀介绍，孙中山在寓所会见共产国际代表维经斯基。孙中山详询了俄国和俄国革命情况，要求建立电台联系。这是共产国际代表同孙中山的第一次会晤。

7 日　创办《共产党》月刊，这是上海共产党早期组织的内部理论刊物，主编李达。次年 7 月停刊。

中国共产党上海发起组制定《中国共产党宣言》，阐明共产主义者的理想和奋斗目标，无产阶级专政的国际意义和任务。《宣言》供内部讨论研究之用，并作为接纳党员的标准，未公开发表。

21 日　上海机器工会借白克路 207 号（今凤阳路 186 号）上海公立学校召开正式成立大会。孙中山、陈独秀等到会发表演说。出版《机器工人》刊物。

12 月

本月　在上海的共产党早期组织的领导下，上海印刷工会成立，有会员1300余人，并出版《友世画报》。

1日　《新青年》第8卷第4号出版，有陈独秀编辑的《关于社会主义的讨论》专栏，发表了陈独秀、陈望道、邵力子等人批判张东荪的资产阶级改良主义的文章。

17日　陈独秀应孙中山、陈炯明之邀，去广州担任广东全省教育委员会委员长。上海的共产党早期组织书记职务由李汉俊代理（1921年3月由李达代理）。《新青年》月刊由陈望道、李达、李汉俊主编。

1921年

> 本年，两弄产权易归陈铭德，同时改名“铭德里”；又以南北别之，俗称为铭德里和铭德北里，或南铭德里和北铭德里。1957年，北铭德里复称渔阳里。

本年春，在外国语学社学习过的学员，分批派赴苏俄留学。其中有刘少奇、罗亦农、任弼时、萧劲光、王一飞、汪寿华、许之桢、柯庆施、蒋光慈、曹靖华、梁柏台、任作民、谢文锦、华挺生、彭述之等。

2月

4日　新青年社被法租界巡捕房查封。该社在本月迁往广州。《新青年》被查禁，原定1月出版的第8卷6号，延迟至4月在广州出版。

3月

本月　在中国共产党上海发起组主持下，上海第一次庆祝三八国际劳动妇女节活动在霞飞路渔阳里6号举行。

本月　中国社会主义青年团临时中央执行委员会在上海成立。

29日　上海社会主义青年团书记俞秀松，代表上海团组织和留俄学生，应“万国青年共产党”（即少共国际）邀请，离沪赴莫斯科参加少年共产国际第二次代表大会。

4月

17日　上海共产党早期组织由李启汉出面邀请机器工会、中华工业协会、工商友谊会等团体代表，商讨纪念“五一”节筹备事宜。陈望道、包惠僧等人出席。会议决定成立“纪念劳动节筹备委员会”。

29日　法租界巡捕房为破坏“五一”节纪念活动，搜查渔阳里6号“纪念劳动节筹备委员会”，没收了宣传品。

5月

1日　李启汉等在沪西、闸北散发纪念五一节的传单。

原定在上海公共体育场召开纪念五一节大会，因反动当局的严密封锁，未能实现。

6月

本月　上海的共产党早期组织以老渔阳里2号为联络处，由李达、李汉俊等人负责筹备，致函各地的早期组织委派代表，确定会议地点和日程。

3日　共产国际代表马林到沪，经商议决定于7月下旬召开第一次全国代表大会。上海的共产党早期组织在老渔阳里2号起草并刻印有关文件。李达、李汉俊致函各地，请委派两名代表来沪，出席中国共产党第一次全国代表大会。

24日　陈独秀、李大钊、李达、李汉俊、邵力子、沈雁冰、陈望道、沈玄庐等同文教界知名人士经亨颐、夏丏尊、周建人等共15人，以编辑人名义署名，在上海发起成立《新时代丛书》社，筹备出版《新时代丛书》。（丛书在1922年1月后陆续出版。）

7月

23日　中共第一次全国代表大会在望志路106号（今兴业路76号）召开。

30日　中共一大会议因法租界密探闯入而中断。当夜，李达、毛泽东、周佛海等部分代表，在老渔阳里2号研商继续会议的办法。

8月

本月　中国共产党为在工人中开展工作，在原小沙渡工人半日学校的基础上设立第一工人补习学校，男女学生30余人。中国劳动组合书记部干事李震瀛任校长。

1日　中共一大会议转移到浙江嘉兴南湖游船上继续举行[①]。大会选举陈独秀、张国焘、李达组成中央局，陈独秀为书记，张国焘负责组织，李达负责宣传。大会结束。

3日　上海《民国日报》副刊《妇女评论》创刊，陈望道主编。

11日　在上海成立中国劳动组合书记部，办事机构设北成都路19号（今成都北路893弄7号）。张特立（即张国焘）为书记部主任，李启汉、包惠僧、李震瀛等为干事。在《共产

① 党的一大转移到嘉兴的日期，又有7月31日、8月1日、8月2日、8月3日、8月5日等说。

党》月刊第6号上发表《中国劳动组合书记部宣言》。

20日　中国劳动组合书记部机关刊物《劳动周刊》创刊。

9月

中旬，陈独秀辞去广东教育委员会委员长职务，返沪专任党中央书记工作，仍居住在老渔阳里2号。“当时决定宣传工作，仍以《新青年》为公开宣传刊物，由陈自己主持。”李达编辑《共产党》月刊，作为秘密宣传刊物。张国焘主持劳动组合书记部的工作。

本月　中央局决定成立“人民出版社”，出版宣传马列主义的书籍。出版社由李达负责。社址在南成都路辅德里625号（今成都北路7弄30号）李达寓所。

10月

4日　法租界巡捕房在老渔阳里2号逮捕陈独秀与其夫人高君曼及包惠僧、杨明斋、柯庆施等人。在社会各界的尽力营救下，2天后陈独秀等获释。26日，法租界当局以违禁出售《新青年》罪名，罚款结案。

11月

本月　陈独秀以中央局书记名义发出《中国共产党中央局通告》，要求上海、广东等各地建立区执行委员会，并提出各地应建立与发展党、团、工会组织，切实注意劳动运动、青年运动及妇女运动；开展宣传工作等问题。

上海成立中共上海地方委员会，陈望道为第一任书记。

11日　《劳动周刊》（13期）刊载上海机器工会兴办英文夜校的通知与章程，号召机器工人报名学习。

12 月

10 日　上海中华女界联合会出版的《妇女声》半月刊创刊，李达、王会悟、王剑虹等参加编辑。陈独秀、沈泽民、沈雁冰、邵力子等曾为该刊写稿。该刊于 1922 年 6 月停刊。

1922 年

> 1 月

15 日　上海党组织根据中共中央关于召开卡尔·李卜克内西纪念会的通知，由马克思学说研究会、中国青年团、社会主义研究会新文化研究社等团体发起，在宁波会馆召开“德社会学者纪念会”，纪念李卜克内西、卢森堡被害三周年。中外来宾 500 余人到会。李启汉主持会议。

中国社会主义青年团机关报《先驱》创刊。自创刊号至第 3 期由北京地方团组织出版，刘仁静、邓中夏主编。从第 4 期起迁至上海，改由青年团临时中央局出版，施存统主编。1923 年 8 月 15 日停刊，共出 25 期。

28 日　上海党组织动员全部党员、社会主义青年团团员 100 余人以及工人积极分子 50 人，于本日（农历正月初一）走上街头，散发“贺年帖”，一面写有“恭贺新年”四字，一面印有宣传共产主义内容的《太平歌》歌词①。下午，还在“新世界”等群众游乐场所，散发揭露帝国主义和军阀为内容的革命传单 2 万余张。

① 《太平歌》歌词为：“天下要太平，劳工须团结。万恶财主铜钱多，都是劳工的汗和血。谁也晓得：为富不仁是盗贼。谁也晓得：推翻财主天下说。谁也晓得：不做工的不该吃。有工大家做，有饭大家吃，这才是共产社会太平国。”

2 月

本月　平民女校开学。校址设于南成都路辅德里 632 号 A（今老成都北路 7 弄 42 号），中共中央局宣传主任李达任校务主任。教员有陈独秀、高语罕、陈望道、邵力子、沈雁冰、沈泽民、张秋人等学员约 30 人，其中有王剑虹、王一知、丁玲、钱希均、高君曼、王会悟等。

本月　马克思学说研究社成立，并发表宣言。该社为上海社会主义青年团创立，参加者大都是团员，由施存统负责。

3 月

本月　少共国际代表达林抵沪，会见陈独秀和筹备社会主义青年团全国代表大会组织处的成员张太雷、刘仁静等，讨论了即将召开团的一大的议程与大会有关的组织事项。

5 日　在《妇女声》平民女校特刊号上发表陈独秀、李达、邵力子、沈泽民、高玉英等人的文章。陈独秀指出："教育是改造社会重要工具之一"，他"希望新成立的平民女学校作一个风雨晦冥中的晨鸡！"

4 月

本月　达林从北京回上海后再次会见陈独秀。党中央委派张太雷随同达林前往广州，出席中国社会主义青年团第一次全国代表大会。

6 日　陈独秀写信给维经斯基，表示反对马林关于"中国共产党及社会主义青年团均加入国民党"的提议，并要求维经斯基向共产国际代陈。

23 日　陈独秀、陈望道在吴淞公学演说。陈独秀的讲题为《马克思学说》。

5 月

5 日　上海学界举行马克思诞生 104 周年纪念会，男女青年 100 余人到会。张秋人主持会议，报告马克思生平。陈望道、沈雁冰等人到会演说。纪念会散发了中国劳动组合书记部编印的《马克思纪念册》。这是由党中央在上海发起组织的首次马克思诞辰纪念会。

6 月

15 日　中共中央发表《中国共产党对于时局的主张》，第一次提出：中国是实际上仍由军阀掌权的半独立的封建国家。

30 日　陈独秀给共产国际写了报告，谈到当前的党务、政治宣传、国内劳动运动的情况及今后计划。报告中提到 1922 年 6 月，上海的党员人数为 50 人。并详尽地介绍了上海的劳动运动。

7 月

16 日　中国共产党第二次全国代表大会在上海南成都路 625 号李达住所召开。

8 月

9 日　法租界当局在老渔阳里 2 号逮捕了陈独秀，并查抄了大量书籍和文件等。上海、北京等各地报刊连续发表消息和通电，谴责反动当局，呼吁立即释放。

15 日　北京《晨报》刊出自治同志会、中国社会主义青年团、马克思学说研究会等 10 团体《为陈独秀被捕事敬告国人》的宣言书，蔡元培等社会名流也设法营救。在各方舆论压力下，法租界当局被迫于 18 日判决罚款后，释放陈独秀。

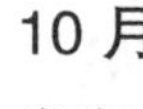

10 月

党中央迁往北京，至此老渔阳里 2 号结束了其作为中央机构办事地点的历史任务。

1951 年

> **10 月**

本月　老渔阳里 2 号辟为上海革命历史纪念馆第二馆。

1959 年

> **5 月**

26 日　老渔阳里 2 号被公布为上海市文物保护单位，挂牌“《新青年》编辑部旧址”。同时，新渔阳里 6 号被确定为上海市文物保护单位。

1980 年

> **8 月**

26 日　老渔阳里 2 号再次被公布为上海市文物保护单位。

1961 年

> **3 月**

4 日　新渔阳里 6 号确定为全国重点文物保护单位。

参考文献：

《中共上海党史大事记 1919—1949》知识出版社 1988 年；

唐宝林　林茂生：《陈独秀年谱》，上海人民出版社 1988 年；

《卢湾区志》，上海社会科学院出版社 1998 年。

媒体报道

上海渔阳里：中国共产党的初心孕育之地

寻访陈独秀上海旧居①

石库门民居斑驳的墙上，昭示了它曾经的沧桑

一旦屋主不在家，将无法探寻究竟

《新青年》编辑部旧址的银色招牌分外显眼，一下简单的轻松，似乎仍能由此倾听那些历史人物的呐喊声

不能忘却的记忆是否有些落寞

老渔阳里 2 号：旧式石库门里的一间普通民居

踩着初夏的斑驳树影，很轻易地便踏在了南昌路狭窄的人行道上，匆匆之间便和这古旧的民居弄堂擦肩而过。等回过神的时候，便要掉头回去，仔仔细细找那“100 弄”的绿牌。

站在南昌路 100 弄的弄堂口，便可一眼看到这泾渭分明的岁月的划痕。左手边的“新式里弄”，披着鹅黄的大氅，却眨巴着 20 世纪 30 年代到 40 年代的眼睛；右手边的景象则完全不是这么回事，旧式的石库门建筑外围着松糕般的水泥砂浆外墙，似乎触手便是酥松，色泽更是黯淡不堪。我们虽是一行四人的模样，却没有多少人知晓我们的来意，更没有多

① 原载《青年报》2011 年 6 月 10 日。

少路人会想到，我们正是为着当年的陈独秀而来。

环龙路渔阳里 2 号，原是安徽都督柏文蔚的私房，也是陈独秀的故居。如今，旧时法租界的陶而斐司路与环龙路被一并称为了南昌路。向弄堂里走不过三四十米右拐，便有陈独秀故居陈列于众石库门中。最先映入眼帘的倒并非标着“2 号”的门牌，而是一块写着“《新青年》编辑部旧址”的金属牌被怪诞地钉在了一块略宽的大理石碑上，石碑则又镶嵌在了水泥墙上，离地有着 1.5 米以上的高度。牌子右侧二三十厘米的地方，便是 2 号的入口木门了，花岗石门框，门楣饰有浮雕花卉。轻轻抚摸着斑驳的墙面，就像触碰到了一位百岁老人褶皱的肌肤。从 1911 年至今，这座老建筑已经经历了整整一百年沧桑岁月。推开木门时，尚需怀着惴惴的敬意。

站在天井里等候我们的，是一位 65 岁男子，着了一件体面的条纹体恤，似乎是等候良久的样子。立刻上前寒暄的是本次带领我们前来的俞敏先生，上海市中共党史学会的副秘书长，青少年教育研究中心主任。无论是哪一个身份，都足以证明俞敏先生对这里熟门熟路的原因。也正是因为他，才让我们顺利踏进了这所已经成为民居的石库门。男子爽朗地与我们打招呼，自己介绍姓赵，是这里的屋主人之一。

遥远的 1920 年：年轻的朋友曾经来相会

赵文来，这是他的全名，他在这里已经住了将近 40 年。20 世纪 70 年代，通过单位分房住到了这里。当帮忙搬场的师傅踩着黄鱼车和他进入这条小巷的时候，新婚的赵先生突然发现了镶嵌在门口的大理石碑，上面的阴文刻字中，有着“陈独秀”的字样。他这才知道，原来“那个被称为‘五四运动的总司令’的陈独秀也住过这里”。

1920年初，上海的冬天有些阴冷。一辆马车沿着环龙路轻巧地驶来，在一条弄堂口停下了。车门打开后，一个头戴毡帽、身着体面的中年男子走了下来，自己提着一个皮箱子，拐进了渔阳里。原安徽都督柏文蔚派了人在门口接应，老仆见到了来人，便上前招呼："是陈先生吧？请进。"

陈独秀的皮箱里装着极少的衣物，这次他带回上海的，是他5年前创办的《新青年》杂志，新的编辑部就设在了这幢石库门房子的底楼。5年前，这份还被称为《青年杂志》的期刊就创立在上海，自从1917年随着陈独秀去了北京后，《新青年》再次回到了上海，还吸纳了不少新生力量。

6月，天气已完全回暖，陈独秀居所的一楼课堂里，迎来了3位青年人——俞秀松、施存统、陈公培。陈独秀从楼梯口出现的时候，脸上就带着一丝兴奋的笑意，今天要谈论的将是一件大事！陈独秀卸去了挂在课堂的黑板，上面写着"会客谈话以15分钟为限"，那都是对外人而言的，今天要见的是一群年轻的老朋友，要议的乃是要建立以马克思主义为指导的中国工人阶级政党。连同李汉俊共5人，决定成立共产党组织，并初步定名为社会共产党；在反反复复的推敲中，中国第一份工人阶级政党的党纲拟定出来。也就在这个客堂里，成立了中国第一个共产主义组织即中国共产党上海发起组。

变化的小巷：从革命纪念馆到《新青年》编辑部旧址

如今，这幢坐北朝南双开间的老式两层石库门楼房，还依稀保留着当年的样子。原来的客堂被隔出了一道墙，进门左手第一间是亭子间，穿过天井的右手边曾是《新青年》编辑部的厢房，厢房的东墙上竟然还镶嵌着一块大理石碑，刻着"中国共产党中央工作部在这里办公"的字样。里厢房与后厢房住着赵先生的妹妹一家。楼上原本是陈独秀夫妇的卧室和书房，如今也住了两户人家。如此一分为四，便是如今的格局。

厢房里的这块石碑还有说头，与门口的石碑一样，系 1959 年的产物。当时的老渔阳里 2 号被公布为市级文物保护单位，随后就有人来挂上了这两块石碑。这还是发生在赵先生一家搬进来之前的事。不久之后，这幢汇集了陈独秀故居、《新青年》编辑部、中国第一个共产党早期组织诞生地的石库门，被纳入了一个名为“革命纪念馆”系列的规划，排在新渔阳里 6 号之后——上海社会主义青年团所在地，被赋予了“革命纪念馆 2 馆”的名号。这个名字在之后的十多年中，成了一个名义上可行的称号，查看 70 年代的自来水单子，就可以看到“革命纪念馆 2 馆”的字样。只是现实中的老渔阳里 2 号，已经没有了作为“革命纪念馆”的实际存在。直到 1980 年，这才第二次被公布为市级文物保护单位，后来，门口的石碑被金属牌子覆盖了，写着“《新青年》编辑部旧址”的字样，也就是我们进门前看到的景象。

坐“井”观天：旧址是用来纪念的，而纪念却无须旧址

坐在天井里，赵先生的表情有些欣喜，也有些无奈。他的话很快就让我们明白，这四十年里，他到底是怀着怎样一种情感，度过了石库门的岁月。

赵先生对陈独秀也有着特殊的感情。从血缘上来说，赵先生并不是陈独秀的什么人。他只是搬来了之后，才知道这幢楼的意义。对于他那个年代的人，多少对党史有着一些兴趣，于是他便去找了一些相关的资料，读了《陈独秀传》，这才了解了陈独秀其人，才知道了《新青年》的意义。在他的理解中，陈独秀始终坚持着共产主义理想，这点是毫无疑问的；其次便是，他在穷困潦倒的时候，没有向国民党的高官厚禄低头。

渔阳星火　红色源头闪烁信仰之光[①]

上海正在开展的“党的诞生地发掘宣传工程”，使一条百年老弄堂——渔阳里的历史记忆变得日渐清晰。如果说，中共一大会址是党诞生的“产房”的话；那么，渔阳里这片石库门建筑就是党的“十月怀胎”之地。

“南陈北李，相约建党。”百年渔阳里，诞生了第一个党组织、第一个团组织、第一个干部学校、第一个党领导的工会……党诞生后，这里是党初创时期的“中南海”。这里走出了毛泽东、刘少奇、任弼时、林伯渠等领袖人物。

96年前的今天，13位风华正茂的热血青年和共产国际代表马林和共产国际远东书记处代表尼克尔斯基走进兴业路76号的一幢石库门中，举行了中国共产党第一次全国代表大会。如果说，兴业路76号是党诞生的“产房”；那么，渔阳里这片百年石库门就是党的“十月怀胎”之地。召开党的一大会议通知书，从这寄往各地；一大会议突遭袭扰，代表转移至南湖也在此决定；一大召开后，这里成了中共中央局所在地……

① 原载于《新民晚报》2017年7月23日。

重要隐秘的秘密摇篮

今年七一期间，陆家嘴社区阳光驿站公益服务社组织60位大学生村官和青年党员瞻仰中共一大会址。随后，这群年轻人兴致勃勃地追寻红色源头，集体骑着共享单车，慕名来到渔阳里，参观先后孕育了共产党和共青团诞生的革命旧址，并面对党旗庄严宣誓。

随着去年由上海市委宣传部推出的“党的诞生地发掘宣传工程”不断深入，渔阳里这一党的“秘密摇篮”正被越来越多的市民所关注。

从绿荫浓郁、人文荟萃的南昌路步入100弄青砖黛瓦的石库门弄堂，这里是老渔阳里。长期地下斗争，使我党早期地点都不显眼。2号黑漆漆的大门外墙，有块上海市文物保护单位标牌，上书“《新青年》编辑部旧址”。其实，这背后更藏着一段重要隐秘的红色历史。

70岁的居民赵文来在此住了近40年，随着这段红色历史不断发掘，来他家参观的人越来越多，甚至不乏外国友人。他家客厅有块汉白玉石碑上写着：“中国共产党第一次全国代表大会决定成立中央工作部，领导当时党的日常工作。一九二一——二三年，中国共产党中央工作部在这里办公，毛泽东同志也曾一度在这里工作。”他希望将来把这里变成红色景点对公众开放，起到革命文物应有的作用。

上海市中共党史学会渔阳里历史文化研究会会长李瑊说：“众多研究成果证明，渔阳里在中共建党历史中具有举足轻重的地位，它创造了中共党史上多个第一，如第一个党组织、第一个团组织、第一个干部学校、第一个党领导的工会等。党诞生后，这里还是中央局所在地，是党初创时期的‘中南海’。”

承载传奇的百年弄堂

电影《建党伟业》展现了“南陈北李”相约建党的历史画面。1920年2月，为躲避追捕，李大钊迎着鹅毛大雪，送陈独秀坐带篷骡车悄悄离开北京。路上，李大钊说：“我在北京，你在上海，我们分别做建党的准备。”乘轮船抵沪后，陈独秀秘密入住老渔阳里2号。这里人称“柏公馆”，原是安徽都督柏文蔚的居所。陈独秀曾一度担任柏文蔚的秘书长，两人为故交老友。这位被毛泽东誉为“五四运动总司令”的《新青年》主编一到上海，即邀请在上海宣传马克思主义的几位同仁李汉俊、李达、陈望道、沈雁冰、邵力子、沈玄庐等汇集于此，使在中国率先为新文化运动大声呐喊并传播了马克思主义的《新青年》在渔阳里正式复刊。

16年后，毛泽东在延安接受斯诺采访时说出了老渔阳里的重要性。“我第二次前往上海，在那里我再次见到了陈独秀，我与他讨论我读过的马克思主义书籍，陈独秀谈他自己的信仰的那些话，在我一生中可能是关键性的时期，对我产生了深刻的影响。”毛泽东说，他是通过阅读《共产党宣言》成为马克思主义者的。而陈望道的《共产党宣言》中译本，就是经陈独秀和李汉俊校对后，诞生在渔阳里这一“秘密摇篮”中。在此与陈独秀深谈的还有林伯渠等革命者，由于来者众多，客厅小黑板上写着“会客谈话以十五分钟为限”。

这是一座承载着革命传奇的石库门。1920年4月，共产国际代表维经斯基经李大钊介绍，在老渔阳里2号会见陈独秀，共同商讨建立中国共产党。在维经斯基等帮助下，经酝酿筹备，中国第一个共产党组织8月在渔阳里悄然成立。经陈独秀向李大钊征求意见，正式定名为共产党。它虽

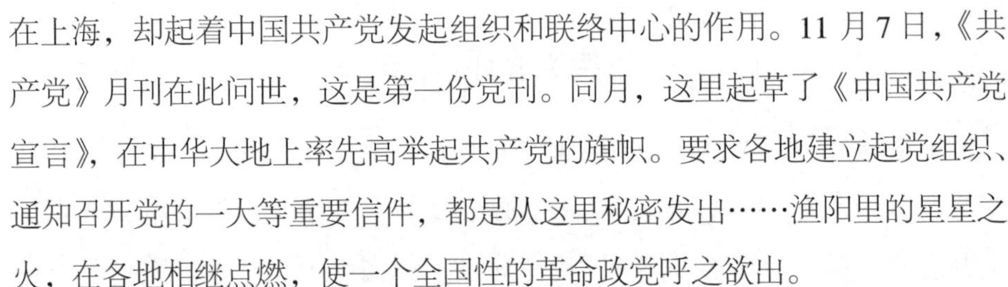

在上海，却起着中国共产党发起组织和联络中心的作用。11 月 7 日，《共产党》月刊在此问世，这是第一份党刊。同月，这里起草了《中国共产党宣言》，在中华大地上率先高举起共产党的旗帜。要求各地建立起党组织、通知召开党的一大等重要信件，都是从这里秘密发出……渔阳里的星星之火，在各地相继点燃，使一个全国性的革命政党呼之欲出。

红色源头听历史回响

新渔阳里原与老渔阳里相通。当年，可从南昌路直通到淮海路，在这里匆匆来往的有许多将民族危亡、国家前途视为己任的革命青年，弄堂里常常回响着他们慷慨激昂的读书声、论辩声。静静凝听历史回响，能感受到当年的激情飞扬、热血沸腾。

如果说，老渔阳里孕育了党的诞生，新渔阳，则孕育了共青团的诞生。1920 年 8 月 22 日，俞秀松这位最年轻的党员在陈独秀指派下，来到新渔阳里 6 号发起成立了上海社会主义青年团。随后，他担任了中国社会主义青年团临时中央执行委员会的第一任书记。1920 年 9 月，这里挂出了“外国语学社”的招牌，对外称：“本学社拟分设英法德俄日本语各班，现已成立英俄日本语三班……”其实，这是党开办的第一所培养革命干部的学校，用学外国语掩护革命活动。当年一群救国心切的青春志士，在渔阳里集体挤板床，打地铺，每人每月生活费只有五六元，生活虽然简朴，但热情似火，信仰坚定。刘少奇还参与陈独秀主编的《劳动界》周刊的收发、缮写工作。半年后，刘少奇、任弼时、罗亦农、萧劲光等 20 多位学员分赴苏俄学习，他们日后都成了中国革命的骨干。这里点燃了理想之火，闪烁着信仰之光。

1920 年 10 月 3 日，上海机器工会在新渔阳里举行发起会，陈独秀、李汉俊等出席。孙中山、陈独秀等还参加一个多月后的正式成立大会。从此，中国工人阶级有了第一个群众组织。

今年 91 岁高龄的原卢湾区副区长王乾德老人是 1944 年入党的上海地下党员。他说，把新老渔阳里这段红色历史挖掘出来，意义十分重大。由于他的积极奔走呼吁，他成了渔阳里研究会的发起人和顾问。他告诉记者，上海刚解放不久，为寻找党的诞生地，陈毅、潘汉年等上海市领导来到老渔阳里踏访。当年还有个筹办上海革命历史博物馆的计划，想把中共一大会址列为一馆、老渔阳里 2 号列为二馆、居住一大代表的博文女校列为三馆。为此，渔阳里东侧还腾出了一块空地，以筹备建造革命历史博物馆，这空地就是如今淮海中路上的华亭伊势丹。由于年代相隔已经久远，现在已很少有人知晓这段历史。

渔阳里离中共一大会址步行仅 10 来分钟，离复兴公园更近，步行仅两三分钟。这一美丽的法式公园内有一座大型马克思恩格斯雕像，象征着中共建党的理论基础和思想来源。就像陈望道回忆说："大家住得很近，经常在一起，反复地谈，越谈越觉得有组织中国共产党的必要。"由此看来，马恩雕像坐落于此，绝非偶然。

今年初，市政协完成了一项调研报告，指出复兴公园附近一平方公里密集分布着 10 多处建党早期的重要旧址，有一大会址、新老渔阳里、博文女校、又新印刷所、维经斯基故居等，它们见证了中共从酝酿、筹备、组织、诞生的完整过程，建议将这里打造成一片"红色源头历史风貌区"。在迎接建党百年之际，让人们漫步这片历史街区，能更深切地感受到上海作为党的诞生地应有的历史情怀。

一系列建党准备工作在上海南昌路上一条弄堂内完成——

渔阳里：红色征程的起点[①]

邵　宁

这是上海市中心一条普普通通的石库门弄堂，百年风霜在它身上写下了一抹沧桑。然而，在风云激荡的20世纪20年代，这条弄堂曾是许多重要历史人物的聚合点，也是重大历史事件的见证者。这里不仅是《新青年》编辑部，更是中国共产党的孕育之地——第一个党组织、第一个团组织、第一所干部学校、第一个党领导的工会……红色基因从这里迅速复制、传播，植入千千万万个热血青年和革命志士的心中。上海正在开展的"党的诞生地发掘宣传工程"，使这条百年老弄堂进入人们的视线。它宛如一颗宝石，穿越历史，静静地放射着光华——这就是渔阳里。

印迹　红色上海第一弄

从繁华热闹的淮海中路往南100米左右，就是南昌路。与淮海路的车水马龙、霓虹闪耀相比，这里显得淡然而静谧，马路的格局，和100年前的环龙路相比，没有多大改变。

---

① 原载《新民晚报》2017年11月27日。

97年前的一个冬天，一位身着长衫的中年人，带着行李走进环龙路上的老渔阳里。他就是被毛泽东誉为“五四运动总司令”的陈独秀。那是1920年2月，为躲避追捕，李大钊迎着鹅毛大雪，送陈独秀乘坐带篷骡车悄悄离开北京。李大钊和陈独秀约定：我在北京，你在上海，我们分别做建党的准备。这就是中国共产党创建过程中“南陈北李，相约建党”的故事。而上海一系列建党的准备工作，有许多是在这里完成的。

当年的老渔阳里其实并不老，整条弄堂建成才7年，只是为了和1917年建成的新渔阳里区分开来而这样称呼的。老渔阳里2号是原安徽都督柏文蔚的寓所，一正一厢的两层石库门，在当时是时髦宽敞的住宅，陈独秀抵沪后，就在这栋房子里住了下来。

由中共上海市委党史研究室和市文物局编纂的《中国共产党早期在上海史迹》一书，记载着随后展开的一系列轰轰烈烈的建党准备工作和活动——

《新青年》在这里继续编辑出版；1920年春，共产国际代表维经斯基经李大钊介绍，到上海会见陈独秀，在这里商讨建立中国共产党的问题；5月，毛泽东来上海，在这里拜访陈独秀，讨论马克思主义和湖南改造等问题；6月，陈独秀与李汉俊、俞秀松、施存统、陈公培在此开会，成立上海共产党早期组织，这是中国共产党第一个早期组织。与此同时，《新青年》改为上海共产党早期组织的机关刊物。年底，陈独秀去广州，陈望道接任主编。同年11月7日，上海共产党早期组织在此创办了《共产党》月刊，由李达在楼上亭子间编辑。

老渔阳里2号还是中共一大的筹备处和一大期间的“秘书处”。1921年6月3日，共产国际代表马林到沪，经商议后决定于7月下旬召开第一次全国代表大会。上海的共产党早期组织即以老渔阳里2号为联络处，由

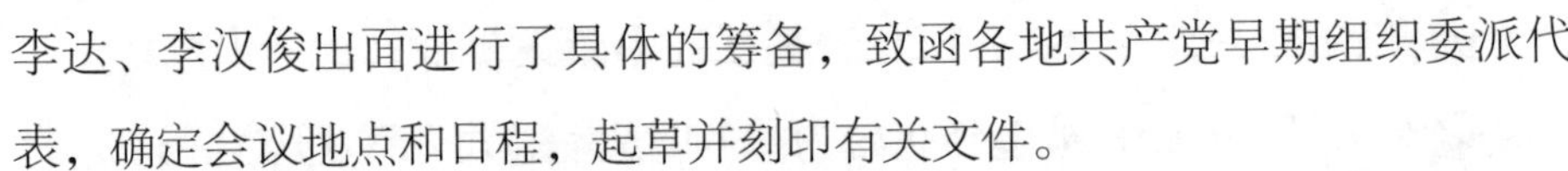
李达、李汉俊出面进行了具体的筹备，致函各地共产党早期组织委派代表，确定会议地点和日程，起草并刻印有关文件。

今天，老渔阳里的门头已经看不到了，现在是南昌路100弄，位于思南路和雁荡路之间，和102弄共用一个入口。走进弄堂，右边第一排房子是1号，再往里走，就是2号。石箍的黑漆大门紧闭着，上面贴着两个红色“福”字。这座石库门老房子，如今是居民住宅，只是旁边的墙上有一块铜牌，上书“上海市文物保护单位《新青年》编辑部旧址”字样。

这是一栋让人肃然起敬的老房子。近百年在这里发生的一切，如惊雷、似闪电，划破漫漫长夜，唤醒沉睡的人们，一个崭新的先进的政党在此孕育。开天辟地的中国共产党在不远处的望志路106号诞生，中华民族的历史翻开了新的一页！

火种　渔阳里的革命活动

距离老渔阳里不远是新渔阳里。由于弄堂口在淮海中路567弄，且保留着“渔阳里”的门头，因此知名度比老渔阳里大得多。弄内6号，是中国社会主义青年团中央机关旧址，现在已经辟为纪念馆。

新渔阳里的红色历史也可以追溯到1920年春。当时，杨明斋陪同维经斯基到上海，同陈独秀商讨建立中国共产党时，租赁这栋石库门房子为活动地，并开设中俄通信社。当年8月22日，俞秀松在陈独秀指派下，来到新渔阳里6号发起成立了上海社会主义青年团。随后，他担任了第一任书记。

1920年9月，这里挂出了“外国语学社”的招牌。其实，这是党开办的第一所培养革命干部的学校，用学外国语掩护革命活动。吸引了一群救国心切的年轻人。半年后，刘少奇、任弼时、罗亦农、萧劲光等20多位学员分赴苏俄学习，他们日后都成了中国革命的骨干。

1920 年 10 月 3 日，上海机器工会在新渔阳里举行发起会，陈独秀、李汉俊等出席。孙中山、陈独秀等还参加一个多月后的正式成立大会。从此，中国工人阶级有了第一个群众组织。

新渔阳里曾改名为铭德里，1957 年恢复旧称。新渔阳里 6 号 1961 年被列为全国重点文物保护单位。1987 年，市文管会对旧址进行整修，于 1989 年 5 月 4 日对外开放；2001 年再次进行全面整修扩建，于 2004 年向社会开放。

老渔阳里 2 号原先与淮海中路新渔阳里 6 号有弄堂相通，两处相隔数十米。当年，陈独秀等还常去新渔阳里 6 号讲课，热血青年如刘少奇、任弼时等常在此出入，这条通道也被称为“共产主义小道”。可惜的是，现在这两条弄堂已被封闭，不再相通。

传承 “初心孕育之地”发挥作用

进入 21 世纪以来，渔阳里越来越受到关注。多位老党员和热心党史的中青年学者专门对此展开了研究。2015 年 6 月，经上海市中共党史学会批准，渔阳里历史文化研究会正式成立，为中共党史学会的二级分会。这是第一个以上海“渔阳里”这一具有丰富历史意涵的城区为研究对象的民间学术社团。

今年 91 岁高龄的王乾德是渔阳里研究会的发起人和名誉会长。他介绍说，上海刚解放不久，为寻找党的诞生地，陈毅、潘汉年等上海市领导来到老渔阳里踏访。当年还有个筹办上海革命历史博物馆的计划。由于年代相隔已经久远，现在已很少有人知晓这段历史。研究会会员卢志新认为，上海老弄堂，首推新老渔阳里。他说，在中国和上海的历史大变动

中，新老渔阳里的地位实在太重要了。

2016 年 10 月 22 日，“渔阳里与中国共产党的创建”学术研讨会在上海大学举行。会上，渔阳里历史文化研究会落户上海大学马克思主义学院。去年，研究会还出资编印了一本小册子《渔阳里，红色征程的起点》，这本小册子已经印刷了两次，共 1000 册，很受欢迎。研究会会长李瑊表示，从 100 多年前上海的历史背景、租界环境、城市特点、开放程度来看，红色之源渔阳里处于一个非常特殊的区域，一个新型的无产阶级政党在这样一个区域里诞生不是偶然的。对于渔阳里这样一个“初心之地”，一定要加强挖掘、研究和保护。今年 10 月，第一届渔阳里文化论坛在上海大学举行，与会专家学者指出，要对渔阳里等革命旧址进行发掘、梳理、宣传、弘扬。

如何进一步挖掘渔阳里等红色旧址的价值，让这笔宝贵财富在新的历史时期发挥作用？市政协常委、新民晚报记者俞亮鑫长期关注渔阳里，曾多次向市政协递交提案，今年初，市政协完成了一项调研报告，指出复兴公园附近一平方公里密集分布着 10 多处建党早期的重要旧址，有一大会址、新老渔阳里、博文女校、又新印刷所、维经斯基故居等，它们见证了中共从酝酿、筹备、组织、诞生的完整过程，建议将这里打造成一片“红色源头历史风貌区”。

92 岁老人回忆往事：新中国成立后陈毅市长考察了上海这个地方，筹建包括一大会址的三个馆①

彭　薇

批准入党的第一件事是入党宣誓，可当时外白渡桥处于敌占区，出于安全考虑，对方让王乾德默念誓词，他做监誓人，“这段入党誓词就写在香烟盒纸上，我在心里默念着，那一年我 18 岁”。

“我志愿加入中国共产党，坚决执行党的决议，遵守党的纪律，不怕

① 原载《解放日报》2018 年 4 月 8 日。

困难，不怕牺牲，为共产主义事业奋斗到底。”当年的入党誓词，92 岁的王乾德到现在还记得清清楚楚。

近日，记者前往乌鲁木齐南路的一栋老宅探访王老，他是渔阳里历史文化研究会发起人，曾参加中共上海地下党。说完这段入党誓词，他停顿了几秒，表情十分认真：“我是一个小兵，年纪这么大了，仍然是小兵。”历经风霜的老人，眼神透着坚定。

“上海是党的诞生地，是我们的初心之地。”王乾德曾多次来到中共一大会址和老渔阳里等地踏访瞻仰。在这个百年弄堂，他在留言簿里写下：“要做一个有信仰的人，坚定信仰，为共产主义事业奋斗终生。”

入党誓词写在香烟盒纸上

立春后的上海，阳光明媚。王老的家中，明亮宽敞。我们的谈话从老人的棉袄开始。

“现在生活条件好多了。”王乾德指了指身上穿的棉袄，想起 79 年前母亲给他亲手缝制的那身棉衣。1939 年冬天，13 岁的王乾德正是穿着母亲自制的棉衣棉鞋，从宁波来到上海，在万康宏酱园店做学徒工。

左二为青年时期的王乾德

万康宏酱园创办于19世纪70年代初，地点在英美租界大马路，现在的南京东路浙江路附近。这里日后成为酱业中的红色据点，也是王乾德的红色起点。

做学徒时，他每天清晨5点起床工作，一直到晚上9点，非常辛苦。“那时候上海的冬天比现在还冷，气温经常零下七八度。”王乾德说，酱园店地面潮湿，鞋底鞋面被慢慢濡湿，时间久了，脚上长了冻疮，甚至溃烂化脓。他一直记得临别时，母亲叮嘱他的一句话：“好好当学徒，不要做‘回汤豆腐干’。”这是宁波老话，鼓励他“吃得苦中苦，方为人上人”。

几年后，王乾德投入了一场中共领导下的“石米运动”，反剥削压迫，为工人阶级争取更多的薪酬。偶然间，又读到了蒋光慈的小说《少年漂泊者》。小说描述了一名农村少年在父母双亡后漂泊四方，历经艰难曲折，最终走上了为革命事业英勇斗争的道路。王乾德深受鼓舞，他坚信只有共产党才能救中国，决心加入中国共产党。

“那个年头，入党可不容易啊。”王乾德通过家人、同乡、同学等寻找党的关系，都失败了。1944年8月，同是酱园店职工的叶宝珊找到了党的关系，叫王乾德写一份入党申请书。中秋节的后一天，通知他下午到外白渡桥附近的儿童公园，有一位认识的朋友与他联系，见面暗号是“团圆节好”。

王乾德还记得，接上头后，对方对他说：“经过组织较长时间的观察和了解，按照党纲党章的规定，上级党组织做出决定：批准你入党，候补期三个月。”批准入党的第一件事是入党宣誓，可当时外白渡桥处于敌占区，出于安全考虑，对方让王乾德默念誓词，他做监誓人。“这段入党誓词就写在香烟盒纸上，我在心里默念着，那一年我18岁。”王乾德说，中华人民共和国成立后，在一大会址纪念馆，他将入党誓词响亮地念出声。

王乾德

他说，20 世纪 50 年代的一大会址，也摆放着一张长桌，几把椅子，还原当年中共一大召开的场景，“这是开天辟地的历史，中国共产党从这里出发，一大会址是我们的‘圣地’。”

新中国成立后，王乾德做过区里的财贸部长、宣传部长和副区长等，后转至上海大学任商学院院长。有段历史，老人一直记得，日后也成了他奔走努力的方向。

“上海刚解放不久，为了寻找党的诞生地，陈毅等市领导就来到老渔阳里踏访。”王乾德时任老闸区财贸部长，他说，当年有个筹办上海革命历史博物馆的计划，想把中共一大会址列为一馆，老渔阳里 2 号列为二馆，住过一大代表的博文女校列为三馆。为此，渔阳里东侧还腾出了一块空地，这空地就是如今淮海中路上的华亭伊势丹。由于年代相隔久远，现在很少有人知晓这段历史。

“在中国的历史大变动中，渔阳里的地位实在太重要了。”王乾德说，同样是百年弄堂的渔阳里，千万别被遗忘了。

92 岁的王乾德研究党史工作已有 40 年。他和多位老党员及热心党史的中青年学者一起，历经 5 年，筹建了渔阳里历史文化研究会，成为上海市中共党史学会的二级分会。他对上海两幢看似普通的小楼怀有深厚的感情——老渔阳里 2 号和新渔阳里 6 号，“这里与早期党组织的活动和中国共产党的诞生紧紧相连，它创造了党史上的多个第一”。他细细数来：第一个党组织、第一个团组织、第一个干部学校、第一个党领导的工会等，都在这里诞生。党诞生后，这里还是中央局所在地。

毛泽东在延安接受斯诺采访时曾说，他是通过阅读《共产党宣言》成

王乾德老人摄于家中

为马克思主义者的。而陈望道的《共产党宣言》中译本，就是经陈独秀和李汉俊校对后，诞生在渔阳里这个“秘密摇篮”中。“中国共产党为什么诞生在上海？除了历史和环境等因素，离不开早期的共产主义者的奋斗。”王乾德说，渔阳里离中共一大会址步行仅十几分钟，离复兴公园步行两三分钟就能到。在复兴公园附近一平方公里，密集分布了10多处建党早期的重要旧址，有一大会址、新老渔阳里、博文女校、维经斯基故居等，它们见证了中国共产党从酝酿、筹备，到组织、诞生的完整过程，“这应该成为上海的历史风貌区，这是城市的荣光”。

一直有人找王乾德老人写回忆录或口述自传，都被他婉言谢绝。“我是一个小兵，有幸生活在这个伟大的时代，和我们党相比，我是微不足道的。”当有人劝他，不写自传，但可以为党的历史保留一些史料，他笑着说：“那是可以的。”

“任何时候都要不忘初心，坚定信仰。”王乾德说，如今国家繁荣昌盛了，创造中国历史更光辉的一页，这是年轻一代应该担起的使命和责任。

“秘密摇篮”将建成红色纪念馆——老渔阳里2号汇聚建党风云[①]

俞亮鑫

七一前夕，家住南昌路老渔阳里2号的赵文来老人接到了有关部门需要他进行房屋置换通知，告诉他，这幢他居住了整整40年的百年石库门老房子已被列入革命遗址保护项目，和他一起进行房屋置换的有4户人家。这里将根据当年陈毅老市长的建议，恢复为红色纪念场地。昨天，上海市文物局有关人员向记者介绍，鉴于这里的历史重要性，这里将恢复历史原貌，建成红色纪念馆，并申报全国重点文物保护单位。具体房屋修缮和内容布展将会同黄浦区一起通盘考虑拿出方案。

“开天辟地”展序幕

这是一座凝聚了早年建党历史风云的石库门建筑，并有党的“秘密摇篮”之称。早在20世纪50年代初，陈毅、潘汉年等上海市领导走进这屋，建议这里与中共一大会址、博文女校共同组成上海革命历史博物馆的一馆、二馆和三馆。老渔阳里2号大门口虽挂有陈独秀故居和《新青年》

① 原载《新民晚报》2018年7月1日。

编辑部旧址的市级文物保护招牌，但它更为重要的历史分量远没有在招牌上被显现出来。

近年来，随着上海市“党的诞生地发掘宣传工程”不断深入，市政协委员也多次呼吁，建议将这一“秘密摇篮”建成红色纪念馆，这次房屋置换项目正式启动，终于使上海这处重量级的革命旧址能发挥它应有的传播红色文化的作用。上海市中共党史学会渔阳里历史文化研究会会长李瑊说，她听到这一喜讯非常高兴，随着近年来上海启动了“党的诞生地发掘、宣传工程”后，这里的重要性日渐显露。渔阳里是我党“开天辟地”精彩序幕的历史舞台，这里诞生了党史上诸多“第一”，如第一个党组织、团组织、工会组织、干部学校等；不仅筹备了党的“一大”，还是第一、第二届中央局所在地……

“十月怀胎”孕育党

今年 71 岁的赵文来如今是渔阳里历史文化研究会的一员。他说，近年来闻讯前来他家门口上红色党课、进门参观者日渐增多，不仅有陈独秀、俞秀松、李汉俊等革命前辈的后人，也有复旦、交大、华东师大、上海大学等高校的大学生，更有许多党组织集体前来活动，使他忙得不亦乐乎。尽管有时也会影响他家人休息，他却乐在其中，义务讲解。他从客堂间的《新青年》《共产党》月刊编辑部，到校对了中文版《共产党宣言》的亭子间；从陈独秀夫妇居住的前楼，到李达、王会悟结婚的西厢房……老赵甚至会带领参观者去探寻新老渔阳里之间的“马克思主义小道”。当年，毛泽东、刘少奇、任弼时等许多革命青年就穿梭在这条弄堂里，思想碰撞，激情飞扬。召开党的一大通知从这里发出，一大开会遇险紧急转移至南湖的决定在此做出……如果说，中共一大会址是党的“产房”的话，那么，这里就是孕育党诞生的“十月怀胎”之地。

赵文来家卧室墙上有块已经悬挂了半个多世纪的汉白玉石碑，上书：“中国共产党第一次全国代表大会决定成立中央工作部，领导当时党的日常工作。一九二一——二三年，中国共产党中央工作部在这里办公，毛泽东同志也曾一度在这里工作。”但随着党史不断挖掘、考证，发现这段记载有误。毛泽东工作过的地方其实不在这里，而是国共合作时期的南昌路180号。但在渔阳里，毛泽东读到了《共产党宣言》，并与陈独秀讨论了马克思主义。对此，他对斯诺说：“在我一生中可能是关键性的时期，对我产生了深刻的影响。”

红色源头很宝贵

在这幢孕育过重大历史事件的石库门中，赵文来夫妇一住就是40年。1978年，因住房困难，妻子所在市文化局下属的美术设计公司把这房子分给了他们。进屋时，文物部门告诉他们，房屋结构不能动，这块汉白玉石碑不能移，也不能被家具遮挡。由此，他们居住在此，40年来不敢装修房子，也不敢随意添加家具。直到2014年，文物部门鉴于房屋破损严重，潮湿让墙粉掉落露出砖头，木柱出现了白蚂蚁……由此拨款进行修缮。

据党史专家考证，老渔阳里2号原是安徽都督柏文蔚的寓所，人称“柏公馆”，陈独秀曾担任过他的秘书长。1920年2月，“南陈北李，相约建党”，陈独秀告别了李大钊，从北京来沪就居住于此。共产国际代表维经斯基经李大钊介绍，也在这里找到了陈独秀，开始商量如何建立中国共产党。这里不仅诞生了第一个党组织，诞生了第一份党刊《共产党》，中译本《共产党宣言》在此完成了校对，连要求各地建立起党组织的信件也在这里发出。继上海后，北京、湖北、湖南、山东、广东等以及留日、留法学生都相继成立了党组织。一个全国性的革命政党渐渐呼之欲出。可以说，推动中国历史进程、影响世界格局的建党伟业，是在这里拉开了它雄壮的历史帷幕。对于党的诞生地上海来说，这是一份极其厚重的红色文化遗产，将显现出中国革命红色源头的宝贵价值。

老渔阳里2号：红色基因孕育地[①]

王 岚

1920年初，陈独秀入住老渔阳里2号。之后，这里很快成为中国第一批共产党人聚会、学习和交流马克思主义，从而孕育发起中国共产党的重要场所；很多早期的共产党人，都是在此确立马克思主义信仰，走上为共产主义奋斗道路的。可以说，老渔阳里2号是中国共产党红色基因的孕育地。

新老“渔阳里”

20世纪20年代前后，上海的环龙路（现南昌路）和霞飞路（现淮海路）建有两条里弄石库门建筑，都被称为“渔阳里”。

环龙路渔阳里（现南昌路100弄）建于1912年，房屋坐北朝南，为两层砖木结构，共8幢，建造面积1542平方米，习惯称为“老渔阳里”。霞飞路渔阳里（现淮海中路567弄），于1915年建成，称之为“新渔阳里”，此处建筑规模较大，有住宅33幢。新老“渔阳里”相隔不过500米，原有小弄相通，当年同属法租界，属闹中取静隐蔽之地。1921年，

① 原载《党史信息报》2018年11月28日。

两弄同时改名“铭德里”，于是又以南北相区别，俗称为“南铭德里”和“北铭德里”。1957 年，两弄按原貌进行了修复，复称“渔阳里”。坐落在淮海中路的新渔阳里 6 号，现为中国社会主义青年团中央机关旧址纪念馆。

老渔阳里 2 号，是一座凝聚着早年建党历史风云的石库门建筑，有党的“秘密摇篮”之称，见证了中国共产党从酝酿到诞生的整个过程，许多重大历史事件在此发生，地位非常显著。上海解放后，陈毅、潘汉年等上海市领导就曾走进这里，建议将老渔阳里 2 号与中共一大会址、博文女校共同组成上海革命历史博物馆的一馆、二馆和三馆。

为更好地保存这批蕴藏着珍贵历史的老建筑，1951 年，老渔阳里 2 号得到有关部门修复，并辟为上海革命历史纪念馆第二馆，后曾用作上海市文化局下属上海美术设计公司职工宿舍。1959 年 5 月 26 日和 1980 年 8 月 26 日，两次被市政府列为文物保护单位。门口白墙上至今镶嵌着“《新青年》编辑部旧址——1980 年 8 月 26 日上海市人民政府确定为上海市文物保护单位”的牌匾。

风云“渔阳里”

环龙路（南昌路）是一条安静的马路，两边梧桐相接，各式小楼参差，中国近代史上许多风云人物曾出入其间。

1915 年 10 月，中华革命党人陈其美搬进了环龙路渔阳里 5 号，将之设立为中华革命党上海机关总部，策动讨袁起义。但因准备不足，起义最终失败。不过，这次战斗打响了护国战争的第一枪，加速了袁世凯称帝之梦的破灭。陈家对门，隔弄相望，即现在的南昌路 100 弄 2 号。1920 年 2 月 19 日，恰逢除夕，陈独秀悄然抵沪，不久搬进环龙路渔阳里 2 号。2

号同 5 号一样，都是老式的石库门，二层砖木结构，有天井和阳台，早先是安徽都督柏文蔚的住宅，人称“柏公馆”。陈独秀和柏文蔚本是旧识，到上海后，他和夫人高君曼住进了二楼的厢房。一楼的厢房和客堂间成了《新青年》编辑部的办公室，也是会客开会的地方。陈独秀于 1915 年 9 月 15 日在上海创办《青年杂志》，后改为《新青年》。1917 年，应蔡元培之邀到北京大学任文科学长，《新青年》随之迁往北京出版。1920 年，陈独秀由京返沪，《新青年》也随之迁回。回到上海后，陈独秀便邀请《星期评论》编辑李汉俊、沈玄庐以及《民国日报》副刊《觉悟》编辑邵力子等人商量《新青年》复刊之事。不久，李达从日本回国，并入住老渔阳里 2 号楼上亭子间，帮助陈独秀编辑《新青年》，积极地撰写、翻译了许多重要的文章。这时的陈独秀，隐居深弄老宅内，为了心中的理想，争分夺秒，在客堂小黑板上写下“会客谈话以十五分钟为限”的文字，一度成为佳话。

1920 年 5 月 5 日，毛泽东来到上海，到老渔阳里 2 号拜访陈独秀，与他探讨马克思主义学说，研究组织“湖南改造联盟”的计划。多年后，毛泽东在与斯诺交谈时回忆道：在我第二次到上海去的时候，我和陈独秀讨论着我所读过的马克思主义书籍。陈独秀谈他自己信仰的话，在我一生中可能是关键性的一个时期，对我产生了深刻的印象。

1920 年 5 月，陈独秀与志同道合者一起在此成立“马克思主义研究会”。翻译《共产党宣言》的陈望道曾经回忆：马克思主义研究会是“一个秘密的组织，没有纲领，会员入会也没有成文的手续……那时候，我们时常在环龙路渔阳里开会，陈独秀住在那里，我后来也搬到这里来住”。

这年 8 月，在陈独秀的主持下，上海的共产党早期组织定名为共产党。这是中国的第一个共产党组织，其成员主要是马克思主义研究会的骨干，陈独秀任书记。

老渔阳里 2 号客堂墙上，至今保留着一块铭牌，上面写道：“中国共产党第一次全国大会决定成立中央工作部，领导当时党的日常工作，一九二一——二三年，中国共产党中央工作部在这里办公。”因此，老渔阳里 2 号实为中共创建初期的决策中心和党中央首脑机关所在地。陈独秀于 1921 年 10 月 4 日、1922 年 8 月 9 日，两次在老渔阳里 2 号家里被捕，中央出于对陈独秀个人安全考虑，帮其搬离，同时决定工作机构需进一步隐蔽化。1922 年 10 月中旬，党中央迁往北京，至此老渔阳里 2 号作为中共中央办事地点的历史任务结束。

中国共产党在这里酝酿，在这里筹建，在这里发起。老渔阳里 2 号给上海留下了一笔宝贵的历史遗产。

今日“渔阳里”

环龙路早已改名南昌路。南昌路位于上海市区中部，东起重庆南路，西至襄阳南路，长 1690 米。不长的马路上，历史遗址遗迹举目可及：180 号是第一次国共合作时期国民党上海执行部旧址，80 号是中华职业教育社旧址，68 号新四军驻沪办旧址，48 号大同幼稚园旧址……更有许多政治、文化名人的故居，吸引着后辈瞻仰追寻的目光：文学大师郭沫若 1923 年就住在南昌路 178 弄 7 号，1932 年初巴金居住于 148 弄 11 号，诗人徐志摩 1931 年时曾住过 136 弄 11 号，电影表演艺术家赵丹 1936 年寓居于 69 弄 3 号，20 世纪 30 年代旅法著名写意派绘画大师林风眠居于 53 号，148 弄 10 号是国民党元老吴稚晖旧居……南昌路 100 弄里，更是国共两党首脑人物的聚居地，除了陈独秀、陈其美，7 号是杨杏佛旧居，8 号是国民党元老叶楚伧旧居……

王乾德曾是卢湾区财贸部长、宣传部长和副区长，后转至上海大学任商学院院长。现年 92 岁的王老从事党史研究工作已有近半个世纪。他对卢湾区内的红色遗址遗迹了如指掌，在耄耋之年和多位老党员及热心党史的中青年学者一起，历经 5 年，筹建了渔阳里历史文化研究会。他对老渔阳里 2 号和新渔阳里 6 号怀有深厚的感情，不止一次说：有很多人没有真正了解老渔阳里 2 号的巨大历史功绩，也不了解老渔阳里是中国共产党成立的初心之源泉。在宣传红色基因方面，老渔阳里 2 号总会被遗忘。在我有生之年，我一定要看到老渔阳里 2 号恢复其应有的历史地位。

赵文来在《新青年》编辑部旧址住了 40 年。40 年前，他爱人单位市文化局分配给他们住房一间，面积约 12 平方米，是原先《新青年》编辑部的会客堂，另外一间位于底楼西厢房，仅 10 平方米。推开南昌路 2 号漆黑的大门，就是天井，迎面的客堂坐北朝南，赵文来就住在此。穿过一条窄弄，从右手边的扶梯上去，就是以前陈独秀住的前楼和厢房及亭子间。厢房里一百多年的红木雕花房梁依然精美。刚搬进来时，他们的儿子还在腹中，当时市文保局向他们宣布了一些规定，如墙上的一块铭牌不许遮挡，等等。所以几十年来，他家的家具都靠另外一边放置。近几年来，随着保护红色遗址遗迹的呼声越来越高，老渔阳里 2 号的历史地位也越显突出，中外人士慕名而来，同为渔阳里历史文化研究会成员的他主动担任起义务讲解的任务。一次，国外知名学者慕名来访，问他，这么重要的地方，为什么不加保护？他通过翻译说，政府正在考虑，会有动作的。赵文来每年新春都要在大门上贴两个鲜红喜庆的福字。

这座石库门里住了 4 户人家。为了恢复老渔阳里 2 号的历史面貌，有关方面于今年 7 月上旬发出动迁通知。4 户人家都很配合，在规定的时间里主动搬离。

2018 年 10 月 10 日下午 2 点 45 分，秋阳高照，风和日丽，南昌路 100 弄 2 号（老渔阳里 2 号）的漆黑大门，在平静中被贴上了封条。赵文来依依不舍地在门口留下最后的身影。我见证了南昌路 100 弄 2 号居民动迁的最后一刻。当时，我是在场的唯一的记者。

老渔阳里2号见证我党早期组织诞生　有专家呼吁

在老渔阳里旧址上建立纪念馆[①]

胥柳曼

106年前，这里还是法租界，渔阳里建成。一排排的新式石库门里弄建筑。这条曾经南北贯通的弄堂，一头连着淮海中路（原霞飞路），一头连着南昌路（原环龙路），靠近淮海中路的一段街坊被称为新渔阳里，靠近南昌路的一段街坊被称为老渔阳里。一南一北两个渔阳里，皆在中国革命历史上留下了不可磨灭的痕迹。“而今，好多年轻人只知道淮海路上的新渔阳里，对南昌路的老渔阳里有些陌生。有生之年，真希望看到这里能被真正重视起来。”上海市中共党史学会副秘书长、上海青少年教育研究中心主任俞敏说。

在这里，《新青年》编辑部正式改组

1920年4月，41岁的陈独秀来到老渔阳里2号（今南昌路100弄2号）。这是他的安徽老乡、原安徽都督柏文蔚在上海的一处私宅。

五四运动中，他成了思想界的明星，同时，也遭到了北大保守势力的

① 原载《青年报》2018年12月7日。

憎恨、排挤和北洋军阀政府的逮捕、迫害，被迫于1920年2月在李大钊的护送下离京来沪。据考证，从1920年4月至1922年9月下旬，陈独秀就在此居住。短短两年间，因他的到来，老渔阳里2号成为一段红色历史传奇的见证者。

陈独秀南下安定下来后，立即邀请宣传马克思主义的同道商量《新青年》复刊，编辑部就设在楼下的客堂间。从第8卷第1号起，他将自己苦心经营5年的“心血”——《新青年》正式改组成为上海的共产党早期组织领导的刊物。编辑部成员除了他本人，基本是一群年轻的“90后”：那年，李汉俊和李达均30岁，刚翻译完《共产党宣言》的陈望道29岁，袁振英和沈雁冰分别只有26岁和24岁。

改组后的《新青年》杂志设有新论、通信、随感录等栏目，注重宣传马克思主义，并特设“俄罗斯研究”，用社会主义和马克思主义的思想来引导读者。在陈独秀到来不久，李达也住进楼上的亭子间，帮其编辑《新青年》。

为推动和加快建党的思想舆论准备工作、更直接更全面地向进步知识青年进行社会主义和党建理论教育，陈独秀等人于1920年11月主持创办理论刊物——《共产党》月刊，而编辑部，最初自然也在这幢2号楼。

在这里，中国首个共产党早期组织诞生

随着陈独秀的到来，越来越多的进步人士聚集在这幢小楼里。

1920年4月，俄共远东局代表维经斯基来华，经由北京来沪，在老渔阳里2号会见陈独秀，及陈望道、俞秀松、李汉俊等人，商讨建立共产党的问题。1920年5月，陈独秀等人成立马克思主义研究会；6月，陈独秀等5人在老渔阳里2号开会，决定成立共产党，当时名为“社会共

产党”，选举陈独秀为书记，并起草了具有党纲、党章性质的若干条文。8 月，陈独秀与李大钊商议决定，上海共产党早期组织正式定名为共产党，这是中国第一个共产党早期组织，最初成员有陈独秀、杨明斋、李达、李汉俊、陈望道、俞秀松、沈玄庐等。

一年之后，上海的共产党早期组织以 2 号楼为联络处，由李达、李汉俊出面进行具体的筹备，致函各地委派代表，确定会议地点和日程。1921 年 7 月 23 日，中共一大在望志路 106 号（今兴业路 76 号）召开。会议期间，在博文女校和这幢石库门建筑里，代表们酝酿、交流和讨论问题，起草和修改文件。月底，会议因密探闯入被迫中断，当夜，李达、毛泽东、周佛海等代表在老渔阳里 2 号研商继续会议的办法。最后，大家在嘉兴南湖完成了会议。

“中国共产党成立后，老渔阳里 2 号一直是中共中央机关所在地。特别是 9 月后，陈独秀返沪后专任党中央工作。自此，举凡中央局会议、各地来沪汇报或请求指示，都在这幢小楼里。”俞敏介绍说，中共二大的筹备工作也在此，甚至在二大后，这里一度也是中共中央机关所在地。

“在这里，我时时感受到父亲的身影”

2018 年 9 月 30 日，距离那段红色岁月已过去近百年。

当记者见到赵文来夫妇时，他们差不多已收拾完所有的屋子。俞敏坐在一楼客厅里喝茶，剥桔，闲聊，一点没多余的客套。很显然，是这里的常客。一发问，原来除了上海市中共党史学会副秘书长、上海青少年教育研究中心主任的头衔，俞敏还有一个特殊的身份——俞秀松的继子。

在 1920 年中国成立的第一个共产党早期组织里，除了陈独秀，发起人还有李汉俊、俞秀松、施存统、陈公培。那年，“95后”俞秀松在五人组里倒数第二年轻，刚满21岁。

“在反反复复的推敲中，中国第一份工人阶级政党的党纲就在这幢楼里拟定出来，父亲也起到了一定作用。”望着客堂间那个铭牌，俞敏思绪万千，“1990年，我母亲在萧山老家姑姑的灶间旧物堆里，翻出了俞秀松在1920年6至7月间写的一本日记。日记本里，清楚记载了父亲参与上海的共产党早期组织创建的经过。我还第一次知道：陈望道翻译的《共产党宣言》手稿，当年也是通过父亲交给陈独秀的……看着他隽秀的字迹，来到他当年与革命友人们高谈阔论的客堂间，每次来，我都有别样的感慨。”1920年8月，上海的共产党早期组织决定成立青年团组织作为党的助手。俞秀松被推荐去组织和主持团的工作。8月22日，作为上海社会主义青年团，在霞飞路渔阳里6号正式成立，俞秀松为首任书记。

“无论在新渔阳里6号，还是在老渔阳里2号，在20世纪20年代初都是父亲经常出没干革命的地方。”作为继子的俞敏坦言，自己出生时父亲已牺牲10多年（俞秀松1939年在苏联遇害），长大后发现有关他的史料少得可怜。“这些年来，我在国内东奔西走，甚至多次远赴俄罗斯，希望找到更多的史料还原那段历史。我对他的了解，就是通过找寻历史的碎片，一块块拼凑起来的。过程很艰难，但就像破案一样，很有意思。越深入我越发觉，保护好老渔阳里2号很重要。”

“所以我很感谢老赵，他把这座宅子保护得很好。我多次跟他讲，你有幸在这个地方居住40年，成为革命圣地的守门人，你应该非常自豪的。”望着赵文来在门口热情地接待慕名而来的外国游客，俞敏欣慰一笑。

专家观点
老渔阳里 2 号历史地位不应被忽视

“渔阳里在上海街区中非常具有特点：它属于法租界相对较晚开发的地区，所以规划整齐、环境幽静，周围有公园、有医院，交通通达，许多精英阶层包括文化界人士，都愿意选择这一街区居住。”渔阳里历史文化研究会会长、上海大学马克思主义学院教授李瑊表示。

“在中共早期建立的历史上，老渔阳里 2 号实在是一个不应该被忽视的地方，它的重要性怎样强调都不为过。目前老渔阳里 2 号门口只挂了块《新青年》编辑部旧址的铭牌，实际上这里还是陈独秀旧居、中国共产党上海早期组织旧址、中国共产党中央局旧址，这些纪念铭牌都应该挂在门口。所以说，中共一大会址、老渔阳里 2 号、新渔阳里 6 号这些地方，串起了中国共产党历史的开端。从历史角度上讲，应作为一个整体来看待，而不应被割裂，才能呈现中国共产党创建与早期发展的全貌。”李瑊坦言，这些年来，研究会一直呼吁对渔阳里建筑进一步修缮保护，在旧址上建立纪念馆，使之成为一处进行爱国主义教育和革命传统教育的基地。

“有很多人没有了解老渔阳里 2 号的巨大历史功绩，在宣传红色基因方面，这里总会被遗忘。有生之年，我希望看到它恢复其应有的历史地位。”研究会发起者之一、上海市原卢湾区副区长王乾德老人说。“希望有关部门开发这块‘圣地’，把老渔阳里 2 号辟为纪念馆。”该研究会顾问、上海轻工业党校原副校长钱厚贵在名为《老渔阳里 2 号：一个被遗忘近百年的革命圣地》的文章里如是表示。

有关部门
住户已搬迁　正在研究推进保护利用

据悉，1951 年，老渔阳里 2 号被辟为上海革命历史纪念馆第二馆，1959 年和 1980 年两次被公布为上海市文物保护单位。1958 年以来，由于长期被作为职工宿舍，日显破旧。楼上、楼下住着不同人家。2014 年，有关部门对老渔阳里 2 号进行了修缮，包括外立面重新粉刷。

根据 2018 年 7 月 10 日上海市黄浦第一房屋征收服务事务所有限公司出具的《公告》显示：为配合落实“开天辟地——党的诞生地发掘宣传工程”，从实地发掘红色史迹、革命遗址，对《新青年》编辑部旧址（陈独秀故居）南昌路 100 弄 2 号进行利用保护。经相关部门研究，正式启动对上述房屋的置换工作。“此次搬迁仅限南昌路 100 弄 2 号，共涉及 4 户人家。10 月，上述人家已基本全部搬迁完毕。”黄浦区瑞金二路街道雁荡居委会有关负责人向记者表示。

据黄浦区委宣传部有关人士透露，市、区宣传以及党史研究等部门，正在抓紧研究推进该处的保护修缮利用工作。

搬进老渔阳里四十载　赵文来与一段历史结下情缘

苦心学党史“变身”义务讲解员[①]

周胜洁

40年来，赵文来都住在南昌路100弄2号这间石库门老屋里，他的家门前，常有陌生人探头张望，只因门口挂着“上海市文物保护单位《新青年》编辑部旧址”的铭牌。这里是老渔阳里2号，是陈独秀故居，一度是中国共产党中央工作部的驻地。

赵文来很普通，老屋子却很特别，他“变身”义务讲解员，直到今年国庆节最后一天，根据相关安排，他们一家搬离了这处“有灵魂的老房子”。

相遇·结缘

走在南昌路狭窄的人行道上，在100弄门口一拐弯，就踏进了石库门里弄。脚步不自觉会停在100弄2号的门前，因为白色外墙上青石色的铭牌很引人瞩目，上面刻有“上海市文物保护单位《新青年》编辑部旧址”等字样，这处1980年公布的文物保护单位铭牌镶嵌在略大一圈的大

① 原载《青年报》2018年12月7日。

理石碑上，被嵌挂进白墙中。有了这块铭牌，好似标明了这间屋子的与众不同。

屋子 40 年来的主人叫赵文来。

这位 71 岁普通的退休老人，曾经是机床厂的一名工人，他不曾想到，在改革开放的 1978 年，他搬进这间石库门房子后，就和一段历史产生了不解之缘。

更早之前，赵文来夫妇和老父亲蜗居在一间 9 平方米的屋子里，妻子怀了孕，小屋越发显得逼仄，根据当时单位分房，这家“困难户”被分到了南昌路 100 弄这幢石库门房屋的底层，两间小屋。他们的邻居，都来自粮油系统、环卫系统、文化系统。

当帮忙搬场的师傅踩着黄鱼车带着他们进入这条小弄堂时，赵文来突然发现镶嵌在门口的大理石碑，上面的阴文刻字中，有着“陈独秀”的字样，他才知道，原来那个被称为“五四运动总司令”的陈独秀也住过这里。

至此，这幢坐北朝南双开间的老式两层石库门楼房与赵文来一家结了缘。原来的客堂被隔出了一道墙，进门左手边第一间和穿过小天井的右手边厢房是赵文来的家，一共 19.5 平方米。

里厢房和后厢房曾住着赵文来妹妹一家。楼上原本是陈独秀夫妇的卧室和书房，如今也住着其他人家。

在赵文来卧室的白墙上，至今还嵌着另一块大理石铭牌，刻有介绍：中国共产党第一次全国代表大会决定成立中央工作部，领导当时党的日常工作。一九二一——二三年，中国共产党中央工作部在这里办公。毛泽东同志也曾一度在这里工作。

原本，赵文来在这里放置了五斗橱，但橱上竖着的镜子却挡去了铭牌上的介绍。思来想去，老赵深感不妥，干脆把镜子拆卸下来。

后来老赵量好尺寸买了新橱柜，铭牌下就放置一张双人沙发，进屋后一眼就能看到铭牌和介绍，不影响有意想进门参观、了解这段历史的陌生人。

学习·讲解

“读书的时候知道陈独秀这个名字，但要细说那段历史，我真的没概念。”

刚住进屋子后，赵文来也会为不了解这段历史感到无奈。

家门口常有陌生人来访，或是站在门口看看墙上的铭牌，或是透过虚掩的黑色石库门努力向里张望。直到中外陌生人来过几波后，赵文来才逐渐意识到“老渔阳里 2 号”的历史地位。

这期间，赵文来也会接到文保部门的电话，说有专家学者来参观。于是，并不了解这段历史的赵文来开始了现场求教加自习。

真正开始系统学习这段历史，是 2014 年。赵文来加入了渔阳里历史文化研究会。研究会每两周都会在街道党建中心召开一次讨论会，其中不乏老专家。

赵文来知道自己“肚子里没货”，所以积极参加，一次不落，每次去参加讨论会前，他还会和妻子嚷嚷上一句：“我读书去啦。”

通过讨论会，他知晓了陈独秀、俞秀松、陈望道和建党的历史，也认真学习十九大精神。讨论会一开就是 2 小时，但结束时，虚心聆听的赵文来总觉得意犹未尽。从老专家的谈吐间就能感受到信仰给予他们的力量，他觉得有很多值得学习的地方。

“这里是老渔阳里 2 号，陈独秀在这里发起成立了中国共产党，这里是初心发源地。”逐渐的，赵文来有了自己的解说词，站在门口的铭牌旁边，他也能和不同的来访者聊这段历史。

这两年，老屋外出现了不少青少年的身影。赵文来曾经遇到一位父亲带着上初中的女儿专程从北京到上海，因为父女俩对共产党成立和陈独秀很感兴趣，特意来到老渔阳里 2 号瞻仰，赵文来得知后还热情地将他们引进屋内参观。

大学生也接待了不少。复旦、华东师大、上大等大学生会因为专题活动来到现场教学，往往一来就二三十人、四五十人，挤满了整条弄堂。

每当这时，赵文来更会重点进行宣传，原本不善言辞的他说的每句话都出自真心。“我还特别给华东师大的学生强调这段历史，他们以后都是教师，教育下一代的重任都落在他们肩上。”

前几年，赵文来家门口的白墙上出现了一张小小的告知书，告知有急事电话联系，他将自己的手机号也写在了告知书中，这之后他完全成为一名随叫随到的义务讲解员。

无论是出门买菜，还是在大世界附近的岳母家里照顾老人，一旦接到电话，只要情况允许他都会第一时间赶回家，哪怕对方只是素未谋面的陌生人。

而只要赵文来在家，一听到门口有声响，他就会起身开门看看，这已经成了他 40 年来的习惯。

“进屋参观下方便吗？”每当对方不好意思地征询时，老赵总是很豪爽地邀请他们进屋：“不要紧的，我全开放，放心进来看好了。”

家里成了参观地，老赵坦言，说没影响那是假话。因为他和妻子身子骨都不算硬朗，有时中午刚躺下，有人敲门，他们就不能休息，但要让他们拒绝又于心不忍：“别人是兴冲冲来看这段历史，总不能把他们拒之门外，这不是待客之道。”

告别·重逢

曾经一位北京来的老先生拍着赵文来的肩膀感叹：“你这幢房子是有灵魂的。”赵文来现在想来，的确很有道理。这间屋子承载了历史，这是中国共产党的初心之地，他和家人住在这里，逐渐也产生了崇敬、敬畏之心。他深知，终究有一天，他会离开这幢有灵魂的房子。

离别，就在今年国庆长假的最后一天，根据相关安排，赵文来和老伴在这天告别了这处老屋，搬去了浦东。搬走的前一夜，老赵难以入眠，内心的不舍在翻涌，他在屋里转转悠悠好几圈，整一整已经打包整理好的行李，也再瞧瞧陪伴了 40 年的老屋。

大半辈子在这里度过，儿子在这里出生，甚至因为这间屋子和这段历史，让赵文来认识了很多有趣的人，结交了不少朋友。

赵文来就有位南京的朋友，他是从报纸上找到老赵的名字，辗转得到了他的联系方式。他特意前来上海拜访，却不巧赵文来因为身体原因住了院。

两个月后，这位友人又再次专程前来，还带了家乡特产酱菜，犹如老友一般的见面让赵文来心里暖洋洋。“他们那么热情，而我又没给到他们什么，想来真的很不好意思。”

另外有位奉贤的集邮发烧友，自发印刷了这段历史的首日封，带着首日封特意来南昌路看老赵。

这样的相遇，都因为老渔阳里 2 号，因为陈独秀和建党这段历史，赵文来感叹，这是结下的善缘。

此外更多的虽说只是一面之交，但热情攀谈之间，也让老赵十分开心。

离别的当日，赵文来和老伴 6 点就起了床，最后坐在搬场车的副驾驶室里，老赵探出头，看着居委会给房子贴上封条，告别。

从浦西到浦东，从石库门到社区楼房，赵文来和老伴还在适应新环境，一开始他俩连出门买个日用品都摸不着北，年纪大了需要去医院，听邻居说，最近的医院需要坐好几站公交，老赵也准备提早去踩踩点。

以及，他们还不习惯家门口如此安静，心里总是空落落的。

对于不跳舞、不打麻将、少有社交的赵文来来说，搬家后他唯一不会放弃的便是渔阳里历史文化研究会，这是他学习知识、交友沟通的好平台，是他退休生活的寄托。

赵文来对南昌路 100 弄那条小弄堂依旧难以割舍，他已经想好了，如果将来那里有了新面貌，他一定经常回来看看。

附录

上海渔阳里：中国共产党的初心孕育之地

渔阳里历史文化研究会简介

“渔阳里”是中国共产党的发源地和中共创建初期的重要活动场所，在中共党史上具有非常重要的历史地位。为充分阐扬渔阳里的特殊历史意涵，进一步加强上海作为中国共产党诞生地的研究和宣传工作，由多位老党员和热心渔阳里历史文化研究的中青年学者历经5年的酝酿、筹备，决定发起成立“渔阳里历史文化研究会”。2015年6月，经上海市中共党史学会批准同意，研究会正式成立。2015年8月3日，“上海市中共党史学会渔阳里历史文化研究会”成立大会在中共一大会址纪念馆召开。该研究会是第一个以上海“渔阳里”这一具有丰富历史意涵的城区为研究对象的民间学术社团。

成立缘起：在风云激荡的20世纪20年代，渔阳里曾是许多重要历史人物的聚合点和重大历史事件的见证地。中国的第一个共产党组织——上海的共产党早期组织、第一个共青团组织——上海社会主义青年团、中国共产党第一个培养青年干部的学校——外国语学社，等等，都在此筹议和创建，这里还是影响深远的《新青年》杂志的编辑部，此外尚有许多国共、中外之间的重要活动在此交合互动。“渔阳里”所显示的历史意义和社会模式在近代上海都市环境中的承继及其变化极具典型代表意义，但这样一个在中共发展历史上具有重要历史地位的革命遗迹却长期未能得到应

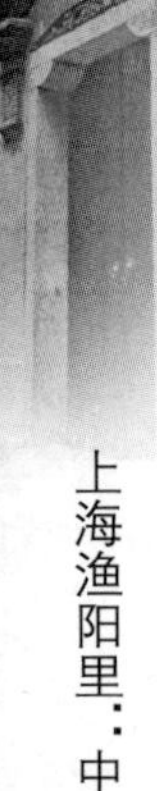

有的重视，致使有许多语焉不详、讹误之处，因此亟待加强对“渔阳里”的宣传和研究，以正本清源，应和时代需求，开展红色文化实践教育活动，深刻理解中共创建时期的历史背景及其特点，把握其在中国历史发展进程中的深刻意涵，因此决定发起成立渔阳里历史文化研究会。

宗旨：秉承“让历史说话，用史实发言”的宗旨，坚持正确的历史观，全方位、多层面地宣传、研究“渔阳里”历史文化。

目的：按照“总体研究要深、专题研究要细”的原则，整合有关学术机构和研究队伍的力量，从政治、社会、文化等各个角度，深化和拓展渔阳里历史文化研究的广度、深度；收集、整理有关渔阳里的档案文献、图片影像等各种类别的历史资料；吁请建立渔阳里历史文化纪念馆，将老渔阳里2号开辟为上海“红色源头”革命史迹纪念馆；全面加强中国共产党创建时期以及相关领域的研究和宣传工作。

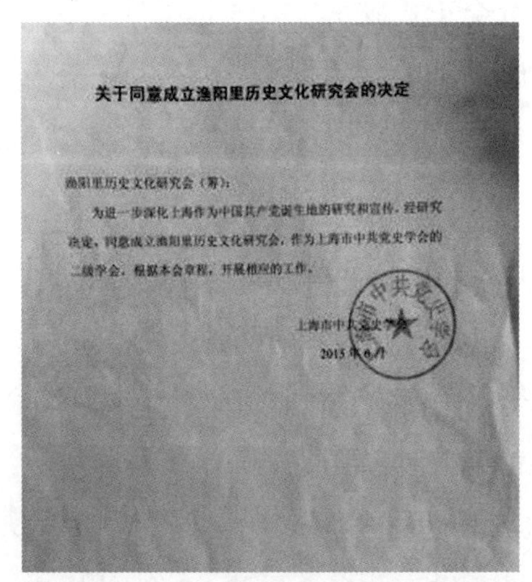

关于同意成立渔阳里历史文化研究会的决定

渔阳里历史文化研究会（筹）：

为进一步深化上海作为中国共产党诞生地的研究和宣传，经研究决定，同意成立渔阳里历史文化研究会，作为上海市中共党史学会的二级学会，根据本会章程，开展相应的工作。

上海市中共党史学会

2015年6月

上海市中共党史学会关于同意成立渔阳里历史文化研究会的批复文件

渔阳里历史文化研究会纪事

2010年夏，王乾德、江爱群、行路南三人为卢湾区文化局策划“文化引领商业”的规划方案，经常在淮海路中路567弄（原霞飞路渔阳里）15号聚会讨论，其间感受到上海弄堂丰厚的文化魅力和历史底蕴，认识到渔阳里在中国革命历史进程中的重要性，遂有发起组织、探讨研究之设想与倡议。

经讨论商议，决定成立渔阳里文化研究会。研究会最初发起人有：王乾德（原卢湾区副区长）、郭兴华（上海大学商学院副院长）、江爱群（原益民商业集团专职监察员）、行路南（《中国商业联合报》记者）。目的：一，搜集历史资料、保护文化遗产，建立渔阳里博物馆，倡导、传承“渔阳里精神”；二，专注文化交流，开拓研究空间；三，探索城市文化精神，关注青年成长。约定每周三下午，在渔阳里15号交流研究心得和学习体会。

随后的数月中，王乾德介绍王顺生、陈震海、张伟民等人陆续加入，人员增加到8人。全体成员在天井里拍了第一张合影。

2010年11月18日，在淮海中路567弄中国社会主义青年团中央机关旧址纪念馆，由团市委、上海市委党史研究室联合举办“外国语学社创办80周年纪念会”，王乾德、行路南受邀参加。

2010 年 12 月，研究会聚会活动地点移至南昌路 168 弄。

2011 年春，经多方努力，计划成立正式组织。在此过程中，先后获得上海市委组织部原常务副部长叶尚志、上海市委党史研究室、卢湾区区委副书记张华、卢湾区文化局副局长赵兵、卢湾区文管所所长张富强等人的多方支持。

2011 年 12 月，《雁荡社区报》刊载有关渔阳里研究会的文章。

2012 年 4 月，湖南省驻沪办事处杨次伟、伍登国等人参观渔阳里。

2011 年 5 月，研究会活动地点移至南昌路 166 弄。

2011 年 11 月，研究会活动地点移至南昌路 110 弄上海别墅 5 号。成员已达 30 多位，有大学教授、离退休老干部、新闻工作者、医护工作者、艺术家等。

2012 年 6 月 9 日，在中山西路三湘大厦召开《“渔阳里论坛”：文化、建筑、责任》，与会宾客一百多人，黄浦区文化局、黄浦区文管所等单位派人参加会议。

2012 年 7 月，研究会顾问钱厚贵、朱庆涛等人开始在社区、学校等处宣讲“渔阳里的故事”。

2014 年 1 月 18 日，由渔阳里青年会员筹划的“城堡的呼唤——渔阳里之晚”酒会在皋兰路 16 号举行。

2014 年 8 月，钱厚贵在《党史信息报》发表《老渔阳里 2 号——一个被人遗忘百年的革命圣地》。

当年，上海市文管部门花费 20 多万元对老渔阳里 2 号进行了简单修缮。

2015 年 6 月，经上海市中共党史学会批准，渔阳里历史文化研究会正式成立，是第一个以上海“渔阳里”为研究对象的民间学术社团。

2015年8月3日，在中共上海市委党史研究室、上海市中共党史学会、黄浦区政协和中共一大会址纪念馆的支持下，“上海市党史学会渔阳里历史文化研究会成立大会暨纪念《新青年》创刊100周年学术研讨会”在中共一大会址纪念馆举行。

2016年3月26日，研究会顾问成纪昌为上海市中共地下党斗争史陈列馆捐赠上海市职工运动史资料。

2016年6月,《上海老年报》刊文介绍了渔阳里历史文化研究会情况。

2016年6月，为庆祝中国共产党成立95周年，研究会常务理事许洪新参与了上海电视台《诞生地》节目的录制，研究会会长李瑊接受了上海电视台的采访，就渔阳里的历史地位进行了阐述。

2016年6月，自费出版印刷《渔阳里：初心之地》宣传册。2017年7月第二次印刷，共印1000册。

2016年9月，由李瑊等人参加的上海市委党史研究室课题《“渔阳里”历史文献研究综述》完成结项，提交研究报告。

2016年10月22—23日，“渔阳里与中国共产党的创建”学术研讨会在上海大学国际会议中心举行，同时举行了“上海市中共党史学会渔阳里历史文化研究会”落户上海大学马克思主义学院的揭牌仪式。此次会议作为上海市中共党史学会的系列活动，列入“上海市社会科学界联合会第十届学会学术活动月”项目。此会是国内外第一次以“渔阳里”为主题的学术讨论会，因此引起了学界及社会各方的广泛关注。东方网、社会科学网、上海党史网及社会科学报等媒体都进行了报道，上海报业集团的新媒体“上海观察”亦对此有专题报道。

2017年1月，承接上海市委党史研究室课题《“渔阳里”史料汇编》。

2017 年 1 月 25 日，与瑞金二路街道党工委签订党建联建协议。

2017 年 2—4 月，李珹等人协助瑞金二路街道筹办党建中心“初心”展览，为其提供资料、参与策划。

2017 年 5 月 10 日，嘉兴电视台为拍摄《王会悟与渔阳里》，与渔阳里研究会会员座谈。

2017 年 5 月 16 日，李珹受聘为瑞金二路街道社区党校讲师团成员。

2017 年 5—6 月，江爱群、陈震海、钱厚贵、朱庆涛等人接受上海教育电视台“常青树”节目的录制采访，内容有关街道党建活动、渔阳里历史文化研究会例会。随后钱厚贵、朱庆涛到上海教育电视台录制节目，讲述“渔阳里的故事”。

2017 年 7 月 23 日，《新民晚报》第 3 版整版刊登《渔阳星火　红色源头闪烁信仰之光》，介绍了老渔阳里 2 号，并提及渔阳里研究会情况。

2017 年 10 月 22 日，举办第一届渔阳里文化论坛。本次论坛由上海大学马克思主义学院、上海市思政课改革协作组、上海市中共党史学会渔阳里历史文化研究会共同举办。《解放日报 · 上观》、《新民晚报》、《社会科学报》、上海党史网、上海大学官方网站、上海大学校报等进行了报道。

2018 年 3 月，李珹被共青团上海市静安区教育工作委员会聘请为静安区中学生共产主义学校特约导师。6 月开设讲座：《渔阳里：初心之地　红色之源》。

2018 年 4 月 8 日，《解放日报》刊出对渔阳里历史文化研究会创始人王乾德先生的专访。

2018 年 5 月，与中国社会主义青年团团中央机关旧址纪念馆合作编纂《俞秀松画传》。2019 年 6 月 12 日正式出版。

2018 年 5 月 26 日，与上海大学文学院联合举办第 17 届上海市社会科学普及活动周活动："中外学生与沪有约：红色文化、海派文化体验活动"。

2018 年 8 月，出版著作：《渔阳里：红色征程的起点》，李瑊主编，上海大学出版社出版。

2018 年 9 月，会员沈潮涌经应聘、面试、考核各个环节，成为中共一大会址纪念馆第一位上岗的义务志愿讲解员。

2018 年 9 月，开通"渔阳里历史文化研究会微信公众号"。

2018 年 9 月，李瑊、俞敏、朱庆涛等以"评话 +"方式参与上海大学马克思主义学院《中国近现代史纲要》《开天辟地》等实体课程的讲述，探索如何使艺术表演与思政课教学相结合的新途径。

2018 年 10 月，李瑊参加《开天辟地》网络课程的录制，在中国大学慕课 MOOC 上播放。

2018 年 10 月 10 日，老渔阳里 2 号居民正式搬迁。

2018 年 10 月 20 日，与复旦大学合办第二届渔阳里文化论坛，主题："薪火相传　坚定信仰"。

2018 年 10 月 21 日，与龙华烈士纪念馆共同举办"烈士的英名　我们永远铭记：纪念陈延年、陈乔年烈士座谈会"。

2018 年 11 月，《渔阳里与中国共产党的创建和早期发展》系列活动获得上海市社联评选的"特色活动"称号。

2018 年 12 月，瑞金二路街道为表彰渔阳里研究会参与社区活动，授予研究会"红色先锋队"奖杯。

2018 年，李瑊、钱厚贵、袁士祥、金恒源、薛鲁光等人在中共二大会址纪念馆、上海大学、复旦大学、黄浦区瑞金二路街道、徐汇区天平街道、黄浦区老干部大学、静安区教育团工委、哈密路小学等地举办了六十多场有关"渔阳里"的讲座。

渔阳里研究会部分成员于 2011 年 3 月合影

2015 年 8 月 3 日，渔阳里历史文化研究会成立大会在中共一大会址纪念馆召开

2016 年 10 月 20 日，“渔阳里与中国共产党的创建”学术研讨会在上海大学召开

23:32
〈返回 渔阳里：一座普通私宅与…

上观新闻
打开APP

渔阳里：一座普通私宅与一桩建党伟业的传奇佳话

上观学习 2016-12-29 06:06

来源：上观新闻 作者：王多

像渔阳里那样的地方，为中国共产党的诞生提供了当时中国任何城市都缺少的一个得天独厚的经济科技基础、地域政治环境、相对宽松的多元文化氛围和群英荟萃的人才条件，瓜落蒂熟、水到渠成，这是中国共产党初创诞生于斯，成长完善于斯的历史发展的必然性选择

近日，"渔阳里与中国共产党的创建"学术研讨会在上海大学国际会议中心举行，"上海市中共党史学会渔阳里历史文化研究会"同时落户上海大学马克思主义学院。本次会议

上观新闻 打开APP

《解放日报—上观》2016年12月29日对"渔阳里与中国共产党的创建"学术研讨会的报道

23:32
〈返回 为什么是这一块地，成为…

上观新闻
打开APP

为什么是这一块地，成为中国共产党的初心孕育之地?

上观学习 2017-10-25 14:23

来源：上观新闻 作者：王多

规划精致、公共设施优良（公共交通、警政、环保）、远离工业区港务区、房价适中、密度适中。综上所述，从政治环境、社会环境综合来看，1916年以后1923年以前活跃于上海的激进知识分子，多有自己的职业，属于中等阶层，居住在法租界旧区西部、新区东部，是最为理想的选择

10月22日下午，第一届"渔阳里文化论坛"在上海大学召开。这是继去年10月在上海大学召开的"渔阳里与中国共产党的创建"学术研

上观新闻 打开APP

《解放日报—上观》2017年10月25日对第一届渔阳里文化论坛的报道

2017年10月，第一届渔阳里文化论坛在上海大学召开

研究会 2016 年、2017 年自费印制的宣传册

中国移动 下午2:26 30%
210.22.118.110
2 解放日报 要闻
——系列建党准备工作在上海南昌路上一条弄堂内完成——
渔阳里：红色征程的起点
初心之地 红色之源
今日阅读
传承红色基因
大样意见
流程记录

3 新民晚报
阅读上海100胜
渔阳星火
渔阳里
红色源头闪烁信仰之光

要闻

解放日报
追忆英烈事迹 激励前行力量
“燃灯者”照亮司改“试验田”之路
闵行用大调研提升帮扶“精准度”
英雄从未离我们远去
“渔阳里的历史地位实在太重要了”

《解放日报》《新民晚报》对渔阳里及渔阳里历史文化研究会的报道

渔阳里历史文化研究会
每两周一次的例会

中共上海市委党校教
师在老渔阳里2号开
展现场教学实践活动

2018年5月与上海大
学文学院联合举办第
17届上海市社会科学
普及活动周活动

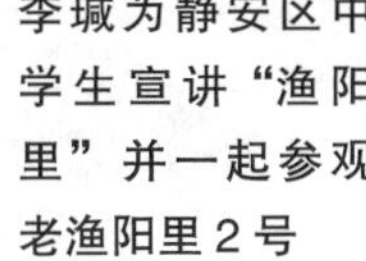

李珹为静安区中
学生宣讲“渔阳
里”并一起参观
老渔阳里2号

《渔阳里：红色征程的起点》一书由上海大学出版社于 2018 年 8 月出版

昆山杜克大学师生在老渔阳里 2 号进行现场教学

2018 年 10 月 10 日，老渔阳里 2 号居民正式搬迁

2018 年 10 月 20 日，第二届渔阳里文化论坛在复旦大学召开

渔阳里历史文化研究会在上海成立

2015年8月3日下午1:30，上海市中共党史学会渔阳里历史文化研究会成立大会暨纪念《新青年》创刊100周年研讨会在中共一大会址纪念馆隆重举行。

“渔阳里”是中共创建时期许多历史人物的聚合点和重大历史事件的见证地。鉴于“渔阳里”在中共发展历程中具有的重要历史地位，多位老党员和热心渔阳里历史文化研究的中青年学者历经五年的酝酿、筹备，于2015年6月，由上海市中共党史学会批准，成立了渔阳里历史文化研究会。该研究会是第一个以上海“渔阳里”这一具有丰富历史意涵的城区为研究对象的民间学术社团。

出席渔阳里历史文化研究会成立大会的有中共上海市委党史研究室、上海市中共党史学会、黄浦区政府、黄浦区政协、黄浦区文化局、黄浦区党史办、黄浦区文管所、中共一大会址纪念馆、中共二大会址纪念馆、中共四大会址纪念馆、上海左联会址纪念馆、上海鲁迅纪念馆、中共劳动组合书记部旧址、中共上海地下组织斗争史陈列馆暨刘长胜故居、瑞金二路街道党工委、湖南驻沪办事处等单位的领导，以及复旦大学、同济大学、上海大学等高校的专家、学者，革命后代等共计60余人参加了会议。本会还特别邀请了陈独秀的表外孙吴孟明先生，上海抗日军政大学研究会执

行副会长叶虹女士与会。

中共上海市委党史研究室副主任、中共党史学会常务理事、上海市党史学会副会长徐建刚在会上致辞。上海市党史学会渔阳里历史文化研究会会长李瑊，原卢湾区副区长、上海党史学会渔阳里历史文化研究会顾问王乾德，中共“一大”会址纪念馆馆长张黎明，黄浦区政协副主席胡毅平先后发言。上海轻工业局党校原副校长、上海市党史学会渔阳里历史文化研究会顾问钱厚贵做了“启蒙泰斗　与时俱进——回眸百年《新青年》”的报告，上海市著名评话表演艺术家朱庆涛表演了《渔阳里的故事》，其间还播放了介绍渔阳里历史文化的宣传片——《渔阳里》。

会议选举产生了第一届理事会，李瑊当选为会长，江爱群、行路南当选为副会长，陈安杰当选为秘书长。

渔阳里历史文化研究会的成立对于进一步加强上海作为中国共产党诞生地的研究和宣传工作，充分阐扬渔阳里区域作为中国共产党的发源地和中共创建初期的重要活动场所具有重要意义。

“渔阳里与中国共产党的创建”学术研讨会在上海大学举行

2016年10月22日，“渔阳里与中国共产党的创建”学术研讨会在上海大学国际会议中心隆重举行。中共上海市委党史研究室主任徐建刚、黄浦区政协党组书记左燕、上海市党史学会会长忻平、上海大学党委副书记夏小和发表致辞讲话。会议同时举行了“上海市中共党史学会渔阳里历史文化研究会”落户上海大学马克思主义学院的揭牌仪式。

与会者围绕着“渔阳里与中国共产党的创建”这一主题，从各个方面进行了深入细致的探讨。上海市中共党史学会会长忻平、上海市中共党史学会名誉会长张云、中共一大会址纪念馆副馆长徐云根、韶山毛泽东思想研究资料中心研究员曹耘山分别做了题为《从渔阳里到延安——中共党史上三次话语体系转型》《中国共产党在上海诞生的历史必然性》《中共创建史研究的过去、现在和将来》《探寻百年渔阳里首批红色留学生的初心和结局》的主题报告。

另有七位学者在会议上做了专题报告。北京联合大学海外中国学研究中心首席专家梁怡从社会科学的国际视野，介绍了新世纪以来海外对早期中共党史的最新研究动态；北京邮电学院党委宣传部部长周晔介绍了渔阳里与中国共产党的早期革命宣传活动；渔阳里历史文化研究会会长李瑊对

“渔阳里研究”的现状进行了分析述评；上海市中共党史学会副会长徐光寿梳理了陈独秀 1920 年 4 月至 1922 年 9 月居住在老渔阳里 2 号的历史踪迹；上海市委党史研究室原副处长沈建中通过解读陈独秀与上海的不解之缘，分析了陈独秀与上海的多重关系。上海理工大学杨卫民博士认为早期马克思主义传播者在渔阳里所呈现的日常宣传工作，奠定了中国共产党人革命工作和现代社会相结合的基调。上海大学马克思主义学院书记李梁对新中国成立以来 CKNI 收录的有关“渔阳里”的研究文章进行分析，探究渔阳里研究的新视角和方法。

经过为期一天的热烈讨论，与会者一致认为，“渔阳里”是中国共产党的发源地和中共创建时期的重要活动场所，在中国共产党发展历程中具有非常重要的历史地位，应加强对“渔阳里”这一城市空间的研究。李瑊会长作了大会总结发言。

本次会议由上海市中共党史学会、上海大学马克思主义学院、渔阳里历史文化研究会主办，上海市高校思想政治理论课名师工作室——李梁工作室承办。出席这次会议的有来自全国各个高校的学者，中共一大会址纪念馆、中共二大会址纪念馆、中共四大会址纪念馆、中国社会主义青年团团中央旧址纪念馆，以及渔阳里历史文化研究会会员，共计 80 余人。

此次研讨会在中国共产党成立 95 周年之际召开，具有特殊的学术意义，不仅可以多角度地展示近代上海丰富多彩的社会生活画卷，亦可在中共创建史、政治社会史等方面展示出新的研究视角。同时，对于应和时代需求，开展红色文化实践教育活动，具有十分重要的现实意义。

不忘初心，继续前行：首届渔阳里文化论坛聚焦建党历史

2017 年 10 月 22 日下午，第一届“渔阳里文化论坛”在上海大学召开。上海市委党史研究室主任徐建刚、上海市中共党史学会会长忻平等出席并致辞。这是继去年 10 月在上海大学召开的“渔阳里与中国共产党的创建”学术讨论会之后，又一次以“渔阳里”为主题的学术盛会。熊月之、张云、俞亮鑫等沪上知名专家学者，陈独秀孙女陈长璞、陈望道之子陈振新、俞秀松继子俞敏，中共四大会址纪念馆、中国左翼作家联盟成立大会会址纪念馆、中国社会主义青年团中央机关旧址纪念馆、复旦大学博物馆等文化机构代表，渔阳里历史文化研究会成员等六十多人参加了研讨。

本次论坛主题明确，形式多样，既有专家学者深入细致的学理探讨，也有渔阳里后代饱含深情的回忆讲述。上海社科院研究员、上海市历史学会会长、中国史学会副会长熊月之，上海市中共党史学会名誉会长、国防大学政治学院教授张云分别做了题为《法租界治理特点与激进知识分子活动区域的形成》《关于中国共产党上海建党精神的几个问题》的主旨发言。另有六位学者做了主题发言。陈独秀孙女、安庆市侨联原副主席陈长璞满怀深情地回忆了陈延年、陈乔年两位烈士的成长历程；上海市委党史研

究室吴海勇就中国共产党创建的“渔阳里时期”的几个问题进行了阐述；复旦大学霍四通从语言文化的角度分析了陈望道与《共产党宣言》的翻译；陈望道之子、复旦大学物理系教授陈振新讲述了陈望道关于上海共产党早期组织的回忆资料；上海市政协常委、《新民晚报》高级记者俞亮鑫为“红色源头”的发掘和保护建言献策，著名评话表演艺术家朱庆涛则探讨了如何以“评话 +”的艺术方式讲好“中国故事”。整个论坛内容丰富，精彩纷呈。

此次论坛由上海大学马克思主义学院、上海市思政课改革协作组、上海市中共党史学会渔阳里历史文化研究会共同举办，上海大学马克思主义学院书记兼副院长李梁主持，渔阳里历史文化研究会会长李瑊作了总结发言。

首届渔阳里文化论坛的召开，不仅使人们对 20 世纪 20 年代“渔阳里”的区位文化意义有了更加深入细致的了解，亦使人们更加认识到，“渔阳里”是一个学理与艺术、历史与现实、初心与愿景交织的课题，进一步推进这一课题的研究和宣传，对于深化中国共产党创建及初期发展的研究，开展“红色资源”实践教育活动，具有十分重要的学术和现实意义。本次论坛正值中国共产党第十九次代表大会期间召开，“不忘初心，方得始终”，渔阳里是中国共产党初心孕育之地，首届渔阳里文化论坛在此际召开，更是别具意义。

“薪火相传　坚定信仰”：第二届渔阳里文化论坛在复旦大学召开①

2018 年 10 月 20 日，以“薪火相传　坚定信仰”为主题的第二届渔阳里文化论坛在复旦大学召开。时值马克思诞辰 200 周年，《共产党宣言》诞生 170 周年，《共产党宣言》的中译者、复旦大学老校长陈望道旧居改建为《共产党宣言》展示馆并面向公众开放。此次论坛由上海市中共党史学会、渔阳里历史文化研究会主办，复旦大学马克思主义学院教育部中国共产党革命精神和文化资源研究中心、复旦大学《共产党宣言》展示馆（陈望道旧居）承办。

上海有着深厚的革命历史传统，红色文化一直是这座城市的底色，早期党中央机关设在上海长达 12 年之久，遗存了丰富的红色资源，渔阳里文化系列更是上海重要的一张红色名片。2018 年 7 月 29 日，中共中央办公厅、国务院办公厅印发了《关于实施革命文物保护利用工程（2018—2022 年）的意见》，指出了革命文物在开展爱国主义教育、培育社会主义核心价值观、实现中华民族伟大复兴中国梦中的重要作用。《意见》的出台，为进一步深入研究利用红色资源、丰富展陈指明了方向。

① 《复旦记忆》，2018 年 11 月 2 日。

中共上海市委党史研究室主任徐建刚出席论坛开幕式并致辞。他指出，第二届渔阳里论坛在复旦大学的召开，对推动上海红色资源的挖掘具有重要意义，希望渔阳里文化论坛能够在新的历史条件下继续发扬革命精神，传承红色文化。

中共中央党史研究室宣教局原副局长薛庆超做了“关于中国共产党创建的若干问题”为主题的报告。他深入阐释了渔阳里作为中国共产党的策源地之一的地位，厘清了党的诞生日和党的纪念日概念，并指出了渔阳里在中国共产党创建初期的重要作用，该观点得到与会专家的积极支持。

复旦大学党委副书记兼马克思主义学院院长刘承功结合20世纪二三十年代复旦剧社的情况，论述了复旦始终走在时代前列的红色基因。他以复旦剧社的发展为切入点，梳理并讲述了寓于剧社文化中的革命火种，洞察更宏大的历史，感知历史的脉络，展现复旦得风气之先、引领时代的精神与担当。他还提出，我们应进一步发掘文化资源、熔铸时代精神。

上海市档案局副局长邢建榕解读了当代的政策背景，提出要让红色档案、革命文物活起来，焕发新的生命力，对红色展馆进一步研究和利用好红色资源，履行职责和义务，继承和传扬红色精神提出了要求。

中共一大会址纪念馆副馆长徐明，复旦大学档案馆校史研究室馆员孟瑶、刘晓旭，《新民晚报》首席记者、上海市市政协华夏经济文化促进会副会长俞亮鑫，分别做了主题报告，报告围绕党的诞生地主题征集编研和宣教、革命文物的保护与利用、重申渔阳里的历史地位几个主题展开。中共上海市委党史研究室科研处处长年士萍，复旦大学马克思主义学院常务副院长李冉，渔阳里历史文化研究会会长李瑊分别对报告做了精彩的点评。出席会议的还有陈独秀孙女陈长璞等关心红色革命文物文化保护和研究的红二代。

上海市中共党史学会名誉会长张云基于党史的学理基础，对“共产党人的精神谱系”做了评述；并从建党的过程出发，阐释了渔阳里在建党之初的开拓性贡献。他指出，红色史料的研究、宣教须在正视这个历史事实的前提下开展。

论坛以红色展馆为切入点，与会各方在制度保障、学术研究、公众宣教等方面发挥各自优势，形成合力，共同利用好红色资源，落实好《关于实施革命文物保护利用工程（2018—2022年）的意见》精神。为此，复旦大学马克思主义学院教育部中国共产党革命精神和文化资源研究中心发起“沪上红色展馆联盟联合倡议”，研究中心的负责人杜艳华说：“在中共上海市委党史研究室、上海市中共党史学会的指导下，沪上各红色展馆因'渔阳里文化论坛'而重聚，红色基因在这里传承与发扬。重走红色故地，再读革命历史，沐浴真理之光，坚定信仰之源；中国共产党人不忘初心，牢记使命、永远奋斗！”

与会代表还参观了《共产党宣言》展示馆（陈望道旧居），感受“信仰的味道”。

上海市中共党史学会会长忻平做了总结发言，对本次论坛的学术报告、理论文章给予了高度评价。此次论坛汇聚了众多的红色资源，必将在理论和实践方面推动渔阳里、上海红色资源的研究和开发。

烈士的英名　我们永远铭记：纪念陈延年、陈乔年烈士座谈会①

2018年10月21日下午，在龙华烈士纪念馆红色课堂内，一场纪念陈延年、陈乔年烈士的座谈会正在热烈召开。

龙华烈士纪念馆馆长薛峰、上海大学马克思主义学院副院长焦成焕、上海市中共党史学会会长忻平出席座谈会并致辞。渔阳里历史文化研究会顾问王乾德、陈独秀孙女陈长璞、上海市中共党史学会副会长徐光寿、复旦大学党史专业在读博士生谈思嘉做了主题发言。

会上，著名评话演员朱庆涛与龙华烈士纪念馆社教部讲解员们共同演出了一场纪念“二陈”烈士的表演——《不忘初心是奉献》，背景是20世纪20年代的上海，讲述了兄弟两位为改变当时不公平的世道，到上海吃苦体验生活，锻炼体魄，磨炼意志的事迹。

剧中的主要人物陈乔年、陈延年、姐姐玉莹、奶奶以及好友汪孟邹均由讲解员们扮演，年轻人的动情演出与朱庆涛老师生动的评话表演相得益彰，共同演绎了一场生动、感人的表演，得到了与会嘉宾们一致的掌声与好评。

---

① 《龙华英烈》，2018年10月22日。

会后，嘉宾们前往龙华烈士陵园墓区，向两陈烈士献上鲜花，表达崇敬与哀思。

陈延年、陈乔年是中国共产党创建者陈独秀的长子和次子，是中国共产党早期的优秀领导人。在大革命失败后，兄弟俩分别于1927年7月、1928年6月被敌人杀害。有诗赞曰："皖水龙山出俊豪，陈门两代逞天骄。"2017年是陈延年牺牲90周年，2018年是陈乔年牺牲90周年。借由这个契机，龙华烈士纪念馆与上海市中共党史学会渔阳里历史文化研究会、上海大学马克思主义学院共同举办此次纪念活动，以永远铭记烈士的英名。

后 记

本书是“上海渔阳里与中国共产党的创建研究丛书”的第一部，也是我们渔阳里研究会自成立以来，努力宣传、研究渔阳里的见证。

位于上海法租界的老渔阳里2号（现南昌路100弄2号）和新渔阳里6号（现淮海中路567号），在风云激荡的20世纪一二十年代，这里是建党创团等重大历史事件的发生地，在中国共产党发展历程中具有非常重要的历史地位。这里是中国第一个共产党组织、第一个青年团组织的诞生地，陈独秀旧居，《新青年》编辑部旧址，《共产党宣言》中文版校阅处，中国共产党第一个培养青年干部的学校外国语学社所在地，最早的工人刊物《劳动界》、最早的中国共产党党刊《共产党》创刊之处，“中国共产党”的名称在此确立，《中国共产党宣言》在此发布，这里还是中共一大筹备处，中国共产党第一届中央局的驻地。为充分阐扬渔阳里的重要历史意涵，进一步加强上海作为中国共产党诞生地的研究和宣传工作，2015年6月上海市中共党史学会专门成立渔阳里历史文化研究会，作为上海市中共党史学会的二级学会，接受中共上海市委党史研究室和上海市中共党史学会的业务、学术指导。2015年8月3日，“上海市中共党史学会渔阳里历史文化研究会”成立大会在中共一大会址纪念馆召开。2016年10月22日，在上海大学召开了“渔阳里与中国共产党的创建”学术讨论会，同时举行了渔阳里历史文化研究会落户上海大学马克思主义学院的挂牌仪式。

我们渔阳里历史文化研究会的成立，得到了社会各界的大力支持。但是初创时期，条件也是异常地艰苦，我们经常自我解嘲，我们研究会是“三无组织”——没有经费，没有人手，没有办公场地，2015 年 8 月渔阳里研究会成立大会之时，寄送邀请函的信封是上海市委党史研究史提供的，用来装会议材料的文件袋是中国社会主义青年团中央机关旧址纪念馆赠送的，开会的场所和矿泉水是中共一大会址纪念馆提供的。所有的这一切，至今回想起来，仍是感慨不已。

我们虽然一穷二白，缺东少西，但我们有的是勇气和激情。研究会自成立以来，克服种种困难，积极开展各项活动，采取举办学术论坛、承接课题、出版书籍、发表文章，以及举办讲座、接受媒体采访、开通微信公众号、参与高校思政课教学探索等多样的活动形式，系统地宣传、研究“渔阳里”，挖掘渔阳里的历史价值和社会价值。在缺乏经费的情况下，我们自费编制出版了宣传册《渔阳里：红色征程的起点》，并连续印刷 1000 册。这个小册子，即为本书的雏形。

我们渔阳里研究会是全国第一个以“渔阳里”这一具有丰富历史意涵的城市街区为研究对象的民间学术社团，由上海及全国从事或爱好渔阳里历史文化研究的人员自愿组成。多年来，我们始终坚持每月两次的例会制度，目前已有会员数十人，包括离退休干部、曾在渔阳里活动的革命先辈的后代、高校党校教师、记者、医生、在校硕博研究生，等等。我们还与瑞金二路街道、中国社会主义共青团中央机关旧址纪念馆建立了合作关系，开展相关研究宣传工作。通过研究会和社会各界的努力，2018 年 10 月，原居住于老渔阳里 2 号的居民搬迁，老渔阳里 2 号将恢复其纪念馆的

功能。

渔阳里研究会在宣传和研究“渔阳里”方面做了许多工作，得到社会各界的认可，具有一定的学术影响和社会反响。2018 年，我们研究会开展的“渔阳里与中国共产党的创建与早期发展”系列活动获得上海市社联评选“特色活动”称号，同年，还获得了瑞金二路街道区域化党建联建单位“红色先锋队”称号。

但是，“渔阳里”这样一个在中共历史上具有重要地位的红色史迹仍然未能得到应有的重视。任重而道远，我们仍将继续努力！

李瑊

2019 年 10 月

图书在版编目(CIP)数据

上海渔阳里:中国共产党的初心孕育之地/李瑊主编;中共上海市黄浦区委宣传部,上海市中共党史学会渔阳里历史文化研究会编.—上海:学林出版社,2020
ISBN 978-7-5486-1640-5

Ⅰ.①上… Ⅱ.①李… ②中… ③上… Ⅲ.①中国共产党-党史-黄浦区 ②革命纪念地-黄浦区 Ⅳ.①D235.513 ②K878.24

中国版本图书馆 CIP 数据核字(2020)第 058135 号

责任编辑 胡雅君 许苏宜
封面设计 范昊如 夏 雪 李疑飘

上海渔阳里与中国共产党的创建研究丛书
上海渔阳里
——中国共产党的初心孕育之地
李瑊 主编
中共上海市黄浦区委宣传部、上海市中共党史学会渔阳里历史文化研究会 编

出　版 学林出版社
(200001 上海福建中路 193 号)
发　行 上海人民出版社发行中心
(200001 上海福建中路 193 号)
印　刷 上海商务联西印刷有限公司
开　本 720×1000 1/16
印　张 17
字　数 21 万
版　次 2020 年 5 月第 1 版
印　次 2020 年 5 月第 1 次印刷
ISBN 978-7-5486-1640-5/K·172
定　价 68.00 元